ミネルヴァ日本評伝選

グルー

真の日本の友

廣部泉 著

ミネルヴァ書房

刊行の趣意

「学問は歴史に極まり候ことに候」とは、先哲荻生徂徠のことばである。

歴史のなかにこそ人間の智恵は宿されている。人間の愚かさもそこにはあらわだ。この歴史を探り、歴史に学んでこそ、人間はようやくみずからの正体を知り、いくらかは賢くなることができる。新しい勇気を得て未来に向かうことができる。徂徠はそう言いたかったのだろう。

「ミネルヴァ日本評伝選」は、私たちの直接の先人について、この人間知を学びなおそうという試みである。日本列島の過去に生きた人々の言行を、深く、くわしく探って、そこに現代への批判を聴きとろうとする試みである。日本人ばかりではない。列島の歴史にかかわった多くの異国の人々の声にも耳を傾けよう。

先人たちの書き残した文章をそのひだにまで立ち入って読み、彼らの旅した跡をたどりなおし、彼らのなしとげた事業を広い文脈のなかで注意深く観察しなおす――そのとき、はじめて先人たちはいまの私たちのかたわらによみがえってくる。彼らのなまの声で歴史の智恵を、また人間であることのよろこびと苦しみを、私たちに伝えてくれもするだろう。

この「評伝選」のつらなりのなかから、列島の歴史はおのずからその複雑さと奥ゆきの深さをもって浮かび上がってくるはずだ。これを読むとき、私たちのなかに新たな自信と勇気が湧いてきて、その矜持と勇気をもって「グローバリゼーション」の世紀に立ち向かってゆくことができる――そのような「ミネルヴァ日本評伝選」にしたいと、私たちは願っている。

平成十五年（二〇〇三）九月

上横手雅敬
芳賀　徹

アメリカ帰国後，国務省にて

ベルリン勤務時代

ハーバード大学の卒業パーティー（グルー在学の頃）

愛用のタイプライターを打つ

日本のゴルフコースをまわる

はじめに

東京赤坂に三棟のビルが並んでいる。駐日米国大使館職員のための宿舎である。一棟目はペリータワー、あの黒船のペリー提督である。二棟目はハリスタワー、初代駐日米国領事のハリスである。そして三棟目がグルータワー。日米の邂逅の最初期に活躍した大物二人と並んで建物にその名を残していることがアメリカ側における彼の評価の高さを物語る。にもかかわらず日本では歴史教科書に載っているペリーやハリスに比べ、グルーの名は知られていない。グルーが実は日本にいかに大きな影響を与えたのかを明らかにすることが本書の主眼である。

ジョセフ・C・グルーは、ボストンの名家出身の外交官で、一九三二年から日米開戦にかけての時期、およそ一〇年間にわたって駐日米国大使を務めた人物である。一九三〇年代から太平洋戦争へと向かう日米関係にとってクリティカルな時期、首都ワシントンでは政権が交代する中、異例の長きにわたって大使を務め、日米友好の増進、そして日米開戦阻止に腐心した。開戦とともに大使館敷地内に軟禁された後、ワシントンの駐米日本大使館の日本人外交官らとの交換のための交換船で一九四二年、米国に帰国。その後、国務省極東局局長に就任し、国務省ナンバーツーの国務次官にまでなって、大戦末期の重要な時期に、随一の日本通として米国の対日占領政策、特に天皇制の維持に深く関わった。

戦後グルーは著書の印税を「日本人のために」と寄付し、それをもとに日本の高校生をアメリカの大学へと送るグルー基金が設立された。そして基金を利用して多くの優秀な日本の若者がアメリカへと留学した。例えば、第一期生の一人には、ハーバード大学のアメリカ史講座の教授となり、日本人として初となるアメリカ歴史学会会長をも歴任し、アメリカから世界に向けて発信し続けている入江昭のような人物もいる。グルー基金は日本のプレゼンスを世界に示すような人々を生み出し、今後もそれは続いていくだろう。グルーのこの貢献もあまり知られていないのは誠に残念なことである。

親日派と呼ばれるアメリカ人は少なくない。しかし、その多くが日本を変えようとするアプローチで日本と関わりをもってきた。だが、グルーは違った。日本を自分が望ましいと思う形に変えようとするのではなく、日本に寄り添うやり方で、日本文化や日本人を尊重しつつ日本と関わりをもち、その結果として日本に影響を与えてきた。そのグルーを吉田茂は「真の日本の友」と呼んだ。敵国であるはずの日本の「友」になれたとは、グルーはどのように日本を受け止めていたのだろうか。そして、どのように日本にその足跡を残してきたのだろうか。

グルーに関する研究がなされてこなかったわけではない。まず何につけても引用されるウォルド・ハインリクス教授の伝記的研究がある。出版されてから既に半世紀近くが過ぎたが、いまだにグルーに関する最重要研究であり、本書もここを出発点とした。また、グルーの全体像を追ったのではなく、人生の重要な局面を扱った研究にも優れたものがある。特に、開戦にいたる過程の解明や、戦中の天皇存置を目指した活動に関して優れた研究が存在する。ただ、それらの研究が書かれて以降、新たな重要史料の公開もあった。本書は、先行研究を踏まえた上で、新史料も利用しつつグルーの人生全体を描くことを目的としている。

本書は大きく三つに分けることができる。第一がグルーの生い立ちから、外交官を職業として選び、国務省本省では国務次官として、そしてトルコ大使として勤めた時期。すなわち、日本に赴任する前の時期である。本書の第一章及び第二章がそれにあたる。

次が日本大使時代である。一九三二年六月に横浜に上陸してから、一九四二年夏に交換船で米国に帰国するまで。この時期は難しい日米関係を、様々な日本人と関係を結びつつ友好へと向けようとしたグルーの活動が中心となる。ワシントンの国務省本省にあって対極東政策の責任者であったスタンレー・K・ホーンベックは、グルーとまったく異なる日本理解をもっていたため、グルーは困難に直面することになる。グルーの努力にもかかわらず日米は戦争へと突入していく。日米開戦は、グルーの日米和平という人生の大目標が失敗したことを意味した。本書では第三章から第五章までがそれにあたる。

最後の部分は、グルー帰国後である。日米開戦回避に失敗し意気消沈したグルーであったが、またしても次の目標にむけて動き出す。日本の被害が少ない、できるだけ早い時期での和平の実現である。戦争終結を見届けたグルーは、一九四五年八月一五日、辞表を提出して国務省を去る。戦後は、親日派の一人として、また反共の闘士として日本を見守ることになる。本書の第七章及び第八章がそれにあたる。

本文中の引用の多くはグルーの日記による。その日本語訳は石川欣一訳『滞日十年』によった。ただ『滞日十年』に収録されていない箇所については日記原本から訳出した。本書は日本評伝選の一冊であるが、右に述べたように第一章と第二章は、グルーの駐日大使着任以前を扱っており、日本はそれほど登場しない。その部分にも紙幅を割いたのには二つの理由がある。これまでのわが国のグルーに関する書籍や論文が、日本大使着任前のグルーについてほとんど明らかにしていなかったということと、大使着任以前の時期を描くことが、外交官や本省の次官としてグルーが取り組んできた仕事が彼の人となりや、アメリカ国務省の仕組みを理解するのに有益と考えたからである。ただ、グルーの日本との直接的関わりのみに関心がある読者は、グルーが横浜港に降り立った第三章からお読みいただければありがたい。

グルー——真の日本の友　目次

図版写真一覧

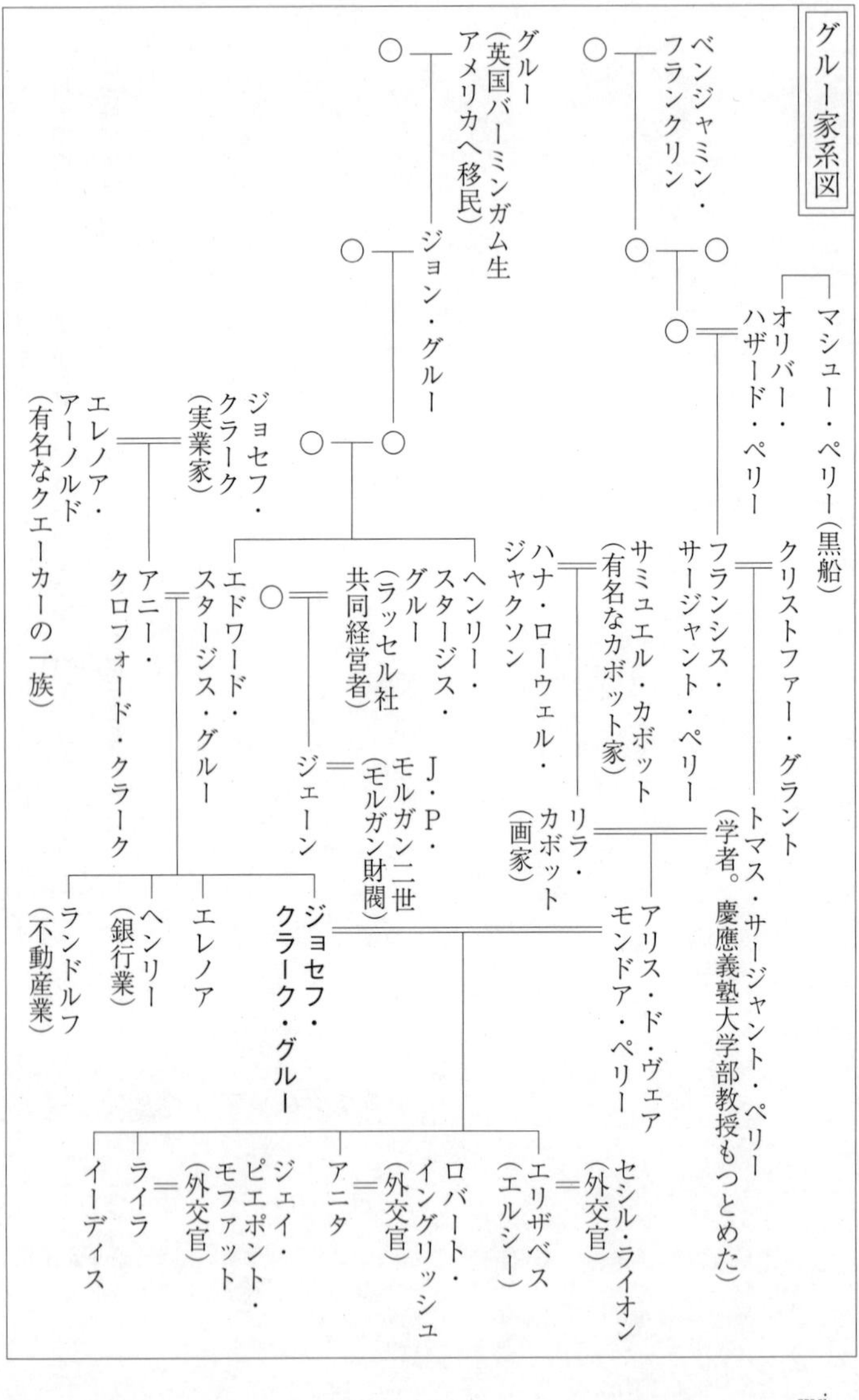
グルー家系図
ベンジャミン・フランクリン
グルー（英国バーミンガム生 アメリカへ移民）
ジョン・グルー
マシュー・ペリー（黒船）
オリバー・ハザード・ペリー
クリストファー・グラント
フランシス・サージャント・ペリー
トマス・サージャント・ペリー（学者。慶應義塾大学部教授もつとめた）
サミュエル・カボット（有名なカボット家）
ハナ・ローウェル・ジャクソン
リラ・カボット（画家）
アリス・ド・ヴェア・モンドア・ペリー
ヘンリー・スタージス・グルー（ラッセル社共同経営者）
J・P・モルガン二世（モルガン財閥）
ジェーン
エドワード・スタージス・グルー
ジョセフ・クラーク（実業家）
エレノア・アーノルド（有名なクエーカーの一族）
アニー・クロフォード・クラーク
ジョセフ・クラーク・グルー
エレノア
ヘンリー（銀行業）
ランドルフ（不動産業）
セシル・ライオン（外交官）
エリザベス（エルシー）
ロバート・イングリッシュ（外交官）
アニタ
ジェイ・ピエポント・モファット（外交官）
ライラ
イーディス

第一章　修行時代

1　生い立ちから世界漫遊まで

生い立ち

一八八〇年五月二七日、ジョセフ・クラーク・グルーは、ボストンのバックベイ地区という高級住宅地で名門の三男として誕生している。四人兄弟の末っ子で、二人の兄ランドルフとヘンリー、それに一人の姉エレノアがいた。祖先は革命期にイギリスから移民。パークマン家やスタージス家などの名門とつながっていた。父エドワード・スタージス・グルーは成功した綿商人、銀行家のJ・P・モルガン二世は従兄弟だった。叔父のヘンリー・スタージス・グルーは中国貿易で成功していた。特にこの叔父は、若い頃は旧式のクリッパー船に自ら乗船し中国からの茶の輸入などを行っていた。彼が極東から持ち帰った様々な品々や異国の思い出話は、幼い頃ボストン港をぶらぶらしながら大型船やタンカーが行き来するのを眺めながら時間をつぶすことが大好きだったグルーの想像力を大いに掻き立てた。また、七歳のときに両親に連れられていった欧州旅行も、彼の外への関心を大いに刺激した。

グルーは、またスポーツマンでもあった。一五歳の夏からは毎年夏になると必ずキャンプして狩猟や釣りをするのが殊更好きだった。メーン州の森では、湖でカヌーをこぎ、ワイオミングでは鹿狩りを、カナダではヘラジカ狩りに興じた。森同様海も大好きだった。小さなヨットでニューイングランド海岸を行き来したりした。とにかく夏は自然の中で過ごすのが常であった。

グロトン校からハーバードへ

一八九二年秋、東海岸の名門の師弟が集うグロトン校に入学する。できてまだ八年の新設校だった。キリスト教精神に基づいて心身ともに育む寄宿学校で、学業だけでなく、屋外での活動が推奨されていた。二学年下にフランクリン・ルーズベルトがいたが学年が異なるもの同士の交流は促進されてはいなかった。

一八九八年グロトン校を卒業するとすぐ、ボストンの名門の子弟として当然のようにハーバード大学に入学した。グロトン＝ハーバード時代を、自身の道徳的責任や価値観を形成した時代とのちに回顧している。ただ、あまり学業には熱心ではなかったようで、課外活動に力を注いだ。現在も発行を続ける大学新聞『クリムゾン』の編集員として大いに活躍した。また、スポーツにも熱心だった。しかし、グルーが最も熱を入れたのが、上流的クラブであるフライクラブでの活動であった。彼は後に「フライクラブでのクラブ活動と社交が、自分にとっての大学生活のハイライトであって、スポーツが二番目、『アドボケット』紙と『クリムゾン』紙がその次、授業は悲惨な四番目でしかない」と語っている。『アドボケット』紙では代表に、『クリムゾン』紙では上級編集員の一人となっている。『クリムゾン』紙には、フランクリン・ルーズベルトも所属しており、二学年しか違わないので重なっていたはずである。グルーの大学の成績はほめられたものではなかった。しかし、彼はむしろそれを誇りとした。「紳士の〝可〟」として少しも恥じるものではないとみなしていたのである。当時、ハーバードでは、授業評価でがつがつと貪欲に〝優〟を目指すのは恥ずかしいことで、〝可〟こそが紳士の成績であるという考えが流布していたのである。

大学卒業の頃のグルー

グランド・ツアー

卒業後、父親はボストンの名門の価値観に従い息子たちにも一族の人間の常として、ボストンのステート・ストリートでの金融業もしくは実業での成功の約束された道に進むことを望んでいた。二人の兄は、父に倣って、ハーバード卒業後、ランドルフは不動産業に、ヘンリーは銀行業に入った。ボストンの上流階級の古い価値観や生活様式の信奉者であった父は、上流の子女が学業を終えた後に行う「グランド・ツアー」と呼ばれるヨーロッパを中心とする世界各地への長期の旅行以外に、息子がボストンを離れることなど考えもよらなかった。グルーのグランド・ツアーは地球を一周するもので、一八カ月もかかった。大学卒業後一九〇二年に出発し、東へと大西洋を渡り、シチリア島を経由して地中海を抜け、スエズ運河を通過し、スリランカ経由でシンガポールへと達し、マレーシアのジャングルで虎狩を行ったが、そこでマラリアに罹った。雇われ人たちによってなんとかシンガポールまで担ぎ出してもらい、療養のために北インドとニュージーランドでゆっくりと過した。このときインドのボンベイでアメリカ総領事館のウィリアム・トーマス・フィー総領事に親切にしてもらっただけでなく、外交官の仕事の興味深い話をいろいろ聞かせてもらい、グルーは外交官という職業に関心を抱いていくようになる。また、ニュージーランドでは、すんでのところで間欠泉の噴出から逃れるという幸運を得た。

アモイ虎

健康が回復すると再び狩猟に乗り出し、パミール高原で野生のヤギを狩り、次にアモイ虎を求めて中国へと渡った。勢子によって巣穴に追い詰められた三メートルもの獲物を追ってグルーは穴に這って入り、発砲したが、銃撃で松明は消え、真っ暗闇に。手負いの虎は暴れ回り、もう二発撃ってなんとかしとめることができた。一九〇三年一〇月三日のことである。こうして勇猛果敢な狩猟家として名をはせたグルーは日本経由で帰国する。一九〇三年のクリスマスに、幾つかはふたが開いてしまっていたぼろぼろの二二個の荷物と一人の日本人の従者、それに外交官として海外で国のために尽くしたいという気持ちを携えて、グルーはボストンに帰ってきた。

このようにグルーは、外交官として海外で働きたいという念を強くして帰国したのである。これは父親にとっては誤算であった。グランド・ツアーになど出さずに、大学を卒業し次第、実業の世界に押し込めておけばよかったと後悔したが、もう遅かった。ただ、ボストンにとどまって欲しいという父親の願いを一顧だにしなかったわけではなく、唯一関心をもてた出版業なら残ると言った。父親にとって折悪いことに出版業界に適当な空きはなかった。この一九〇三年から一九〇四年にかけての冬中グルーはボストンにとどまり商業学校で専門的にタイピングを習得している。このとき習得したタイピングの技術が外交官となってから様々な記録を残すのに大いに役立ったと後にグルーは記している。

この頃グルーは将来の結婚相手に出会っている。帰国して最初のダンスパーティで、グルーは美しい女性が踊るのを見てまさに夢のような心地がした。友人などに聞いて回ると、その女性はなんと最近日本から帰国したばかりだという。「私も日本から帰国したばかりなんです」とグルーは思わず声を上げた。しかし、教えてくれた人が案内してくれたのはまったく別の女性だった。グルーはがっかりしたが偶然は続き、最初の意中の女性もまた最近日本から帰国したばかりだとわかった。それがアリス・ペリーである。日本を西洋に開いたあのペリー提督の兄であるオリバー・ハザード・ペリーのひ孫で、ベンジャミン・フランクリンを直系の祖先にもつ彼女の父親、トマス・サージャント・ペリーは慶應義塾で英文学の教授をしており、その関係で彼女は日本に居たのであった。彼女の美しさと人としての魅力、ペリー提督の子孫であるということ、そして何よりも日本語が話せるということが、後にグルーが駐日大使として赴任したときに大いに力を発揮することになる。

ボストン滞在も三カ月になろうとしていたが、結局、出版業界の職は見つからず、フランス語を磨くために、グルーはフランス人の一家と共にフランスへと旅立った。

2 カイロからベルリンまで

外交官見習い

外交という職業に携わる最初のチャンスをグルーは逃している。それは彼を生涯苦しめることになる難聴のためであった。それは七歳のときの猩紅熱《しょうこうねつ》のせいであった。面と向かって相手が明瞭に発話してくれるときはよかったが、会話の多くやピアニシモの音楽などは聞き取れなかった。韓国の総領事だったエドウィン・モーガンが秘書にグルーを望んだとき、ハーバード大学のヨーロッパ史の教授であるアーチボルト・クーリッジが「あの若者は耳が聞こえない」と告げて実現しなかったのだ。グルーは後に「韓国の職を失って、すんでのところで自殺するところだった」と回顧している。しばらくして、グルーの聴力に関するクーリッジの誤解が解けて、カイロで副領事をしているエドウィン・モーガンの弟フレッドのところで書記生をしないかという話がクーリッジから旅行中のグルーに舞い込んだ。グルーは二通の電報で答えた。一通目は考える時間をくれというもので、四時間後に出された二通目は無条件に引き受けるという内容であった。父親はがっかりした。グルーは急いでボストンへ戻り、アリス・ペリーと婚約し、父親と和解し、ワシントンでジョン・ヘイ国務長官に面会した後、カイロへ旅立った。

一九〇四年七月一九日にカイロに到着した。環境はすばらしかった。住居は薔薇で満ちた大きな公園の中に建ったバンガローで、周りには一切建物はなく、思索にふけることができた。暑さも気にならず、周りにいる人々はおもしろかった。ただ、書記生としての仕事は、おもに請求書を作成したり、ひどい臭いのする毛皮の消毒を監督したりするといった内容であった。直属の上司である副総領事のフレッ

婚約者，アリス・ペリーと

ド・モーガンは細かいことを気にするが気持ちのいい人間であった。

グルーの目論見は、モーガンがほどなくして総領事に昇格し、自身も副領事にしてもらうというものであったが、モーガンが総領事でなく、外交職への任命を希望したため、グルーの副領事に昇格するという期待は実現不可能になった。数カ月して一一月三日、グルーは国務省から総領事代理に任命された。聞こえはいいが、無給の職である。ペリー家の友人のオーストリア＝ハンガリー大使が公設秘書の一人にと言ってくれたが、そのポストは有力政治家の子息に取られてしまった。翌年結婚するため一時帰国した。

カイロの公館の長であるジョン・リドル総領事は、どうしてもしなければならないこと以外はしないがやる時はとことんやる、政治支配時代の古いタイプの外交官であった。彼の優秀さにふれて、グルーは、それまで抱いていた、散らかった机は頭の中の混乱を表しているという考えを改めている。それまでグルーは上司や同僚にとにかくぺちゃくちゃしゃべる傾向にあったが、彼から、沈黙を尊重し、しゃべりを抑制するということを学んだ。このエジプト勤務で、グルーは外交の細かな点について具体的には何も学ばなかったが、様々なことを学んで次の任地へと向かうことになる。エジプトに着任するときに汽船『クレオパトラ』号で来たが、後にトルコ大使として赴任するときにまた同じ船に乗ることになるがそれは二三年後のことである。

さて、エジプトの次の任務はメキシコのアメリカ大使館三等書記官となるが、カイロの総領事代理とは大いに隔たりがあった。無給の総領事代理と異なり、大使館の三等書記官は年収千二百ドルのれっきとした外交官であり、そこに任命されるには政治的な力が必要であった。

正規の外交官へ

時の大統領、セオドア・ルーズベルトは、はじめグルーに好感をもたなかったようである。この大統領は、名門の恵まれた環境で育ったものの、幼少時は喘息もちで虚弱であり、目も悪く眼鏡を常用する必要があった。また、身長も低いわけではないがなぜかずんぐりして見えた。幼い頃から「男らしく」ありたいという気持ちがつよく、ボクシングや狩りといった当時「男らしい」とされたスポーツに傾倒していた。そのため、自分と同じ名門の家に生まれ、そのまま名門ハイスクールからハーバードに進んだというグルーのことを、ただのよくいるひ弱なお坊ちゃんの一人くらいに考えていたのである。グルー家の友人で司法副長官であったアルフレッド・クーリーが、大統領に近く、「テニス内閣」の一員でもあったので、外交官として働きたいというグルーの望みを会うたびに大統領に話してくれたが、いつも答えは「政治的圧力が強すぎて、どうしようもないんだ」というそっけないものか、「絹の靴下を履いたボストン人は一人たりとていらない」という厳しいものであった。ある日、クーリーは一計を案じて、グルーのアモイの虎退治の話をした。するとと大統領は突如関心を示して、メモ帳を引っ張り出し、「その若者のために一肌脱がないといけない」と言った。その翌日である一九〇六年三月一日、グルーはメキシコシティ駐在の三等書記官に任命された。その後、ワシントンでグルーが大統領に面会したとき、大統領は、「狭い岩の通路を這っていって四フィートと離れていない洞窟のねぐらにいる虎を君が撃ったことほど、スリリングでスポーツマン的な経験を想像できないよ……君がやったようなことをやることができ、それを同時に面白く書くことのできる人間を外交団のメンバーに入れることは素晴らしいことだ」と激賞した。ただ、外交官という職業については次のように警告した。「私が君を外交職につけたのは君を信じたからだ。でも、それを一生の職業としては推奨できない。そのようなキャリアは存在しないからだ。すべてが政治なのだ。私が大統領でいる限りは、君をとどめておくつもりだが、私の次の大統領は自分の政治的支援者に道を譲るために君を放り出すだろう。そうしたらどこにいく」。グルーは、「一か八かやってみます。我々はキャリアを作らないといけません。海外に利権が着実に拡張しつつある大国として、我々は……専門職の集団を発展させ維持しなければなりません。そうでないと他国との競争において確実にハンディを負うことになるでしょう」と大統領に向かって敢然と自説を開陳した。

この直後、下位の外交職と領事職は公務員システムに組み込まれ、グルーは無試験で外交官として国務省に入省したおそらく最後の人間となった。ただ、相変わらず上位の外交官ポストは、すべて政治任用であり、政権が交代するごとにころころかわり、また、大統領や有力議員と近しいというだけで、外交の経験がまったくないどころか、まったく向いていない人間が大使などに任命されることが続いていた。グルーの言葉を用いれば、上位の外交ポストは、「議会のスモモ果樹園」のようなおいしい職であった。そのためアメリカ人外交官は概してあまり熱心に仕事をしていなかった。グルーが後にベルリンの大使館で午後三時過ぎまで熱心に働いていたところ、助手には驚かれ、友人には「やめとけ、働いたって何にもならないから。勘定に入るのは政治だけだ。ポストについている間に楽しんだ方がいい」と言われてしまったことがある。グルーは、そのようなシステムはアメリカの国益に反しており、高度に訓練された職業外交団が必要と考えていた。余談になるが、その後、グルーが一九二〇年代に国務次官として国務省の入省試験を統轄したとき、新たに入省してくる新人たちへの訓示で「君たちが外交団に加わるのはとてもたやすい。しなければならないのは幾つかの質問に答えることだけだ。私は虎を撃たなければならなかった」との一節を入れて若者を驚かすことになる。

カイロからメキシコへの赴任の船旅の途上、グルーは、ヴェニスやパリを経てノルマンディに着いた。そこには妻アリスの両親が滞在していた。そこでアリスは第一子を身ごもることになる。妊娠した妻を気遣いつつも、まだ「外交官の仕事という梯子の一段目にすらちゃんと足を置いていない新参者」であるので、大統領が折角任命してくれた職についてすらいないのに、国務省に家庭の事情を説明して休暇を求めるなどもってのほかと考えたグルーは、一人最初のアメリカ行きの船に飛び乗った。当時の国務長官はエリュー・ルートで、担当の国務次官補はロバート・ベーコンだった。ベーコンは事情を聞くとまったくためらうことなく、「赤ん坊が生まれるまで奥さんのところに戻っていなさい。そうしてからメキシコに出頭しなさい。その職はとっておいてあげるから」と言った。グルーの喜びは想像に難くない。後にグルーは、あれは古きよき時代のことで、規則や規律はそれほど厳格でなく、職務もはるかに楽であった。今なら新入りにそんなことは許されないだろうと記している。グルーはルート国務長官に面会だけすると、次の船でまたノルマンディのジヴェルニーのアリスのもとにとってかえした。この一九〇六年の夏の間、グルーは『極東のスポーツと旅行』を執筆している。この本は一九一〇年に出版されセオドア・ルーズベルトが序文を寄せている。アリスは一九〇六年九月二四日に無事長女を出産し、イーディス・アグネス・グルーと名づけられた。出産を見届けるとすぐグルーはメキシコへと旅立った。当時は赴任旅費などなく、交通費等はすべて自前であった。

思いがけなく、フランスで一月を過ごしたが、その前にカイロからメキシコシティ宛に送られた引越し荷物がとんでもないことになっていた。大使館に着任まで荷物を保管しておいてもらえるよう頼んだのだが、それが実行されず、すべての荷物がメキシコのベラクルス港で雨ざらしになっていた。到着して直ぐ、グルーが通関を求めると、官憲は鍵を要求し、外交特権をもとに拒否するや、すべての荷物がこじ開けられ、グルーの手元に戻ってきたときには、二人の結婚祝いの銀器やアリス夫人のパリでこしらえたばかりのドレスなどよいものがすべて抜き取られていた。

メキシコからロシアへ

当時の駐メキシコ大使はデヴィッド・E・トンプソンであった。アメリカの伝統にのっとったたたき上げの人物で、もとは鉄道の制御手であったが、監督者へと出世し、ついには鉄道業界の顔にまで上り詰めた人物であった。その後、ブラジル公使となり、大使館昇格に伴いアメリカ最初のブラジル大使となった。そこからメキシコ大使へと異動してきた人物であった。彼は大使館の部下たちに対し、あたかも社長が鉄道会社の従業員に接するように厳しく接した。グルーは時々午後仕事中にテニスに抜け出すことがあったが、それが大使の目に留まり、呼び出されたことがある。グルーは引退した後になってもそのとき叱責された様子が目に浮かぶと述懐している。毛むくじゃらの大きなライオンのように座った大使は、額の血管が怒りのためにふくらみ紫色になっていた。そして大きな拳で机をバンバンたたきながら、「いかなることがあろうとも、おまえは毎日、土曜も含めて、五時までオフィスにいるように」と怒鳴った。しかし、グルーが熱心に仕事をする人間であることがわかると、職務中に抜け出すことも多めに見るようになり、また、アリスが病気になったときも優しい一面を見せてくれるようになった。

メキシコ大使デヴィッド・E・トンプソン
中央のコートの人物。グルーは右から２人目。

次の勤務先として、グルーはベルリンを望んだが、サンクトペテルブルクの三等書記官バジル・マイルズが、ベルリンに異動したため、グルーは代わりにロシアに向かうことになった。後にグルーは、この勤務がツァー統治下のロシアを肌で感じる貴重な機会となって有意義であったと回想している。ベルリンに立ち寄ってジョン・ギャレット二等書記官とマイルズ三等書記官の歓待を受けた後、ロシアへと向かった。国境で初めてパスポートを提示するという経験をして、ロシアへ入ったグルーは広軌のゆったりしたロシアの鉄道に揺られて任地へ向かった。

アリスと娘はグルーが住居を見つけるまでパリで待っていた。数週間して住居が見つかったというので、アリスは娘をつれてロシアへ向かったが、その鉄道の旅はたまたま乗り合わせたロシア人紳士の親切によって随分と楽なものになった。官憲へのパスポートの提示もこの紳士がとりなしてくれて、乗換えるときにはアリスたちを最初にしてもらえたのであった。旅の最後で紳士と挨拶して、アリスはパリで作ったばかりの「アメリカ大使館三等書記官」という「堂々とした立派な」肩書きのグルーの名刺を渡した。紳士も名刺をくれたがアリスは見もせずにカバンにしまった。グルーに合流してから、二人でその名刺を調べるとなんとそこには「ニコライ・ニコラエヴィチ大公」と書かれていた。皇帝ニコライ一世の三男である。大公に対して三等書記官の名刺を恭しく出したことにグルー夫妻はおおいに笑ったのであった。

グルーは次の任地がロシアであることを知ったのは一九〇七年五月だったが、すぐにメキシコのアメリカ大使館宛に、荷物と家具をサンクトペテルブルク宛に送るよう依頼の電報を出した。ホテルが途方もなく高いので、二カ月間家具のないアパートで、毎日荷物が届くのを文字通り首を長くして待っていた。最初の配送依頼の電報を出してから三カ月たって待ちきれずに、グルーはメキシコの大使宛に「いつわが家財は発送されたか」という電報を打った。それに対して、大使館からは「家財いまだ発送されず。税関最終検査のために貴殿の鍵を待つ」と返事が来た。頭にきたグルーは大使宛にかなり辛らつな返電を行ったようであり、失礼な電報として国務省の記録に残っているのでは、と後に回想している。とにかく、この催促から二カ月、最初の依頼から五カ月して家財は到着した。ここサンクトペテルブルクで次女のライラ・カボット・グルーが一九〇七年一一月三〇日に誕生している。

ベルリン

　次の任地はベルリンであった。一九〇八年六月一〇日にベルリンのアメリカ大使館二等書記官に任命された。年収は二千ドル。責任者はデヴィッド・J・ヒル大使。大使はニュージャージー生まれで、地元のバックネル大学を卒業し、そこで修辞学の教授となった。その後学長となり、引き続いてロチェスター大学の学長になり、欧州で国際法を学んだ後、まだ国務省のナンバーツーのポストだった頃のアシスタント・セクレタリーを務め、スイス公使、オランダ公使を務めた。一九〇八年から一九一一年までドイツ大使を務めた。ベルリン到着のおよそ一年後の一九〇九年五月二七日に三女のアニタ・クラーク・グルーが誕生した。

アリス夫人と4人の娘たち
左からイーディス，ライラ，エルシー，アニタ。

　一九一一年一月二七日、ウィーンの大使館の一等書記官に任命される。年収は三千ドル。大使は、リチャード・ケレンスであった。アイルランド生まれで、南北戦争中は北軍に従軍したミズーリ共和党の大物であった。ここウィーンでグルーは外交官としての経験を日記につづり始めた。四女のエリザベス・スタージス・グルーは、ウィーンで一九一二年四月二五日に誕生した。

一九一二年九月一二日、グルーはベルリンの大使館の一等書記官に任命される。一九一七年の米国の参戦までそのポストに留まることになる。宮廷外交最後の時代であった。一日の勤務はだいたい二、三時間だった。流暢なドイツ語を話し、宮廷の正装が似合うグルー夫妻はそのような雰囲気に溶け込んだ。この任命は、三つ巴の激しい米大統領選の最中に行われた。結局、ウィルソンが勝利し、民主党が一八九七年以来政権に返り咲いた。その間、国務省の重要ポストや在外ポストを望んでいた民主党支持者の猟官はすさまじく、本省内でその職に留まったのはセカンド・アシスタント・セクレタリーのアルヴィー・エイディーくらいで、まずほとんどの本省の重要ポストは交代して、民主党関係者で占められた。在外ポストでは、英独伊蘭などの主要在外公館長のポストが、省外からの民主党支持者で占められた。結局、政権交代後の最初の半年で、四十数箇所ある在外公館の内、二九の長が交代した。そのような在外公館における政権交代の影響は、大使・公使レベルを超えて、書記官にも及ぶのではないかとグルーは心配した。幸いグルー家の友人たちや、グロトン校やハーバード大学の友人たちが、政党の枠を越えて助けてくれたおかげで、グルーのポストは保障された。ウィルソン大統領側近の民主党員による共和党関係者追放の嵐も、民主党支持者に提供できるポストはもっとないかとあからさまに尋ねるブライアン国務長官の書簡が公にされて、世論に大いに批判されたこともあって、ようやくおさまった。グルーは、その後も休暇になると帰国して旧友らとの交際を密にし、政治の変化によって自らの外交官としての職が危うくならないよう、一層政治的防衛に腐心することになった。

3　第一次世界大戦と戦後秩序形成への関わり

第一次世界大戦

一九一四年六月二八日のサラエボでのオーストリア皇太子暗殺に端を発した波紋は急速に広がっていった。七月二三日にはオーストリア＝ハンガリーがセルビアに最後通牒を突きつけた。その翌日ドイツ政府は英仏露に対して、オーストリアは単に正当なことを要求しているだけとの声明を送付。セルビアとオーストリアで直ぐに動員が開始され、七月二八日にはオーストリア＝ハンガリーがセルビアに宣戦。その二日後ロシアも動員令を発令。翌日、ドイツはロシアに対しドイツ国境での戦争準備をやめるよう通告した。八月一日、ドイツは動員令を発令しロシアへの宣戦を布告。フランスも動員令を発令。同じ日、トルコはロシアに対する秘密条約をドイツとの間に締結。翌日、ドイツ軍はルクセンブルクに侵入し、ベルギーに対してフランス国境に向けて軍の通過を要求した。ベルギーは拒否してイギリスに助けを求めた。八月三日、ドイツはフランスに宣戦。翌日、イギリスはドイツに、ベルギーとの条約を尊重する意思の有無を尋ねる最後通牒。同じ日、ドイツがベルギーに侵攻すると、イギリスはドイツに宣戦した。八月二三日には日本がドイツに宣戦した。

これらの戦争の勃発に対し、米国務省は不意を打たれた形であった。ブダペストのある副領事からの報告がその危険に触れていた以外は、在外公館からの警告はなかった。七月二八日になってようやくマイロン・ヘリック駐仏大使が、ウィルソン大統領に欧州での混乱の仲介をするよう促したとき、ブライアン国務長官は初めて事態の深刻さに気がつくありさまであった。

五月半ばから七月初めまで休暇で米国に滞在していたグルーは、七月末にベルリンに帰任するまでに三度、これらの事態の進展を示唆する出来事に触れることになる。最初はマサチューセッツ州の海岸沿いのマンチェスター・バイザシーのゴルフコースであった。話はそれるが、ニューイングランド地方にはマンチェスターという名の都市が二つあり、有名なニューハンプシャーの内陸都市マンチェスターと区別してマンチェスター・バイザシー（海沿いのマンチェスター）と呼ばれる。この町はこのグルーの物語で再度登場するがそれは彼が引退して後のことである。このマンチェスター・バイザシーのゴルフコースでグルーは旧知のオーストリア人と会い、夕食に招待したところ、その人が、ボスニアで皇太子が暗殺されたという悪い知らせが入ってきたので行けないと答えたときであった。しかし、そのときグルーは、他の世界中の多くの人々同様、一つの暗殺事件が大規模な世界戦争に発展するなど思いもよらず、お悔やみを言って別れている。

二度目の予兆はイギリス滞在中であった。七月七日にはグルーは予定通り任地に戻るためイギリス行きの船に乗った。イギリスには二週間ほど滞在した。そのとき初めてイギリスの田舎に滞在しその美しさに魅かれる。歓迎してくれたのはアンプトヒル男爵夫人で、その館でグルーはピアノを弾くよう言われ、リストを弾いた。弾いた後で、そのピアノはリストとワーグナーの二人からもらったもので、グルーが弾いた曲をそのまえにそのピアノで演奏したのはリスト本人と聞いて穴があったら入りたくなった。男爵夫妻は、普仏戦争時にドイツ大使としてベルリンに駐在していたのであった。このイギリス滞在中、ベルリンで交流のあった駐ベルリンの英国武官であるアレクサンダー・ラッセル大佐が休暇でイギリスにおり、自分の病気の母を見舞って欲しいとグルーに言ってきた。その夕食時、ラッセル宛の電報が舞い込んだ。それは陸軍省がラッセルの休暇を取り消し、至急ベルリンへ帰任すべしというものであった。最後の予兆は、フランスへと渡る海峡フェリーの上で起きた。ウィーン勤務時代に知り合ったトスカーナ大公のフランツ・ザルヴァトールと乗り合わせた。どこに行くのかとグルーが尋ねると、直ぐに帰国せよとの連絡がありウィーンに戻るとのことであった。これらのことを経てグルーは七月末にベルリンに帰任した。

八月一九日には、ウィルソン大統領が、アメリカ国民に中立でいるようにとの布告を発したが、アメリカ人は心情的に言語や文化などの結びつきの強い連合国側によっていた。一九一四年一二月にはドイツは、イギリス諸島周辺の海域を戦闘地域とし、連合国への船舶は攻撃されると宣言した。一九一五年五月七日に、英国の客船ルシタニア号がドイツの潜水艦による攻撃で沈没し、犠牲者には一二八人のアメリカ人乗客が含まれていた。ドイツ大使館は、ヨーロッパは戦争状態にあり、新大西洋航路が安全でないことを知らせる広告を五〇ものアメリカの新聞に掲載していた。その上で危険を冒して乗船した乗客の落ち度は考慮されず、アメリカの世論は激昂した。ウィルソン大統領もドイツに繰り返し抗議した。それに対し、そのトーンが即時の戦争を招きかねないほど強いとしてブライアン国務長官は辞任し、ロバート・ランシングが引き継いだ。ドイツもアメリカの世論に無関心だったわけではなく、駐米大使がアメリカの世論の危険な状態をドイツ本国に説明し、ドイツ政府は九月二二日、無警告での客船の攻撃をやめることに同意した。

一九一六年一月には、ウィルソン大統領の側近ハウス大佐がドイツを訪問し、講和を求めたが失敗している。一カ月後には、英仏が適当と考える時期にウィルソンが講和会議を提案し、ドイツが応じなければアメリカは連合国側に立って参戦することでエドワード・グレイ外相とハウス大佐が合意した。しかし、一九一六年の戦況は連合国側にとってよくなく、講和会議は提案されなかった。一方、ドイツは一九一六年二月、再び無制限潜水艦戦を開始し、アメリカの神経を逆撫でした。四月一八日にはアメリカ政府はドイツが無制限潜水艦戦を続けるならアメリカは参戦するしかないと警告した。

戦争中のベルリンで、グルーはジェームズ・ジェラード大使を補佐していた。その間、潜水艦の脅威が一時的に去ったというグルーの誤った判断はアメリカ政府を満足させ、ウィルソン政権の和平への動きを遅すぎるものにした。また、大戦初期には、家族や友人に軽率にドイツを称賛してしまったこともあり、その経験がグルーを用心深くさせた。また、グルーは、情勢分析において、大使館においてコンセンサス形成を重んじる余り軍事的要因を過小評価する傾向があった。

一九一六年九月末から一二月二一日にかけてジェームズ・ジェラード大使が休暇で帰国中、グルーは代理大使となって駐独アメリカ大使館をまかされた。その間、ドイツのベートマン・ホルヴェーク首相と一一月二二日に会談した。初めてアメリカの代表としてその国の代表と会談することになったのである。相手は大国ドイツ、しかも第一次世界大戦中であった。戦争で妻と子を亡くしたホルヴェークが、悲しげに戦争の悲惨さについて語る様は、グルーには意気消沈しているように見え、しわの深い顔からは悲しみが読み取れたと感じた。グルーはすぐさま「首相から受けた全体的印象は、自らの和平提案が実を結ばなかったことに対する大いなる倦怠、悲哀、失望のそれであり……アメリカが平和に向けての措置をとらなかったのに失望したという印象を私に与えた」と打電した。首相の悲哀に満ちた表情を真に受け、和平の問題に触れたのを、アメリカの和平へのイニシアチヴをドイツは受け入れる用意があることのほのめかしと理解してしまったのである。しかし、老獪な首相は、アメリカのイニシアチヴを必ずしも求めてはおらず、場合によってはグルーが勝手に誤解したというふうに言ってこの経験の浅いアメリカ大使代理との会談を利用するつもりであった。情勢がどちらにころんでも大丈夫なように首相は両賭けしたのである。結局、ホルヴェークはこの会談を口実として何かを行うことはなかったが、もし、用いられようによっては、グルーの失態ということになりかねないところであった。この経験もグルーを一層用心深くした。おべっか使いにはならなかったものの、国務省への報告には不測の事態に備えてどちらに転んでもよいような書き方をするようになり、よほどでなければ大胆な立場はとらなくなった。

その後、一九三〇年代末に世界の危機が深刻化する以前は、国内問題への対処が中心課題であり、外交については短期的利益だけが追求されがちであった時期において、政権が実際に長期的外交戦略をもっていなかったことも、グルーのそのような傾向に拍車をかけていく。

米独外交関係断絶

一九一七年一月三〇日は外交郵袋を出す日であった。ジェラード大使が、ツィンメルマンと会談の後に戻り、郵袋から秘密書簡を取り出すよう指示した。大使によると、ドイツが無制限潜水艦戦を間もなく宣言するので、その郵袋はアメリカへは届かないだろうとのことであった。一月三一日午後六時、ツィンメルマンが、ドイツの覚書をジェラード大使に手交した。それによると無制限潜水艦戦は翌二月一日に開始されるとのことであった。その旨ワシントンに打電すると、ドイツ大使館の難しい立場をワシントンは理解しており、できるだけ早く大統領の決定を知らせるとの返電があった。

二月四日日曜日、ドイツの銀行家から、米独の外交関係が破られたとする電話があった。その日の夕方、ワシントンから最後の電報が届いた。国交断絶を告げ、大統領の上院での演説が添えられていた。それ以降はドイツ政府によって電報は止められた。次の土曜二月一〇日までベルリンを離れることはできなかった。その週は大忙しであった。ベルリンを離れる最初の特別列車に乗れる人間のリスト作りに追われた。まず、大使館員とその関係者、次にアメリカ人事務員、それから特派員、NPO関係者などが続いた。また荷造りも大変であった。そのような中、火曜には大使館の電話は止められた。電話でアメリカ大使館といろいろなことを処理していたドイツ外務省が抗議して出発の一、二日前に復旧したが遅すぎた。外国からの電報は止められたが、ドイツ国内の領事館からの電報は遅れつつも配達されてきた。大使館から領事館への電報は、多くが配達されなかったので、領事館員たちはどうしていいかわからなかった。帰国については、大使館員の帰国までにベルリンへ来た者たちは同行できたが、そうでない者たちはミュンヘンに集められ、陸路スイスへ向かった。中にはオランダやデンマーク、スカンジナビア各国に直接転勤を命じられた者もあった。

一〇日土曜にグルーはドイツ外務省に挨拶に出向いた。すげなく拒絶されることを予期したが、ほとんどの関係者が、暖かく、少なくとも礼儀正しく迎えてくれた。

古い公文書を封印し、事務をスペイン大使館に託した。すべての暗号コードや暗号電報は、地下に運んで炉で燃やした。書記官たちが燃料をくべ、それはまさに「見もの」であった。グルーは午後六時に大使館に最後の一瞥をくれ、特別列車に向かった。特別列車は午後八時一〇分に発車した。一行は総勢百二十名にのぼった。翌日の午後四時にスイスとの国境の町ゴットマディンゲンに到着した。そこで随行のドイツ人担当者二人は別れを告げて降りていった。数分後再び列車が止まるとそこはシャフハウゼン、スイスであった。車中では何本かワインが開けられた。午後六時頃チューリッヒ着。列車を乗り換えて午後九時半にベルンに到着した。

翌朝、つまり二月一二日朝、公使館へ向かった。皆慌しく働いていたが、グルーはそこで「グルーは一時的にウィーンに派遣される。指示を待て。ランシング」という電報を見つけた。グルー夫妻は一九一四年のドイツ赴任の折にアメリカに残してきた子供たちのもとへ向かうことを熱望していたので、衝撃を受けた。大使にそのことを話すと、少なくともパリまでは同行して特別列車を助けて欲しいと言われ、また、アメリカとオーストリアの断交は時間の問題だから、おそらく一緒に帰国できるだろうと言われた。

二月一四日にベルンを出発し、翌一五日にパリに到着した。そこでグルーは、ウィーンに向かいフレデリック・ペンフィールド大使に仕えよとの命令を受け、赴任する。グルーが二月後半にウィーンに着いたとき、そこは晩冬で通りは解けつつある雪と泥がまじりあってひどい状態になっていた。

この頃までにグルーは外交官としてある程度名前が売れてきたようで、オーストリアのチェルニン外相が、大使にグルーも交渉に同席させるよう望んだことをうれしそうに母親に書き送っている。「ベルリン勤務中に私はなんとか外交的名声を打ちたてることができたように思えますが、どうやってそうなったかは神のみぞ知るです。保守的新聞であるパリの『ル・タン』紙も最近あなたの息子を指して『優秀な』外交官と言いました！　このことは誰にも言ってはなりません。これをあなたに繰り返すだけでもとても恥ずかしいのですから。」グルーは、ペンフィールド大使に随行して、オーストリアとの和平工作を試みるがそれはうまくいかなかった。アメリカがドイツに宣戦布告した場合、オーストリアもアメリカとの関係を断絶すると告げられた。大使は、それ以前にということで、四月七日にウィーンを離れた。それ以降、代理大使としてグルーが駐オーストリア大使館の責任者になった。アメリカでは対独宣戦布告が四月六日に行われていた。四月八日午後一時半、オーストリア外務省の使者が電話してきて、訪問してよいかと問うた。使者は午後二時一五分に訪れ、パスポートと、外交関係を断絶する旨の外相からのメモを手渡した。いつどのように国を離れたいかという質問に、グルーは四月一四日の土曜を選び受け入れられた。そうしてグルーはまたしても特別列車でスイスへ向かったのである。その後、グルーがヨーロッパを離れることが出来たのは結局四月二一日で、その日スペインからアメリカに向けて出航した。こうした幾度にもわたる外交関係断絶による大使館閉鎖の経験は、日米開戦時に生かされることになるが、それはまだ先の話である。

帰国、そしてパリ講和会議

ウィーンから帰国した後は、本省内で西欧部長など様々な役職を務めた。中でも大変だったのは、アメリカ中西部の農業地帯を旅して人々に講演し、今アメリカが参戦している戦争はすべての国民の双肩にかかっており、それは楽な仕事ではないということを、聴衆の頭に刷り込ませるという仕事であった。ほとんど毎晩移動し、多いときは一日に六回も、時には一日に二万人に対して講演するということは生易しいことではないと友人に書き送っている。この経験は、交換船で日本から帰国した後、二年にわたる、日本についての全米講演旅行をするのに役立つことになる。

講和会議のため、一九一八年一〇月、ハウス大佐がパリへ向かうことになった。ハウスは、事前休戦交渉アメリカ代表団の書記にするためグルーを同行させた。しかし、難聴のため会談の書記兼通訳を務めること許されなかった。パリ講和会議では、アメリカ全権団の書記官に任命された。肩書きは特命全権公使であったが、講和会議のために世界各国から有力政治家や外交官が集った当時のパリには余りに大物が多く、グルーとしては「交通整理係」と自称するしかなかった。パリ講和会議は一九一九年一月一二日から五月七日まで続いた。事務的な細かいことに及ぶ仕事量が莫大であまりに大変だったようで、母親に「すべての仕事が終わるとすばらしい安堵感が訪れるでしょう。残りの人生にジャガイモを育てることしかしたくないと感じるかのようです」とまで書き送っている。残務整理を終え一九一九年一二月九日アメリカ全権団は役目を終えた。

その後、パリに残っていたグルーはデンマーク公使に任命された。一九二〇年五月二二日に自らキャディラックを運転して次の任地コペンハーゲンに向けて陸路出発した。妻のアリスと娘のエルシーを前方座席に、乳母と残りの三人の娘を後部座席に、技術者を補助席に乗せて、大量の荷物も積んでの旅であった。一〇日ほどかけて五月三一日にコペンハーゲンに到着した。デンマーク公使は居心地のいいポストであると同時に、ソ連に関する情報収集場所のひとつでもあった。

「コペンハーゲン事件」

一九二一年八月二一日は、けだるい夏の日曜日であった。いつもと違ったのは、ストックホルムから米国議員団が到着することになっていた点だった。しかし、いつものように列車の到着は遅れていた。ここでグルーは大きなミスを犯すことになる。グルーは議員団をお茶に招待したが、議員団からデンマーク側主催の昼食会のみ招待を受ける、との連絡を受け取ったので、駅で議員団の到着を出迎えるため待つということをせずに、友人の招待を受けてスウェーデンに出発する自分の家族を一一時四五分のフェリーに乗せるため乗り場まで送っていったのであった。グルー自身もスウェーデンに誘われており、日記には、昼食会のため「招待をあきらめなければならなかった」と残念そうに記している。グルーとしては、議員団にお茶の誘いを送り、部下に宿泊を手配させ、公使館にもどって着替え、「時間通りに午後一時に」昼食会場である名門レストラン「ニム」に着いて十分任務を果たしたつもりになっていた。しかし、駅頭で議員たちを出迎えなかったため、歓迎昼食会に、自国の議員たちに面識がないまま臨むことになった。グルー自身は、レストランの控えの間で、立派な体格と、小粋な英国製燕尾服に黄色のチョッキで目立ったが、長旅に疲れ、平凡なスーツ姿の議員団たちは目立たず、だれが議員なのかわからなかった。グルーは会話の端々からなんとか八人の議員のうち上院議員一人と下院議員一人の計二人を発見したが、そのとき、デンマークの外相がデンマークの慣習にしたがって、グルーの腕をとり会場へと進み行った。後に残された議員たちは口をあんぐりあけて驚いたが、後についていくしかなかった。食事の座席は両隣、正面ともにデンマーク人に囲まれておりグルーはいかんともしがたかった。昼食後に議員たちに会おうとしたが、議員団はコペンハーゲンの街を見学するためにさっさと車に乗って去っていった。

数日後、議員団は皆激怒しているという手紙が届けられた。議員たちは「あいつにはアメリカの慣習を思い出させないといかん」と怒っていた。なかでも激怒したのがジョセフ・T・ロビンソン上院議員とフレッド・A・ブリテン下院議員であった。ブリテン議員は、「もしグルー氏がアメリカの外交キャリアの産物ならば、今後キャリアの承認に関する議会のすべての法案に反対する」と述べた。上級外交官の承認は上院の役目なので、ロビンソン上院議員の方がやっかいであった。グルーの性格からしてわざと誰かを怒らせるということは考えられない。夏モードに入っていたコペンハーゲンで、議員団を乗せた列車はいつ着くとなく遅れており、日曜の午前中だった。この「事件」は、グルーに大きな教訓を残すことになった。偶然、グルーのスイス公使への異動の承認が上院で控えていた。もし、否決されればグルーの外交官としてのキャリアはそこで終わることになる。グルーは眠れぬ夜を何晩も過した。幸い、ロッジ上院議員とフレッチャー国務次官が、ロビンソン議員がゴルフで議会を休んでいる日に承認事案を滑り込ませて事なきを得た。次の帰国時に、グルーは議員たちに侘びを入れてまわったが、ロビンソンだけは許そうとはせず、その後、上院での承認に常に気をもむことになる。ロビンソンと和解するのは一九三二年に日本大使になる一〇年後のことになる。

無事上院で承認され、グルーは一九二一年一〇月から一九二四年までスイス公使を務めた。そこでは間近に国際連盟でのやりとりを学んだ。グルー自身は共和党支持者であったが、上院の否決によってアメリカが国際連盟に加盟しなかったことは大いなる過ちと見ていた。非加盟国のスイス公使として、連盟との公的な接触は控えなければならなかったが、許す範囲で国際連盟に関する情報収集に努めた。

ローザンヌ条約

次にグルーが活躍の場を見つけたのは、トルコとの関係構築に関してであった。第一次大戦後、トルコと連合国との関係は、一九二〇年八月一〇日メフメト六世が調印したセーブル条約で決定したかに思われたが、共和派のケマル・アタテュルクが実権を掌握し、再度調整する必要が生じた。それが一九二二年一一月から一九二三年七月にかけてのローザンヌ会議である。グルーは、会議に三人のアメリカ代表の一人として参加した。主な目的は二つ。ケマル革命政権とギリシアの間に講和をもたらすことと、新生トルコと列強の関係を正常化させることであった。会議の間グルーは新生トルコの指導者たちが連合国とうまく交渉するのを見た。交渉に関しては英仏伊といった連合国の中枢グループに入れなかったため、当初グルーは情報が得られず困った。特にイギリス代表部などはアメリカ側にわざと重要な情報を教えてくれなかった。相手国のトルコも、もちろん情報を出してくれるはずもなかった。しかし、グルーは個人的にイタリア代表のジュリオ・モンターニュと親交を結び、彼からもたらされる連合国の情報をもってトルコ代表イスメト・イノニュとの交渉に臨むことができた。目的はアメリカとトルコとの間で個別の条約を締結することであった。二人は共に聴覚に障害があり、大声でフランス語で交渉したという。その成果が実ってアメリカとトルコの関係正常化の条約がまとまり調印の運びとなった。

ローザンヌ会議
立っているのがトルコ代表イスメト・イノニュ，その正面がグルー。

一九二〇年一一月の大統領選挙で共和党が勝利し、一九二一年三月四日にはチャールズ・ヒューズが国務長官となっていた。共和党政権下の国務省からグルーのスイスでの仕事ぶりは高く評価されていた。本省からは、ワシントンよりも現地にいるグルーの方が事態をよりよく理解できるので、一般的指示のもと自由に動くよう訓令が出されていた。そのような訓令はめったに公使レベルには与えられることはなかった。ましてや当時職業外交官が期待できるようなものではなく、グルーがいかに高く評価されていたかを表していた。一九二三年八月六日には、ワシントンの期待に応えローザンヌ条約が無事締結された。グルーの大きな業績であった。グルーはベルンでスイス公使の仕事に戻った。その後、その条約は米上院で批准されず、のちにグルーが自ら大使としてトルコに赴き新条約締結に尽力することになる。ただ、ここでグルーは新興国のナショナリズムに敬意を払わなくてはならないと学び、またローザンヌで形成されたイスメト・イノニュとの個人的関係が、後にトルコ大使として赴任した折に大いに役立つこととなる。

八月にウォーレン・ハーディング大統領が病死し、新たに副大統領のカルヴィン・クーリッジが大統領となったワシントンでは、この頃国務省内でいくつか人事関係の動きがあった。クーリッジ大統領は、トルコ大使のなり手を探していた。当時の国務省はアングロサクソンが主流であって、ユダヤ系などのマイノリティは入省はできても、ふさわしくないとされるポストがあった。クーリッジは、ユダヤ人でトルコ大使になりたがっている人物がおり、トルコ大使はユダヤ系でも大丈夫なポストだが、その人物はボストン出身だからまずいと考えていた。クーリッジ自身がニューイングランド出身でその色が強く、同じニューイングランド出身者をひいきすると見られるのを嫌ったのであった。相談を受けた西欧部長のウィリアム・キャッスルは、トルコとの交渉を成功に導いたばかりのグルーの名前を出した。このキャッスルは、グルーのハーバードでの二年先輩であり、親しい友人であった。この後、国務次官補、日本大使、国務次官を歴任し、その都度グルーを助けることになる。このときは大統領はグルーのことを高くかっていたが、ボストン出身であり、またなにより年が若すぎるとして大使には任命されなかった。

国務次官のなり手も求められていた。ウィリアム・フィリップス次官が在外勤務に出たがっているのは皆の知るところであった。国務省勤務の外交職職員の多くはグルーを望んでいた。当時、公務員制度改革のためのロジャース法の成立が予想されており、そうなった場合、外交職を守るようなかたちで国務省を運営してくれることが期待できる人物で、次官にもふさわしいキャリアがある職員といえばグルーであった。

翌年二月に国際連盟の武器弾薬の輸送に関する委員会において、アメリカを代表するためにジュネーブに出張して任務を終え、戻ったグルーにウィリアム・フィリップス次官から電報が届いた。グルーが国務次官に任命されたという内容だった。グルーは、「立ちはだかる責任と困難な仕事を思ってむしろぎょっとした、その申し出に驚いた。それは一番就くように要請されることはなく、就こうとすることはないだろうと思っていたポストについてであった。しかし、それは喜ばしいものである」と日記に記した。三月二二日、グルーはベルンを離れてパリへ向かった。娘たちはちょうど学年末を迎えており、学期を終えるまでスイスに残すことにした。四月五日、グルーはアメリカに向かって出航した。

第二章　国務次官からトルコ大使へ

1　国務次官就任

長女の死

グルーはワシントンに出頭する前に、出身地であり、いまも母親や兄たちの住むボストンに立ち寄った。一九二四年四月一三日日曜日、グルーはそこで、スイスの学校に残してきた十七歳の長女イーディスがベニスへの修学旅行で猩紅熱にかかり倒れたとの電報を受け取る。翌日の月曜日にグルーは、ワシントンへ行くための水曜夜の鉄道の切符を買うためにバックベイ駅に出かけた。当時、ボストンとワシントンの間の移動は寝台車で夜出発し朝到着するというのが常であった。その帰り道に兄のランドルフと会った。ランドルフは、悪い知らせがあるとグルーに告げた。グルーは「イーディスのことか」と聞くと、ランドルフはそうだというジェスチャーをした。グルーは「最悪ではないよな」と尋ねると、またしてもランドルフは、いやそうだというジェスチャーをした。兄はグルーを自分の部屋へ連れて行き、電報を見せた。それにはイーディスが土曜の深夜に猩紅熱で腎不全を併発して亡くなったと書かれていた。グルーはそのことを母親に告げると崩れ落ちた。スイスで一月前に昼食を共にしたときには、フランス語で行われる筆記と面接からなる大学入学資格試験に優秀な成績で合格したばかりで元気そうだった。そのイーディスが急逝したことは、グルーに大きなショックを与えた。だが大西洋を船で渡る時代に、家族が亡くなったからといって仕事を放り出して駆けつけることは困難だった。グルーは悲しみを仕事に打ち込むことで乗り越えようとした。ワシントン入りを一日繰り上げて、火曜夜発のワシントン行きの切符を買いなおした。

一六日水曜の朝八時半にグルーはワシントンの駅に降り立ち、一〇時には国務省に登庁した。ヒューズ長官はニューヨークに出かけており留守であったが、一一時に国務次官としての宣誓を行った。その瞬間、ヒューズの不在により自動的に国務長官代理となった。次官補のバトラー・ライトと昼食をとり、移民問題をめぐって日米関係が緊迫していると報告を受けた。ヒューズ長官は午後三時四五分に戻ったが、愛娘を亡くしたばかりのグルーにとても同情的であり、むしろ職務に専念したいというグルーの気持を理解してくれた。この日、グルーは友人キャッスルの国務省内のオフィスを訪れ、イーディスの死について語った。グルーは半ば呆然としており、そのときの印象をキャッスルは、自分の家族のことなのになにか本で読んだことを語っているかのように見えたと記している。「起こったことを本当に実感するには時間が必要だろう。かわいそうな男だ。彼がこのような打撃を受けねばならないというのはひどいことだ」とキャッスルは感じた。

翌一七日午前にはヒューズ長官に会いに行き、もし長官と話し合いたいことができたら、非公式に長官室に入っていいかと尋ねている。ヒューズは、長官である自分と次官であるグルーの仲は「非常に緊密」でなければならないし、だれよりも増してグルーに長官室への通行を保証すると言った。外交に向けてやる気満々のグルーであり、それは長官が認めてくれた親密な関係によって保障されているかのように思えた。だが事態はグルーの期待通りには進まなかった。

国務次官

国務次官といえば形式的には国務長官に次ぐ国務省のナンバーツーである。日本で外務次官といえば外務官僚のトップで、省の人事を掌握し、栄達を極めたことになる。外務次官経験者がその後駐米大使などの外交官としての最高ポストにつくのが通例である。それに対して米国では国務次官就任は必ずしも栄達を意味しない。政治主導の米国にあって、国務次官の職務内容は国務長官との関係次第で大きく変わってくる。長官によっては外交の重要事項は長官が一手に扱い、次官には外交案件は一切相談せず、省内の監督のみ任せるといった者もある。また逆に長官から厚い信頼を得て就任する場合は、外交案件について逐一相談を受け、米国の外交政策決定に大きな関与をする場合もある。グルーは、この一九二〇年代と、第二次世界大戦中の二回にわたって国務次官を務めることになるが、同じポストでありながらまったく異なった職務内容をこなすことになる。一九二〇年代にあっては、大物国務長官のヒューズは、外交案件についてグルーには相談せず、省内の監督を期待していた。そのため、グルーが取り組まねばならなかった大仕事は、外交ではなく、当時大きな問題となっていた公務員制度改革であった。

四月一八日、グルー次官と省内の部長たちとの最初の会合がもたれた。しかし、ヒューズ長官が会議中にほとんどの部長を呼びだしたものだから混乱した。グルーは神経質になっていた。大きな仕事を前に不安に思っていた。しかし、そのように思う必要はなかった。彼は次官として必要なすべてを身に付けており、多くの同僚からここしばらくの間において最高の次官であるとみなされており、多くの省員が彼を助けようと用意していた。なぜなら公務員改革に揺れる国務省をうまく導けるのはまさにグルーだと多くの者が考えていたからであった。

四月一九日、グルーはキャッスル邸で夫妻と夕食を共にした。グルーは、このようなときに一人でいるのは堪えられなかったから、キャッスル夫妻が救ってくれたと礼を言った。キャッスルがラジオを持っていると聞くと、グルーはいままでラジオというものを聞いたことがなかったので聞きたいと言った。ところが折悪しく、悲しいキリストの磔の聖譚曲をやっていたので、キャッスルは配慮してしばらく聞かせずにおいた。

この頃、国務省が抱えていた最大の問題の一つは、日本人移民問題であった。日本からの移民を全面的に禁止する条項を含む移民法が議会を通過し、日本の世論が激昂し、日米関係が険悪になっていたのである。グルーを初め、多くの国務省幹部は、排日条項を不必要に日米関係を悪化させるものとみなしていた。西欧部長のキャッスルは、国際問題において「紳士的に」行動することの大切さを議会は理解しておらず、法の施行前に「移民法に取って代わる紳士協定に沿った別個の条約を日本との間で交渉可能だろう」と考えていたし、ジョン・マクマレー極東部長は、日本を世界の他の国々の下におく排斥条項が極めて不公正なものであるのは明々白々だと考えていた。ただ経済問題顧問室のスタンレー・ホーンベックだけは、マスコミは、日本に満足のいく解決策を見つけるよりも、日本人を追い出すアメリカ人の正当な権利を強調すべきだと異なった見解をもっていた。

公務員改革

五月になるとロジャース法が議会を通過した。この法律はこれまでのエリートのみが高級外交官になるという非民主的やり方を是正することを目的とした法律であった。アメリカでは、大使や公使といった高級外交官はほとんどが政治任用で、そうでない場合も、給与が在外勤務を維持するには少なすぎることもあって、財産のあるものだけが外交職として任命されてきた。そのため、たとえばロンドンでは、アメリカの外交官がわざとイギリスなまりの英語を話し、山高帽に燕尾服で仕事をすることが日常化していた。そのような状態の一部は、領事職の昇進を能力本位に変えるなど、少しずつではあるが是正されてきていた。ただ、領事職は外交職の下に位置すると考えられており、なかなか改善は進まなかった。

そこで領事職のもっとも強いメンバーであるウィルバー・カーが、そのような事態を憂えるマサチューセッツのジョン・ロジャース下院議員と取り組んだのがロジャース法であった。速記官として国務省に雇用されて、今や次官補にまでなっていたカーは、いわば領事職のチャンピオンであった。彼はエリート外交官たちを批判して、「海外の首都で例外的な社会的機会と利点を享受した若い書記官たちが、外国の首都の社会規範の見下げ果てた追随者になっている。この法案がやろうと思っていることの一つが、これらの非アメリカ化した書記官たちをシンガポールへ副領事として送るか、外交職をやめさせることだ」と述べた。この法律の骨子は、外交職と領事職の統合、新規採用における競争的試験の実施、能力による昇進、そして六五歳定年の実施にあった。

七月一日にロジャース法が施行された。世間が注目したのは領事職と外交職の統合がなされるかであった。新たに設置される人事部の部長にはヒューズ長官とグルー次官の依頼で、ヒュー・ウィルソンが就いた。またそれとは別に設けられた人事委員会には、グルーが次官の職責で委員長として入った。グルーは人事委員会において仲間たちからは旧来のエリート的制度を温存することを期待されていた。委員会のメンバーは、人事部長のウィルソン、バトラー・ライトとウィルバー・カーの二人の次官補、ウィルソンの助手で領事職のエドワード・ノートンであった。カーとノートンの存在は人事委員会における領事職を守る保証と見えた。ただ、表面上は外交職と領事職を統合するといっても、まだそれぞれの職の枠内で昇進を決めたため、外交職の方が昇進が早くなった。外交職の方が、財産を多くもっており、国務省からの収入に頼らなくても生きていけるため、離職率が高かったのが理由の一つであった。真面目なグルーとしては、能力本位で外交官に向いている者を昇進させたに過ぎなかったが、外交職の大使や公使への任命が増えた。また、グルーによれば「適性」から、外交職と領事館勤務との間の異動を最小限にとどめた。外交職の昇進が早いのを咎めて、人事委員会のやり方を批判する人々は、委員会を「ハーバード閥」と呼んだ。グルーは確かにハーバード出身だったが、ライトはプリンストンで、ウィルソンはイェールじゃないかとグルーたちは反論した。しかし、世間はそのようなことを許さず、後に「一九二七年のスキャンダル」と呼ばれる出来事が起こった。九人の大使行使及び国務次官補の指名リストが提出されたが、領事職は一人も含まれていなかったのである。

このように、グルーは典型的な東部エリート的な価値観をもっていた。一九二四年後半のある外交人事委員会の会合では、監督教会派であるとするH・F・アーサー・シェーンフェルトが、ある在外公館の長に任命されるかどうかを考慮する過程で、グルーは彼を「大変鋭くすばらしい人物」としつつも「おそらくユダヤ人種だろうし、その事実が」例えばローマのような「職の社会的、表現的な側面が重要となるいくつかのポストでは仕事に影響を与えるかもしれない」と評した。グルーとしては差別しているつもりもなく、まじめに語っているだけであるが、ユダヤ系に対して当時国務省の主流を占めていたワスプ的考えを示している。このときは、「いやなユダヤ的な特徴」は彼の行動には見られないとの理由で、シェーンフェルトは全会一致で公使に任命されている。

また、外交官という職業を真剣に考えるグルーは、自らの出世のみを考え、職務をおざなりにするような人物には厳しかった。ベルンで公使を務めていたヒュー・ギブソンには、好ましくない報告書しか送ってよこさず、自らがそこを踏み台にして大使に転出することしか考えていないという理由で厳しい評価を下している。

この年の一一月、半年前に愛する娘を成人する前に失ったグルーに新たな悲しい出来事が起きた。最愛の母が亡くなったのである。しかし、公務に忙殺されるグルーに悲しみに浸っている時間はなかった。この頃のグルーは多忙を極め、時々やっていたポーカーももはやする時間はなく、アリス夫人を初めとする夫人たちが興じていたブリッジは、時間を空費するという理由から学ぶのを拒否していた。そんなグルーをリラックスさせ休息を与えてくれるのは音楽だけであった。

年が明けて一九二五年、アメリカ空軍の父といわれることになるビリー・ミッチェルを囲む夕食会があり、グルーやキャッスルは駐米英国大使らと共に招待されている。そこでミッチェルは、早晩日本と戦わなければならないから、空軍力を発展させねばならないという持論を展開した。英国大使は関心を寄せているようだったが、グルーはすかさず日本との戦争の可能性はちっともありませんと反論した。ミッチェルは、我々はシベリアを獲得しなくてはならないのでそれは日本との避けがたい戦争を意味すると語った。

ケロッグ国務長官

一九二五年三月になると昨年一一月の選挙にもとづいて政権交代が行われた。一九二四年一一月の選挙で、現職のクーリッジ大統領が当選していた。クーリッジは、ハーディング大統領の突然の死によって副大統領から昇任していた。ハーディングの残任期間は、国務長官を代えなかったが、いまや自ら当選し、名実共に大統領となり、新たな任期が開始されることになった。それで、新たに国務長官としてフランク・ケロッグが任命された。

ミネソタの田舎で教育もろくに受けられず、法律事務所の事務員から、刻苦勉励してセントポールの法律家として成功し、上院議員、英国大使と成り上がったケロッグは、背が低く、ずんぐりして、既に高齢で、「ジョージアの綿花茂みの上に雪のような白い綿が少し載っている」ような髪の状態であった。「ナーバス・ネリー」と呼ばれた彼は、怒りっぽく、気難しく、外交術というものに民主主義的な軽蔑の念を抱いていた。また同時に正直で直截的で親切で、ぐったりするまで必死に働いた。

ケロッグは当初ドワイト・モローを国務次官にしたかったが、クーリッジが、モルガンのパートナーを任命することで、政権がウォール街からの影響を受けていると批判されかねないし、経験の浅い長官に熟練外交官のグルーを置いておくのを望んだためにグルーが留任することになった。

初めグルーは、外交の経験の未熟な長官の下、大きな役割を担えると構想しており、弱ってびくびくしているように見える長官から重荷を除くためという理由で、長官に相談もせずに様々な電報にサインしていた。しかし、長官は直ぐにたずなを締めて、グルーに知らせずに政策決定をするようになった。グルーは政策に通じようとしたものの、長官から知らされないため実際にはどんどん遅れていった。突然ケロッグは政策会議にグルーを呼び意見を求め、グルーが自信をもてるほど事態を把握するまではと、曖昧な返答をすると、ケロッグはグルーの助言を役立たずとみなした。長官は以前法律事務所でパートナーであり、今や国務次官補になっていたロバート・E・オールズに頼り、一九二七年までにはオールズが事実上の次官となっていた。そのようななかでも長官の不在中には長官代理を務めねばならず、それはいきおいぎこちないものとなった。ケロッグからはヒューズのような人間的温かみも感じられず、グルーは落胆していった。グルーは外交官改革に専念し、他のことには関心を失っていった。

一九二五年四月二四日、グルーは長官にロバート・E・オールズについて話をされた。グルーは長官に、オールズがくるなら協力は惜しまないし、次官のポストが必要ならば喜んで退くと述べた。就任間もないケロッグは、大統領が留任を望んだグルーに配慮して、そんなのはナンセンスであり、グルーは好きなだけ次官でいていいと述べざるをえなかった。この頃のグルーについてキャッスルは、「疲れて見えたし、疲れていた」と記している。

駐日大使の人選

一九二五年七月二八日、エドガー・バンクロフト駐日大使が任地の日本で客死したという知らせが飛び込んできた。日米関係は移民問題の余波を受けいまだにくすぶっており、大統領は人選に困るだろうと皆思った。ケロッグ長官は、バンクロフトは身体が悪いのになぜ日本に行きたがったんだろうと不思議がっていた。夏が終わるころ、大統領からケロッグに、駐日大使にチャールズ・マクベーをと提案する手紙が届けられた。長官は自分の候補を押したがったが、その候補であるビル・ボイデンについてはキャッスルの受け売りで、とくによく知っているわけではなく固執しなかった。ヒュー・ギブソンも候補に挙がったが、支出と生活環境から東京には耐えられないとケロッグは考えた。それに、また一人職業外交官を主要国の大使に任命するのは多すぎるように思われた。東京からは、大使館のエドウィン・ネヴィル参事官から、東京には「鉄の胃袋を持たないものは送るべきでない」と書いてきていた。

マクベーは東京への話に夢中だった。それまで五人の息子をちゃんと育てるために法律家として一生懸命働いてきた彼は、いまや自分のことを考える時がきたと考えており、なにか利己的でない国のためになることをしたいと考えていた。それで本当にやるべきことのある国がいいと述べていた。つまりスペインのような暢気なポストならお断りということだった。また、マクベーの法律家としての職場であるニューヨークには夫人が住みたがっておらず、東京なら夫婦で一緒に住むことができるというのも魅力だったようである。結局、大統領の提案通りマクベーが大使に任命された。

長官のグルーに対する不満

ケロッグ長官はグルーが委員長を務める人事委員会の勧告をまったく信頼できないと考えていた。なぜなら長官の助けになる人を昇進させるのでなく、外交職の昇進と外交職の人を組み替えることしか考えていないというのがその理由であった。長官は、グルーはとても用心深くしばしばミスを防いでくれるから役に立つが、助言を求めることは無駄だと思うとキャッスルに語り、そしてもっとも聞きたいこと、すなわちオールズについてどう思うか聞いた。つまり最良の次官補だと言ってほしかったのだ。他の上級スタッフに関しては、カーはその省に対する知識からとても有用だし、ハリソンはよい事務官だと長官は言った。J・バトラー・ライトについては触れもしなかった。これは同時期、ライトがグルーに対してキャッスルの邪悪さについて訴えていることから、ライトとキャッスルの間の相互的憎悪が原因と考えられ、必ずしもケロッグがライトについて悪く思っていたことにならないだろう。

グルー、好戦的に

グルーは外交面で時に好戦的となることがあった。一九二四年七月、テヘランの副領事が群集に殺害されたとき、強く抗議している。クーリッジ大統領が軍艦を派遣するといったのはさすがに諫めたものの、一〇月までにイランが殺人者二人の処刑以外の要求に同意したとき、代理公使を呼びつけるようヒューズ長官を説得し、結局それが原因で二人は処刑されている。

一九二六年二月の中国大沽で、西北国民軍が海から砲撃し、海と内陸との連絡を絶った大沽事件のときはよりきわどかった。アメリカ人の生命・財産への危機を感じたマクマレー公使は、条約国が後衛による敵軍との交戦をする機会とも感じ、海軍力を見せることで条約による権利の主張をすることをワシントンに打電した。ケロッグ長官は北カロライナでインフルエンザにかかっていたため、グルーが国務長官代理として国務省の責任者だった。クーリッジ大統領は元来無関心で、グルーが、指示を打電する前に説明したが、「私より君の方がよく知っている。やりたまえ、支持するから」と述べただけで詳しく聞こうともしなかった。グルーは公使の行為を制限することも出来たが、白紙委任をマクマレーに与え、マクマレーは砲艦外交へと突入した。マクマレーは職業外交官であり、専門家であり、グルーが極東部長にさせたこともある人物である。マクマレーは返事が来る前に踏み出して、他の条約国の公使たちと条約違反を非難し、天津と海との連絡の即時回復を要求していた。中国が何もせず、日本の駆逐艦を砲撃したので、公使たちは最後通牒とともに海軍力の行使を命じ、中国人は従った。

三月一七日、北京の宣教師団の一〇人の代表が、時代遅れの条約のちょっとした違反に対して実力で脅すのは、中国におけるアメリカの利権を傷つけるとして砲艦外交への回帰を非難した。傲慢で口うるさく特権の放棄を拒否することは、健全な中国人の間でのアメリカの威信を傷つけるだろうと考えてのことであった。このとき時英国のみならず日本すらより穏健なやり方を進言していた。翌三月一八日、二千人の学生がデモし、少なくとも一七人が殺された。宣教師の抗議は、本国の機関を通じて長官のもとへ届き、アメリカのマスコミも取り上げた。『ワシントン・ポスト』紙は、アメリカはケロッグのやり方を捨てて利権を守るのかと報じた。新聞報道を見てクーリッジは激怒した。グルーの以前の報告を思い出させると納得したが、ケロッグはそうはいかなかった。三月一六日にワシントンに戻ったケロッグも「私の不在時に中国に宣戦布告したと理解する」と激怒した。三月一九日付の電報でマクマレーにケロッグは、武力が必要なかったのは欣快、そしてグルーの立場を放棄し、「一般に、アメリカ人の生命保護に必要でなければ、条約の権利を強制するためには武力は行使しないのが我々の方針であるべきである」と命じた。

この大沽事件を機に、長官はますますオールズへの傾斜を強めていった。オールズはニカラグア問題やメキシコ問題をも扱った。一方グルーは次官でありながら、フィリップスや自分が次官としてヒューズ長官時代にしていたように、電報に見たという印のイニシャルを記すこともなくなり、一九二七年一月までに、オールズが長官の代理としてサインするようになった。二月には英国大使が、何かハイレベルで起こっていないか知るために、グルーにオールズに会う許可を求めたほどであった。三月にはケロッグが不在でグルーが長官代理のとき、大統領はケロッグに「オールズ氏と私は国務省を扱うのに今のところうまくやっている」と書くほどであった。ケロッグはグルーに魅力的な在外ポストを示し始めた。日本、ベルギー、カナダ、トルコ。グルーは一つずつ断った。できたばかりの外交職が危機にあったからであった。

2　外交官改革の失敗

外交職と領事職の統合

グルーは外交職の改革に二つのレベルで取り組んだ。一つ目は、政治任用がほとんどを占めていた公使以上のポストに就く外交職の数を増やすこと。二つ目は、外交職と領事職の統合において外交職の優位を守ることであった。公使より下のすべてのポストと昇進は、グルーが委員長の外交職人事委員会が扱った。在外公館長の任命ではグルーは二つの役割を担っていた。委員会の権限としてキャリア職が公使ポストに就くときの推薦に関わった。また、長官の側近として、自分の推薦もすることになっていた。

グルーは外交を専門職化しようとしていた。責任感やプライドや団結心を養うよう期待した。一九二六年二月二四日外務職員改革について勝利のラジオ放送を行った。国際問題において「新秩序」が打ち立てられた。今後、我が国の海外における商業的利益は、「『奉仕』をスローガンとし、その栄えある職業の効率性の基準を着実に高めるような高潔さと誠実さと愛国心をもつ、まっすぐに考え、明確に話す元気一杯の若いアメリカ人の新しい世代」によって守られるだろう。一九二六年春、年一回の外交官試験を、後に対ソ封じ込め政策の立案者となるジョージ・ケナンが受験している。口頭試問は国務次官のグルーが委員長になって行われた。ケナンは回顧録に、受験者の第一番目に呼び出され、グルーに面接されたときの模様を書き残している。緊張の余り声が裏返ってしまい、大爆笑されたという。グルーは一九二六年入省組に対して、世界の洗練された外交官たちと渡り合うのに教養やマナーを忘れるなと強調した。

しかし、グルーは、取り組んでいた両方のレベルで、一九二七年春までに困難に直面した。その頃にはケロッグとの関係もすでに緊迫していた。基本的問題は、人員の交流によって領事職と外交職を一つの新しい外務職員に統合できるかということにあった。外交職は、外交ポストのみが「外交官としての素養」を養うとして領事ポストに就きたがらなかった。その立場は委員会では、ライト、ウィルソン、グルーによって代表されていた。特にグルーは一九二五年に、自らを「外交職の番犬」と呼んでいた。それに対してカーは、領事職の代表であった。「領事職は私に戦うことを期待し、……議会はロジャース法の施行を主に私の責任とするだろう」と考え、誰よりも自分がロジャースの考えを知っていると信じていた。また、「その法案は最後の形になるまで私のオフィスで書かれ、書き直されたばかりでなく、その条項を上下両院の委員会で説明する責任も私の仕事となった」との自負もあった。この法の目的が二つの職を「かき混ぜる」ことでないという点では、カーもグルーに同意していた。今いるところの役人をよりよいとする前提は許さなかった。スノッブで代表的でないと考えていた。

ウィルバー・カー次官補

しかし、カーは目的達成を徐々に行うことに満足していた。

委員会が何らかの進捗を見せている限りは、彼は協力的だった。幾分進歩したが、より自由な人事交流には成功しなかった。一九二五年初頭、三人の領事を三人の外交官と入れ替えるということを話し合っていたとき、グルーは最終的に不本意ながら従ったが、領事となった三人の外交官うち少なくとも二人は領事職でうまくやらなかった。

形の上では統合されたものの、昇進表が二つに分かれていたので昇進率にも差がついた。一九二四年に、一時的に二つの昇進表がつくられた。外交職の方の昇進基準はかなり恣意的だったので、委員会は監査制度を設けた。しかし、領事職に設けられていた基準が採用されたわけではなかった。そのままその二つの表が存続した。外交職の選定の厳しさと辞任の多さによって、不幸にも昇進の早さに差が出た。法施行後一年で、昇進率は外交職四三％、領事職二九％、一九二七年までに、六三％、三七％となった。比率の不均衡は相変わらずで省内の不満は高まった。しかしグルーの本音は、その差について、長い勤務と忠誠でなく、能力が基準であるからやむを得ないというものであった。

グルーの関心はむしろ外交職の高位への任命が少ないということであった。政治任命に対してせめてキャリア外交官の高位任命を五〇％にしたいと考えていたのである。そこに絶好の機会がおとずれた。アルゼンチンなどの大使ポストやハンガリーなどの公使ポスト、それに加えて次官補の空きなどが生じたのである。グルーによる推薦と長官による修正を経て結局九人のリスト（スウェーデン公使のブリスがアルゼンチン大使、ハリソンがスウェーデン公使、ライトがハンガリー公使、ベルギー大使のフィリップスがカナダ公使へ、スイス公使のギブソンがベルギー大使、ウィルソンがスイス公使、スターリングがアイルランド自由国公使、ホワイトとキャッスルが次官補）が大統領へ提出された。結局、外交職が三人の高位任命の純増で、グルーの大勝利であった。グルーはフィリップスに「直近の任命によって外交職が認められたことに我々は大いに意気が上がっている」と書いた。しかし、それが議会や領事たちにどのように映っているかを少しでも考えたなら、グルーはそれほど意気を上げることはなかったろう。九人のうち八人がキャリア外交官でキャッスルも似たようなものであった。ウィルソンとライトは自らが人事委員会のメンバーで、五人がハーバード、二人がイェール、一人がプリンストン出身だった。ほとんどが外交職の利益を代表しており、そして皆相当な収入があり社交的につながっていた。ホワイトはメリーランドの超名門の出身で、ライトは高官と会うときに、「ボンドストリートのコートに、サビル・ロウ仕立てのモーニング、クリーム色の手袋に籐のステッキ」をもって望むことで有名だったし、ハリソンの偉そうな態度がウィルソン大統領の怒りをかったことは知られていた。キャッスルは巨額な収入のあるものだけが外交官として任命されるべきと発言したとされていた。このようなリストが批判を顕在化させる予兆はあった。ジョージア州選出のチャールズ・エドワーズ下院議員が一九二六年一二月一四日に昇進のやり方への不満と情報を求めて手紙を書いてきた。国務省から出された返事は、一年前に部内から出された不満への返事と同じ、形式だけの中味のないものだった。

一九二七年のスキャンダルと次官辞任

ついに、この昇進リストが認められてから五日後、一九二七年二月十六日、エドワーズ下院議員が、外交官への任命に関する情報開示を要求する決議を議会に提出した。加えて三月三日には、ラテンアメリカ勤務の三人の外交官が辞任したと新聞が報じた。そのうちの一人、ニカラグアのマナグアの一等書記官だったローレンス・デニスは、それまでの不遇なポストに対する不満を述べたところパリに配置換えとなった。しかし、不平を述べるとよいポストを提示するというその配置換えは、人事委員会への非難に何か真実が含まれていること示唆しているように世間には見えた。マスコミはグルーとウィルソンを、裕福な外交官を勤勉な領事の上に置くグループの頭目と非難した。三月一八日には一部の新聞が、「昇進や役職は、社会的地位や財産に応じて、外交職官吏に分配されているが、その一方で、平均的年齢の高さや能力、経験にもかかわらず、領事職官吏は無視され、退職時におけるまずまずの見込みを奪われている」と報じた。その記事は、グルーとライトを非難して、熱心に働く領事職官吏よりも裕福な外交職官吏を上に置き、ロジャース法の精神を冒瀆し、「お茶会に出るような女々しいやつら」がすべての幸運をもっていくように曲解していると非難した。議員たちも関心を寄せ、グルーの頭にはコペンハーゲンの悪夢がよぎった。

どう対応するかの決定は三月三〇日にライトの家での話しあいによった。カーらは、領事よりも評価の低い外交官が早く出世していると指摘し、昇進のための人事リストの一本化を主張した。グルーは大いなる逸脱と抵抗した。そこで、後にグルーが「非常に不幸な発言」と認める本音をウィルソンが述べてしまったのである。「彼ら［外交職］は高邁な考えをもっており、それは外交職のためによいことである。彼らはみな自分たちがある素敵なクラブに属していると感じている。その感覚が健全な団結心を育んできた」と言ってしまった。するとそれまで抑えていたカーも歯に衣着せぬ反論で対抗した。「領事職の側の助けになるだろうという考えで議会はこの法律を通した。ロジャース氏は、外交職の中の彼が気に入らない何かを取り除くためにこの法案は計算されていると述べた。彼は、自分たちのことを重要とみなしている外交職の多くの若者をシンガポールやその他の領事ポストに送って、本当の仕事をさせたいと考えていた。それがこの法案を議会を通過させた精神なのだ」と。結局、グルーは、国務省の法務官に判断を委ねることを提案せざるをえなかった。法務官は、昇進表を一つの表にすることにし、それは五月二日に採用された。つぐないとして四四人の領事が昇進した。グルーにとっては精一杯の妥協をしたつもりであったようで、メキシコ大使館一等書記官への五月三日の書簡の中で、効率に基づいて昇進させているだけで、両方の職から平等に比例的に昇進させるなら、いかなる外交職の昇進の前に八八人の領事職を昇進させなければならないと不満を言っている。

しかし、批判は和らぐどころか、議会にはもっと多くの決議が提出された。この騒ぎは収まらず、上院外交委員会が調査し、過去二年半のロジャース法のもとでの二一四の昇進のうち、外交職の昇進率は領事職の倍近くであったと判明した。組織改革によって新しい枠組みのもと、昇進などの権限は三人の次官補からなる新しい人事委員会に付与された。それはカーの従来の計画に沿うものであり、人事委員会の長として、また試験委員会や外務研修所の長として、カーの望むような形で外交職が形成された。マスコミや世論を味方につけて、これまでの外交エリートの力は制限された。一九三一年に通過した法律で、外交職と領事職が互換性のあるものになる。しかし、一九三〇年代に入っても、在外公館の受け入れ儀式において、三等書記官のそれが総領事のそれに先んじて行われるなど、領事職はセカンド・クラスの職であるということを象徴的に示す慣行は根強く続いた。

これまでは外交職と領事職という二つのセクションをできるだけ区別し、昇進表も二つに分けていたので、外交職を無傷に保つことができた。グルーは心から、外交官は特別な素養と経験を必要とする独特の活動と信じていた。彼にとってみれば二四年から二七年までの昇進や任命は、能力や年功によるもので、完全に正当化されるものであった。しかし、部外者にはえこひいきにしか見えなかった。もはや二つの区別を保つことが不可能なのは明らかであった。グルーは失敗した。一九二七年四月までにグルーが本省を去るときがきたのは明らかに見えた。この時期になるとケロッグ長官とグルー次官のギャップは、省の外にも知られることになっていた。五月一九日配信の通信社のニュースは、「国務省に関する最も興味深いゴシップの一つが、ケロッグ国務長官とジョセフ・C・グルー次官との不和に関するものだ。ケロッグがいないときは、グルーが責任者だが、ケロッグが職務に復帰すると、彼はグルーをまったく無視する」と伝えた。ライトとウィルソンはそれぞれハンガリーとスイスへ、グルーは五月一九日にトルコ大使に任命された。この人事は全米各紙には好評であった。

しかし、グルーの大使としての転出に対し、またしても議会で、外交官の自己昇進との批判が巻き起こった。しかし、次官が交代して自分の側近のオールズをついに次官に任命できてうれしいケロッグ長官は、自分が職責と能力でグルーをトルコ大使として決めて、大統領へ推薦したと表明した。グルーは秘書官へ宛てた書簡で次のように記している。「私はコンスタンチノープル［トルコ大使の職］を望んだわけではない。私の印象では、政権が私が去ることを望み、私がワシントンを去りたくなかったので任命が遅れただけだ。……少し前に、長官は私にブリュッセルかオタワに行きたくないかと聞いたが、私はもしよければ残りたいと答えた。……事実上ロバート・E・オールズが政治的問題に限れば次官だったし、人事に関しては委員会に新しい血が必要なことは明らかだった。率直に時が来たのだと感じた……」

正式な辞任は六月三〇日であった。トルコへの出発までの間、ワシントンの家を閉めて荷造りし、ハーバード大学一九〇二年卒の二五年記念同窓会に出席した。娘のライラが、ホワイトハウスの儀典官であるジェイ・ピエポント・モファットと結婚した。モファットは、建国の父祖の一人、ジョン・ジェイの子孫で、グルーと同じグロトンとハーバードの出身であった。後に国務省西欧部長を経てカナダ大使となる人物である。グルーはアメリカ最後の二日をロングアイランドのカーティス邸で友人たちと過ごした。そこに集った友人たちの顔ぶれを見ると、ジェームズ・カーティスは法律家でかつての財務次官補であり、リチャード・アルドリッチは元下院議員、ガラード・ウィンストンはかつての財務次官、それに新聞関係者、上院議員令嬢などであった。出発にあたっては、アメリカ人過激派が、最初のケマルトルコへの大使を暗殺しようとしているという情報があり、ボディガードがつくことになった。出発当日はニューヨーク市警の爆弾対策班まで登場するものものしさであった。七月三一日日曜日の午後、結婚や死別などでいまや四人となってしまったグルー一家はリバイアサン号に乗船した。船は八月一日午前一時に出航した。アリスとアニタとグルーは起きていた。自由の女神は深い霧に包まれ、信号灯の明かりが見えただけであった。これは先立つ困難の象徴的なのだろうかとグルーは考えたが、元来楽観主義の彼は、三年間の厳しく忙しい日々の後、古い国務省の乾いて干からびた埃を振り払い、学校を出たての少年のように感じるのであった。

3 トルコ大使時代

トルコ大使へ

新生トルコへのアメリカ最初の大使として、五年間グルーはケマル・アタテュルクの下、近代的共和国になるために大きな変化を経験していくのを観察する。グルー自身の言葉によれば「現代トルコは、そのような短時間でかつて試みられたことがなかった問題に取り組んでいる……すべてがゆっくりとした過程でなされているのではなく、共和国設立以来経過したまさに数年の間になされてきた……この驚異の革命は、熱烈で強力な国家的精神に基づいているが、それは一七七六年にわが国を奮起させたのとほぼ同じような激しさである」。外交交渉はやりやすかった。大統領のケマル・アタテュルクは西洋をモデルとする国家建設を目指していたし、共和国というものの政府は彼による独裁的体制をとっていたので、実際にものごとを動かしている先を見つけるのは容易であった。加えて、ローザンヌ会議で交渉相手として旧知の間柄であったイスメト・イノニュが首相となっていたことも、グルーにとって仕事をやりやすくした。

一九二七年九月、夜行列車でイスタンブールからアンカラへ向かい、九月二二日アンカラ着。グルーは大使としての仕事を始めたが、ワシントンではグルーのトルコ大使就任に対する議会の承認は難航していた。一二月半ばに、オールズの次官就任やネルソン・T・ジョンソンの駐華公使就任が外交委員会で承認されたときも、グルーのトルコ大使就任は承認されなかった。グルーの大使就任承認が確定するのは年が明けて春になってからのことであった。

トルコ大使在任中、ずっとグルーを悩ませ続けたのは、トルコにおけるアメリカ系のミッション・スクールに関する問題であった。ローザンヌにおいてイスメト・イノニュは、連合国代表に対して、一九一八年一〇月三〇日以前に設立された学校に関しては、特権と免除を約束していたが、実際の問題となるとそうも行かず、個別に交渉するしかなかった。政教分離を重んじる新生トルコ政府は、アメリカのミッション・スクールも、宣教師団の伝道事業の一環とみなして様々な抑圧を加えた。それに対しグルーは一切の不快感を示さずに、通常は丁寧な書簡で、そして、重要と判断したときは自ら政府に出向いて感じよく願い出るのであった。例えば、トルコ政府が、寄付金からなるそれらの学校の収入に課税することが明らかになったときは、グルーは、公式な手順にこだわらず、躊躇せずにアンカラに向かい、外

トルコ大使時代

ケマル・アタテュルクと談笑するグルー。

相とイスメト・イノニュ首相に直接会って、そのような課税がなされた場合には、学校は閉鎖せざるをえず、それが両国関係に与える影響を強調して、共感を呼ぶというやり方をとっている。イスメトは、笑顔を見せて、ウィンクし、四カ月後に親団体から学校への寄付には課税しないという決定が国家評議会によってなされている。これらの働きに対し、あるアメリカの宣教師団の中東現地責任者は国務長官宛の書簡でグルーの仕事を絶賛している。「われらが大使、ジョセフ・C・グルー閣下に対し、大いなる賛辞をあなた［スティムソン国務長官］に表明することなしに、この都市［イスタンブール］を離れることは私にはできません。彼はトルコのアメリカ人居住者に慕われたのみならず、自らの任務を有能に進めました……彼はアメリカ外交の歴史において最も優秀な精神を体現していると思えます」と書き送っている。

グルーはトルコの人々にも好かれていた。ボスポラス海峡でフェリーに乗船中、身を投げた老婦人を救けるために海に飛び込んでトルコ人を驚かせた。しかし、もっと驚かせたのは、娘のアニタが海峡の端から端まで一八マイルを五時間半で泳ぎきったことであった。当日大使はモーターボートに乗って伴走し、彼女にココアを飲ませたり、蓄音機で音楽を聞かせて励ましたり、時に飛び込んで隣を泳いだりしたのであった。

アメリカとトルコの関係は、一九世紀前半に交渉された条約によっていたが、第一次大戦後の事態の激変によって、グルー自身が交渉した一九二三年のローザンヌ条約にとってかわろうとしていた。ところがこの条約は、一九二七年一月に上院で否決されてしまっていた。そのため暫定協定が結ばれ、通常の関係がとりあえず結ばれていたものの、正式な条約を結ぶことがグルーの重要な役目であった。

ありがたいことに条約が上院で否決されたことに対して、トルコの対米世論は落ち着いており、アメリカとの友好関係を望むものであった。ローザンヌ条約を土台として、一九二九年に通商航海条約を、一九三一年に居住営業条約を結ぶことに成功した。条約に調印するのをグルーは、一〇月二八日に決めた。それは条約がととのってからグルーがアンカラに到着する最初の日であり、また本国から十月末日までに調印するように求められていたからである。しかし、加えてグルーが重視したのは、それがトルコ共和国の共和国記念日の前日であるということであった。翌日の新聞にそのことが掲載されれば「トルコ国民全体にとってのものすごい誕生プレゼント」になるとグルーは考えた。無事調印を終え安堵して、グルーはその日の日記に「わが国とトルコとの関係が今や極めて良好に確立され深く満足している。但し、それは上院がこの最後の条約を批准すればの話だが。そしてそうすることを拒否できるようには私には思えない」と記した。この条約は翌一九三二年五月に無事批准され、グルーのトルコ大使としての仕事の大いなる成果となった。

このようにトルコ大使としての重要な任務に一区切りがついた一九三一年秋、その一一月にいまや国務次官となっていたキャッスルから、駐日大使をやる気はないかという打診があった。グルーにとってこれほど不足のないポストはないように思われた。グルーは、一九〇四年に領事書記生に任命されてから、三等書記官から参事官まで、そしてパリ講和会議で秘書官として公使のランクになり、短期間パリの大使館に参事官として、それからデンマーク公使、スイス公使のあと、ローザンヌでトルコ条約を交渉した。ワシントンへ戻って国務次官として務め、そこで国務省の公務員制度改革に尽力し、そしてトルコ大使を務め上げた。外交官としてのすべての階位を務め、その過程で、グルーは歴史が教訓を、いつの時代に、どこの場所でも教えてくれることを学び、変化は教育的発展と過去の理解からもたらされなければならず、忍耐と考え抜かれた判断を伴うバランスと対称性が、指導者に必要な素養であるとの考えをもつに至っていた。経験も十分積んだグルーは駐日大使に好適に思われた。グルーは、同年代の職業外交官としては主要都市の大使になる最初であると意識しつつ引き受けた。九月に満州事変が発生し、極東情勢は予断を許さないものとなっていた。グルーは駐日大使としてアジアに平和を回復させるという歴史的役割を果たすことを夢見るのであった。

一九三二年二月二九日、アンカラの外務省を訪れ外務副大臣に別れの挨拶をした。出発前の日記には次のように記されている。「何れの前任地に比べても、我々が幸せであった場所から、そして我々が愛した友人たちから、引き剝がされるのはつらいことである。アメリカ人居住区の送別昼食会はとても辛くとても美しいものだった。アリスは嘆き悲しみ、明らかに常にアメリカ人から慕われていた」。

三月一三日、いよいよトルコを去る日であった。アメリカ人トルコ人合わせて百八人が見送りに来てくれた。天気のよい日で皆波止場から見送った。ボスポラス海峡を眺めつつ船は出て行った。こうして、アメリカを経由してより難しい任地、東京に向かったのである。五・一五事件の報を聞きつつ、グルーは五月二〇日サンフランシスコからダラー汽船のクーリッジ大統領号に乗り込み、日本に向けて出航した。途中ホノルルに寄港して、横浜着は六月六日の予定であった。

ホーンベック、極東部長に

グルーがトルコで任務に専念中であった一九二八年二月、その後一五年にわたってアメリカの極東政策に大きな影響を与え続けることになる人物が、国務省のネルソン・ジョンソン極東部長のいた部屋に後任として引っ越してきた。トルコ大使として勤務するグルーはまだ想像だにしなかったが、その四年後に駐日大使として着任すると、その在任期間中、本省とやり取りする上での中心となる人物である。そのスタンレー・K・ホーンベックは、一八八三年にマサチューセッツ州フランクリンでメソジスト派の牧師の家に生まれた。初期の教育は聖書やラテン語、ギリシア語の勉強が大部分を占め、デンバー大学を卒業。その後、コロラド州初のローズ奨学生としてオックスフォード大学で近代史を学び、平均以下の成績で卒業。ウィスコンシン大学で中国研究の大物ロバート・S・ラインシュ教授の下で学び、一九〇九年から一九一三年にかけて杭州や奉天の大学で教鞭をとった。パリ講和会議、ワシントン会議に専門家として参加し、また国務省の経済問題顧問のスタッフとして一時本省で勤務した後、一九二四年ハーバード大学講師に。講師時代に、友人であり国務省極東部長であったジョンソンに後任として推挙さ

スタンレー・K・ホーンベック

れての着任であった。その後、一九四四年にオランダ大使として転出するまで、アメリカの極東政策に大きな足跡を残すことになる。部長補佐として一九三一年に中国語研修外交官のマックスウェル・ハミルトンを、一九三六年に日本語研修外交官のジョセフ・W・バランタインを従えて、実質的にこの三人が国務省の極東政策を形作っていくことになる。

一九二九年三月二八日には、国務長官も交替した。ケロッグ長官が辞任し、同日付でヘンリー・L・スティムソンが長官となった。元フィリピン総督である彼は、東洋人の心を理解していると考えていた。また「戦士」であり、極東地域においてアメリカが秩序を維持しなければならないという義務感をもっていた。また、そのような秩序を破ろうとする国には、力で臨まなければならないとの信念をもっていた。ケロッグに比べ、東部エリートであり共和党員でもあったスティムソンはグルーとは社会的バックグラウンドとしては共通点も多くあったが、対日政策に関しては、アメリカが日本の動きに力で対抗する決意がない以上、現実に即した政策をとるべきと考えるグルーとは意見を異にしていた。

第三章　駐日大使時代初期

1　駐日大使として東京へ

日本上陸

一九三二年六月六日の日記は、「実際もって、とても大変な一日だった」で始まっている。グルーの乗ったクーリッジ大統領号は前日五日の夜に横浜港の入り口に投錨し、翌朝入港することがわかっていたので、グルーは何も見逃すまいとして「馬鹿げた時間」である朝四時四五分に起床していた。五時半には検疫官が来るから起きるようにとボーイが船室すべてのドアを力任せに叩いて回るのには辟易した。入国審査は心配とは裏腹に、特別に派遣された担当者によって何のトラブルもなく行われた。その後、次から次へと人々がグルーの船室へとやってきた。乗り込んできた日本の新聞記者たちの質問に、政治問題には触れないとして応じたものの、言葉だけを引用して巧みに組み合わせたインタビュー記事にされてしまったのには閉口した。船室を訪れる人の中に、最後に旧知のネヴィル参事官夫妻の姿を見てほっとした。グルー一行は生憎の雨の中、参事官夫妻と共に車で東京へと向かった。

到着した大使館はグルーたちを満足させるものだった。「手入れの届いた緑の芝生、花壇、噴水、碁盤形に組まれたプール」といった風情をグルーはすぐに気に入り「醜い周囲の中にある本当のオアシス」と表現した。中に入ると「厚くて贅沢なカーペットや、実に立派な腰羽目を持つ喫煙室や、ふんだんにある本棚や置戸棚や……回廊や、宴会室や、家族だけの食堂や、衣帽室や、七つの寝室や、四つのバス・ルームや、洗濯室や、裁縫室や、物置部屋」などが次々と目に飛び込んできた。娘のエルシーが喜びの声を上げ、愛犬キムが満足げに尻尾を振った。グルーがアリス夫人に

アメリカ大使公邸

「マイナスはいくつある」と尋ねると、アリスは「マイナスどころか、プラスばかりです」と答えた。

アリスがそのように答えるほどに、関東大震災後、本国で批判が出るほどの巨額の費用をかけ、建築資材はすべてアメリカから持ち込んで再建されたアメリカ大使館や公邸はすばらしいものであった

が、物事のよい面を見て高く評価するというアリスの人柄もそこに表れている。とにかく、アリスは優雅で有能であるばかりでなく、思いやりのある優しい人で、それも分け隔てなくであった。ある日、日本人執事の船山貞吉が、グルーがトルコ大使時代に入手したミミズクの柄の高価な花瓶を誤って割ってしまったことがあった。そのときも「あれは私の気に入らぬ花瓶でした。どのように処分しようか迷っていたところでした。その役を船山さん、あなたが引き受けてくださったのよ。私のほうこそお礼を言わなければなりません」（船山『白頭鷲と桜の木』）と言ったという。開戦後の大使館敷地内に軟禁状態にあったときに、なれない洗濯作業を秘書たちが交代で行っていた折、アリスが出した白いシルクのカーテンを、ドーマン参事官の黒い靴下といっしょに洗ってしまったときも、グルー婦人は優しく「灰色は好きな色よ」と答えたという。アリスは若い頃の怪我がもとで左足が不自由であったが、それで不平をいうこともなく、ただ、恵まれない人たちになんとか力になれないか、そればかり考える人であった。グルー大使の耳が不自由だったこともあり、夫妻は東京聾啞学校の生徒たちを官邸に招待してもてなしていた。また、アリスは出かけた折に巷にいる貧しい人に思わず車を降りてお金を渡して励ましたり、ある冬の寒い雨の日には大使館近くの道をよろよろと歩く柴犬を抱き上げて公邸で飼うことにしたというエピソードもある。大使館では夕食会後に映写機でアメリカ映画を上映することがよくあったが、機械は古くよく壊れた。あるときクレイギー英国大使婦人が「あら、あなたの機械がいつも壊れるのは不運なことではありませんこと？」と言ったのに対し、アリスは「そうですわ、でも、今日は大事なお客様がいらっしゃってないのは幸運ではありませんこと」とやり返したという。弱いものには、ことさら優しさを見せるアリスであったが、強いものには容赦なかったようである。とにかく、アリスに関してはその人柄を偲ばせるエピソードに事欠かないのである。その上、ペリー提督の子孫という血筋で日本語が話せるときては、日本人に好かれないわけはなく、その果たした役割は極めて大きいものであった。

グルーは、大使館事務棟に行き、館員全員と会い、それから主なアメリカからの特派員と面会した。AP通信のジョセフ・グレン、『ニューヨーク・タイムズ』のヒュー・バイアス、UPのヴォーン、『ジャパン・タイムズ』のフライシャーといった面々であった。それから駐在武官と面会した。陸軍武官のマキロイ大佐と海軍武官のジョンソン大佐は、規則に従い軍装の正装で訪ねると言ったのを聞いて、グルーは、規則などわすれて金モールなどで来ないでもっと気楽に来てくれと伝えた。午後三時になるとネヴィル参事官が呼びに来て、斎藤総理兼外相を議会に訪問した。それから東京の外交団の最古参であるベルギー大使を訪れ、大使館に戻った。午後五時、館員全員の夫人と娘たちを簡単な食事とお茶に招待した。総勢六五人に上ったが、着任したその日にそれほど多くを招くことが出来るほどに、前任のキャメロン・フォーブス大使が雇い入れた日本人の職員たちは、「そろって働き、いささかの狂いも見せ」なかった。グルーは全員を引き続き雇用することをその場で決めた。午後一〇時半、日記を書き終え、長い一日が終わった。

何をしていいかわからず、力を持てあましている感のあった大使館全体に対して、グルーはまず、スタッフに規律強化を求め、また激励を与えた。具体的には、公電作成にあたり専門的コメントを付すことを要求し、情報や提案をするように求めた。以前と異なり、武官や商務官も政策審議に加わらせるようにし、彼らの専門的な立場からの情勢判断を求めるようにした。また、若手の館員には日ソ関係などの個別的研究課題が与えられた。そうすると大使館全体が活気付き、大使のもとへ集められる情報が増え、それにつれて公電も増えていった。

日本の上流階級との交流

天皇謁見が一四日に決まると、樺山愛輔伯爵がそれに先立って会いたいとグルーに面会を求めてきた。深い親交を結ぶことになる二人の最初の出会いである。薩摩の樺山資紀の息子である樺山愛輔は、宮中関係にも通じており、また、グルーの出身地であるボストンを州都とするマサチューセッツ州内陸にある名門アマースト大学で学んで英語も堪能で、アメリカの事情にも通じていた。彼とのこの出会いは、戦中にアメリカで刊行されたグルーの日記の抜粋である『滞日十年』では、「日本の有力政治家の一人」と記されている。これは対米戦争中の日本にあって、樺山伯に禍が及ばないようにとのグルーの配慮であったが、日記原本には、午後六時に樺山伯が訪れた旨記載されている。彼はグルーに、スティムソン・ドクトリンがスティムソン長官個人の意見ではなく、第一次世界大戦の記憶によって教会や、教育機関、

樺山愛輔

女性団体などの圧力によってなされたものであると天皇も承知していると伝え、そのことを知っている方が、謁見時に話がスムーズに進むだろうとの考えでそれを伝えに来た旨話した。グルーが感謝したことはいうまでもない。このようにして二人の交流は始まった。

六月一四日、午前一〇時二〇分、騎兵隊に伴われた皇室の馬車が到着した。生憎土砂降りの雨であったが、正装したグルー一行は堂々と乗り込んだ。警察によって道路は閉鎖されたなか宮城へと向かった。予定と寸分の狂いなく一〇時五〇分、玄関着。待合の間についてグルーは、「まことに立派な部屋、特にその衝立や漆塗の扉を眺めて感心」している。この時期東洋を訪れるアメリカ人の反応を見ると、なかには、西洋のものしか評価せず、東洋的美しさを認めないもの、あえて馬鹿にしようとするものも多かったが、東洋美術にも通じていたグルーは素直に感心し、それがまた日本人の中に受け入れられていくことを助けたのである。中に通されて、挨拶の言葉を読み上げると、すぐさま、通訳を務めていた白鳥敏夫によって訳された。続いて軍装の天皇が挨拶状を読み上げると、また、白鳥がそれを英語に訳した。白鳥はグルーが耳が不自由であることを知っていたが、皇居で大声を出すことも出来ず、また、同様にみな皇居では小さい声で話すのでグルーは聞き取るのに難儀したようである。大使館員を紹介し、皇后に対しても同じように挨拶状を読み上げ、一度、大使館へ戻ってモーニングに着替えて、午餐のために宮城に戻った。秩父宮両殿下、斎藤実夫妻、牧野伸顕夫妻、林権助、松平恒雄夫妻などがいた。ここでグルーは牧野伸顕とキャッスルやフォーブズなどの前大使についていろいろ話し合ったが、グルーは牧野に対して「まったく立派な紳士」との印象を持った。また、アリス夫人も牧野に対しては「気心がよく合」ったようである。

一九三二年六月二一日、日米協会で歓迎夕食会が催された。グルーは友好的に見事な演説をしたが、石井菊次郎が、日米が相互の活動範囲に介入しなければ日米は問題ないという趣旨の演説をした。それはまさにアジア版モンロー主義であり、その演説は翌日の『ニューヨーク・タイムズ』の一面を「石井は我々にアジア介入をやめろと言った」と題して飾ったほどであった。そこには「もし日本の拡大をとめようとするなら、戦争が起こるだろう」という石井の発言の一部が引用されていた。しかし、難聴のグルーはよく聞き取れず、「トーンは明らかに煽動的だったが、内容に異議を申したてうることはほとんどない」とするのであった。

一九三二年七月一三日、牧野伸顕を私邸に訪問し、長時間親しく話した。グルーは満州問題に対する米国の方針などを話し、牧野は元老の時代は終わりつつあり青年層が中心となっていくと述べた。また、牧野が日本の将来について楽観的に振り子のゆれとして話すのを聞いて、グルーはロンドンで松平大使から聞いたのと「そっくりだった」と感じた。グルーの話を「この上もなく丁重な、親切な態度で傾聴」する牧野にグルーは好感をもった。そして日記に「どこの国でも、偉大な紳士というものは際立って見えるものだが、日本にきて以来、あらゆる意味で最も気持がよかったこの会談の全部を通じて、牧野伯爵は本当に偉大な紳士であるという印象」をもった。そして、牧野が「同情的な、そして恐らくは有益な友人になるだろうと」感じるのであった。牧野の方は、グルーの印象について特段記していない。

牧野伸顕

湿度のある日本の夏の暑さはグルーには耐えがたく、頻繁に三時間ほどかけて車で軽井沢へ出かけ、万平ホテルに宿泊し、ゴルフをするのが常であった。まとまって滞在することもあれば、週末だけのこともあり、結局、この夏には計三七日を軽井沢で過した。そして夏の暑さが東京からひいていった頃には、グルーは日本人について、「紳士はいつも礼儀正しいが、二流の日本人は礼節を知らず、ゴルフのエチケットもまったくわきまえていない」との結論に至っている。

反米感情

着任間もないグルーにとって頭の痛い問題の一つが反米感情であった。九月にニューヨークのナショナルシティー銀行が東アジアの各支店に、日本のビジネス地区の写真を送るように要請した。目的は、近代的建築物がどれくらい建っているか知るためであって、なんら軍事的な意図はなかった。ところがこれを大阪の憲兵隊が見咎めて、取締りが行われた。それを見た日本の新聞各紙は、アメリカが爆撃目標にするために写真をとっていると書きたてた。既に横浜商業会議所が似たような写真を含んだパンフレットをアメリカで配布しており、日本の大都市の様子を写した写真は秘密でもなく、それは馬鹿げたことであるのは明らかであった。

九月一五日には日本が満州国を承認した。グルーは日本の軍部についても警戒を怠らなかった。軍部は着々と戦争準備を進めており、軽率な行動から戦争になったりはしないが、将来起こりうるいかなる偶発的事態についても、大きく目を見開いていなくてはならないと記している。また、軍部を行動にかりたてるのは自信過剰であると同時に自信の欠如であって、軍部にとっては面子を保つことが何より重要で、屈服するよりは「日本をどのような破滅にでも陥れる能力」をもっていると戒めている。

一〇月に入ると、最近「日本の自由主義分子が、裏面で、さかんに活躍しているので、やがてその声が聞えるようになるだろうという意味のことが、盛んに伝えられる」ことに関して、グルーは確たる証拠はまだないものの、軍が反対するにもかかわらず出淵勝次駐米大使を留任させてワシントンへと戻すことはその証拠の一つかもしれないし、これには天皇の意向が関係していると見ている。また、このようなデリケートな時期に、攻撃的な人間をワシントンに送ったり、また、アメリカが同様に攻撃的人間を東京に送ったりするのは致命的であろうが、だからこそこのような人選になっているのだろうと解釈した。

交　流

秋になると社交の季節となったのか穏健派との接触も盛んになった。一〇月七日午後四時、休暇で帰国中の出淵大使が来訪してきたので一時間ほど話した。昨日、彼は牧野伸顕同席の上、天皇に拝謁していたため天皇の見解についての情報が得られた。出淵によれば、天皇はアメリカの立場を完全に理解しており、新聞の反米運動や好戦的戦争論をやめさせたいと切望しているとのことであった。出淵はまた二つの点をグルーに対して強調した。第一点は、張学良さえおとなしくしていれば、日本軍が北平に行くなどという問題は起こりえないということ。第二点は、現在太平洋で演習中のアメリカの大西洋艦隊が、演習終了後すみやかに大西洋に帰港することを望むことであった。大西洋艦隊の太平洋駐留が、日本の好戦的戦争論者や軍拡に多くの口実を与えるからというのがその理由であった。それから出淵は、「国内の政治情勢はいまやうまい具合にいっており、好戦的な軍人も彼らの意見を穏和化せざるを得ぬようになりつつある」と語った。この見解に対してグルーはこのときは、まだ確信するに至ってはいないと日記に記しているが、この後、次々と日本の穏健派が訪問しそのような見解を伝えるにつれ、徐々にそのような見解に傾いていくことになる。

一〇月一八日、グルーは早稲田大学創立五〇周年式典に、祝辞を述べることを求められた唯一の外交使節として出席し、秩父宮や斎藤首相らと共に壇上に着席した。ローエル学長の依頼でハーバード大学の代表も兼ねていた。午後には既に親しくなっていた牧野伸顕の娘雪子の夫である吉田茂駐伊大使が、先日の晩餐のお礼を言いに来たとの口実で来訪してきた。吉田は「日本の穏健分子が一般に知られているよりも、よほど強くなり、そして広くなってきたということ」をグルーに告げた。しかし、グルーは「何か具体的な証拠がほしく、またそのようないわゆる穏健運動が、早晩感知されるようになるとすれば、それは実際的政治の上に、どんなふうに示されるのかが知りたい」と思いつつも、吉田に対し、アメリカ政府の立場を率直に話した。グルーは吉田が早晩日本において有力となるだろうと聞かされていたので、彼が「盲目的な喧嘩好き」でないことを大いに喜んだ。

かねてからグルーが吉田や樺山に、幣原喜重郎に会いたいので、彼の体調のよいときに訪問したいと伝えておいたところ、一〇月二四日、幣原の方からグルーのもとにやって来た。それで一時間以上にわたってグルーの書斎で歓談した。グルーは幣原に会うのは初めてで、キャッスルの描写でしか彼を知らなかった。幣原はキャッスル夫妻が元気かと愛情をこめて尋ね、新聞社への賄賂三百万ドルをキャッスルから託されたなどと、政敵にでっち上げられた噂を笑いながら語った。会話の最後になって、ようやく政治的な話題へと進んだ。幣原も、松平恒雄、出淵、牧野、吉田、そして樺山と同じように、「振り子が一方に大きくふれているので、通常の位置にもどってくるはず」であるという内容の話をした。幣原に対するグルーの印象は、「誤解される恐れが微塵もなく完全な率直さでもって話せると感じさせる数少ない日本人の一人」であり、「会話を大層心地よいものにする良質のユーモアと心からの笑い」を備えているというものであった。幣原が噂と違ってちっとも病気に見えないので、おそらく政治的理由から病気ということにしているのだろうと推測した。キャッスルの米国内での言動は、日本国内からは大いに注目されており、一〇月三一日ウィルソン元大統領夫人のためのグルー主催の晩餐会において、牧野は、日米の十全の理解への見通しは明るい旨のべたキャッスルのシンシナティでの演説について好感を表明した。

幣原喜重郎

一一月一日、訪問してくれたお返しにということでグルーは、幣原と吉田を訪問した。幣原は六義園で和服姿でグルーを迎え歓談した。続いて吉田には、彼の希望でアメリカン・クラブにて面会し、同様に歓談した。吉田いわく、荒木貞夫大将は思われているほど過激ではなく、若手将校たちの超国粋主義には反対しているとのことで、会ったことがなければアレンジする旨告げた。グルーは正式に訪問することは好ましくないので吉田の申し入れに期待した。幣原・吉田ともキャッスルのシンシナティでの演説について触れた。

この頃には樺山愛輔は大使館の常連となっていた。一一月七日、昼食会の後で樺山はいつも通り大使館を訪れた。グルーは次のように記している。「彼〔樺山〕がアメリカ大使館を「運営」したがっているのは知っているが、よろこんでそのように思わせておく。というのも彼〔樺山〕は、私〔グルー〕の信じるところ、真の友であり、様々な些細な出来事が起きたとき助言を求めることの出来るとても有益な友であるから。彼は大使館の威信を高いものにしたいと望んでおり、様々な点で彼は役に立ちうるし、おそらく役に立つだろう……彼はいつも通り、穏健派が着実に力を増していると語り、時々証拠があるので、この点について彼が正しいと私も今や信じ始めている。もっとも軍の過激派たちが権力から取り除かれたということはまったくないが」。

この後、日本を去るまでグルーは様々な日本人と交流をもつが、その中心は外交官や宮中関係者、実業家などであった。時に海軍関係者もゴルフなどに参加したが、陸軍関係者で大使館の誘いに応じていたのは荒木大将ぐらいで、ほとんどがアメリカ大使館員と一緒にいるところを見られるのすら嫌う始末であった。

日本の満州国承認によって緊張する国際関係について、グルーは、対日政策を次のように進言していた。一一月二八日付電報で、日本国民は世界が敵対していると感じてハイテンションになっており、ジュネーブのいかなる妥協も受け入れないだろうと指摘した。このような状況では抑制された政策が最善であると進言し、日本の政策が修正されるとしても、それは外国による反対によるのではなく、満州国建国の困難さによるだろうとその理由を述べた。

2 米政権交代と日米関係

ルーズベルト当選

この時期、日本国民は大統領選挙が済めば日米関係が改善すると期待していた。果たして一一月八日の大統領選挙で、共和党のフーバーを破って民主党のフランクリン・ルーズベルトが勝利した。根っからの共和党員であり、共和党のフーバー大統領によって駐日大使に任命されていたグルーには、民主党の大統領の誕生により駐日大使の職を失う可能性が高まった。グルーの頼みは、新大統領のルーズベルトが、ハイスクール、大学の後輩であり、大学では同じクラブに属していたというつながりであった。

一一月一二日付でグルーは急いでルーズベルトに書簡を送った。「親愛なるフランク」とファースト・ネームで呼びかける書簡は、お互いのつながりと共通の過去を思い出させることをねらったものであった。「グロトン高校、ハーバード大学、フライクラブは［あなたの当選を］極めて誇りに思っています。そして、彼らはそう思うのに十分の権利があります。私に関して言えば、公的もしくは私的生活において、これから待ち受けている偉大な仕事において私の全霊をこめた支援と協力を期待してもらって大丈夫です」。一二月五日には、大統領選挙が終わると大使は全員一旦辞表を書くという慣例に従い辞表を手紙で大統領に提出した。「親愛なるフランク」宛てに祝辞を述べると共に自分の希望と新政権への忠誠を伝えるものであった。辞表が受理されるなら年金資格が得られる一九三四年まで「外交官第一級」すなわち参事官以上のポストにつけてくれないかと頼んだ。かつて自分が仕えた歴代大統領、国務長官の署名入り肖像写真コレクションに加えたいので、是非、新国務長官とフランクリン・ルーズベルト大統領のそれを、それぞれ一葉お送りいただけないかとも付け加えられていた。

一九三三年初頭、グルーの穏健派への期待を打ち壊す諸事件が発生した。一月三日、関東軍が山海関を占領し華北に侵入し、そして熱河省を併合するための準備を始めた。日本国内では一月一八日に、昨年九月のナショナル・シティ・バンク事件同様の、日米関係に悪影響をもたらす事件が発生した。横浜のシンガーミシン会社で約二百人の労働争議が起こったのである。大使館が警察にあらかじめ警告していたにもかかわらず、警察が動いたのは損害が発生してからであり、グルーとしてはアメリカに対する悪意を感じないわけにはいかなかった。

二月になるとついに日本政府は国際連盟脱退を決めた。日本のためを思い、日本が連盟に留まることを望んでいたグルーは頭にきて、二月二〇日付日記に、連盟脱退について次のように記した。「私自身の推測は間違っていた」「いまや日本が最終的に世界に反抗し自らを孤立させ……『アジアに還れ』の運動を実行に移す決意をした以上、もう辛抱強くして日本の機嫌をとることは、何の効果もない。私は、われわれが非常によくない時を将来に持つことを、恐れる」と一気にタイプライターをたたいた。

二月二三日付電報で、グルーは、日本人の精神面も含めて、内閣の連盟脱退の決定は、外の世界との最も重要な橋を焼き落とす準備を示しており、日本における穏健勢力の根本的敗北と軍部の完全な優越を表していると分析した。そして現在の日本の気質を説明するものとして以下の点を列挙した。⑴威信の維持のためにはいかなる介入も許さない陸軍の決意。⑵面子を守るために後退は許されないという事実。⑶満州は日本の生命線という宣伝によって注意深く育まれた信念。⑷中国側が条約義務を果たせなかったという事実。⑸満州作戦によって生じた巨額の出費による将来の財政的困難が陸軍によって完全に軽視されているという事実。⑹契約義務と利益が相反したときに、契約上の義務の神聖さを日本国民が理解できないこと。そうして最後に軍部とプロパガンダに先導された大衆は、米国との、もしくはソ連との、もしくは両方との戦争が不可欠であると信じ込まされているという事実を受け入れなければならないと強調した。また現状では、世論に火をつけるいかなる出来事も、日本をしてその費用を考慮することなく過激な行動へと導くかもしれないと警告した。

緊張する極東状勢について話し合うため、リンドレー英国大使とグルーは数回会談した。リンドレーは、グルーが憂慮しているが冷静に受け止めていると観察した。スティムソン主義については、出淵大使がワシントンでスティムソン国務長官に二月二七日面会した。長官は「不承認主義」を確認しつつも、不承認主義に基づいて日本抑止のため具体的行動にでるとは言わなかった。熱河攻撃中の長官のこの発言は、日本を「極東に於ける安定勢力」と認めており、出淵は胸をなでおろした。

ルーズベルト大統領就任式

政権交代

一九三三年三月になると一一月の大統領選挙の結果に基づいて政権交代が行われた。三月四日、ルーズベルトの大統領就任に伴い、スティムソン国務長官が辞任し、同日付でコーデル・ハルが国務長官に就任した。ハルはテネシー出身のたたき上げであり、福音主義者、いわゆる南部民主党員で政策としては互恵通商論者であった。外交問題には特に経験はなく、ただ、ウィルソン主義者として国家間においても行動を律する原則が存在すべきと考えていた。ホーンベックは、前任長官のスティムソンのことを「人を見る場合、人間にとって最も肝要な点は知識がどうであるかということより、家柄、出生地、学歴がどうであるかといったことにあると本能的に信じ込んで……第一にイェール大学の出身者と法曹家に目をつけ……第二の基準に、自分がかつて勤務した地位に匹敵するような地位についた経験があるかどうかということへの高い評価」をするとみなして不満を抱いていた。後にグロトン高校からハーバード大というルーズベルトと同じ経歴をもち、似たような名門の出であるウエルズ次官が、大統領との関係を利用して自分の頭ごなしに大統領に直接面会し、同じくグロトンからハーバードという経歴のグルーが、大統領にファーストネームで呼びかける信書を国務省越しに直接ホワイトハウスへ送付するなど、自分を無視するかのように同窓や家柄のつながりを利用して大統領と直接コンタクトする東部名門出身の国務省幹部に苦々しい思いを抱くことになる新長官のハルは、ホーンベックを信頼するようになり、ホーンベックの極東政策に占める影響力は、この後きわめて大きなものとなっていく。

主要な大使人事は、ルーズベルト主導のもとで行われ、三月九日、ベルギー大使やスペイン大使に新しい人物をすえる提案と共に、グルー（駐日大使）とジョンソン（駐華大使）の留任の提案がルーズベルトからハルへ伝えられていた。ただそのことをグルーは知る由もなく、グルーが留任確定の情報に旨をなでおろしたのは、三月二三日、日帰りの皇室主催の鴨狩りに参加し、特別列車で武州大沢の狩場から午後五時帰京して大使館に戻ったときであった。大使館にはハルから、大統領がグルーの駐日大使留任を望んでいるとの電報が届いていた。グルーは希望の職にとどまれる幸福感を感じ、職務に邁進するのであった。

ルーズベルト政権に代わってアメリカの対日政策も変化を見せた。一九三三年から一九三七年頃までのアメリカの対日政策は、それまでの世界の利益と米国の利益をなるべく一致させるといったウィルソン的な構想から、大恐慌対策を政権の第一課題とする国益第一の外交へと転換していった。すなわち、国際主義によって対日関係を悪化させるような従来のやり方には消極的で、日本と安定的な関係に入るべきとの考えが強くなった。それはグルーをはじめ、ジョンソン駐華大使なども同意見であった。すなわち、日本が満州を自己の勢力下におく決意である以上、米国としても武力で満州から日本を駆逐する決意のない限り、現実に即した政策をとるのが次善の策との考えで、実際、ルーズベルトもそれに傾いていた。

金子堅太郎

四月二四日、グルーは、立教大学のライフシュナイダー師と池袋で夕食を共にした。

そのときの話題の一つは、グルーも出席予定の六月五日の聖路加国際病院開院記念式典において、金子堅太郎が演説で排日移民問題などアメリカに対する不満を羅列する恐れがあるということであった。グルーにしてみればそのような中でアメリカ大使が参列しているのはいかにもばつがわるく、しかも、新聞などがそれを面白おかしく書きたて、日米関係の「古傷」がいたずらに開かれる恐れがあった。そうなれば二国間関係に悪感情が生じることにもなると懸念したグルーは、ライフシュナイダーに非公式にこの件に関して金子と接触し、問題を解決するように依頼した。

六月五日のグルーの日記では、自分の演説原稿と、会が滞りなく行われたこと、聖路加の建物が素晴らしいことなどしか記されていないので、おそらくその裏工作が功を奏し、恐れていた金子による日米関係を悪化させる類の演説はなかったものと考えられる。

ロンドン経済会議日米予備会談

世界恐慌による世界的不況を打開するため六月にロンドンで経済会議が開かれることになると、日本はベテラン外交官の石井菊次郎と日銀副総裁の深井英五を全権として派遣した。彼らはアメリカ首脳との事前協議のため太平洋回りで、途中ワシントンに立ち寄る予定であった。それに先立ち、五月十七日グルーは国務長官宛に石井の訪米目的について長文の電報を送っている。それによると石井はなんら権限をもたされておらず、日本側は建設的な提議をしないだろうというものであった。また、石井はアジア諸問題に西欧諸国の干渉を許さないといういわゆるアジア版モンロー主義を打ちたてようとしているとまで告げていた。これは予備交渉へ向けた日本側の姿勢を過小評価しており、また、石井の個人的構想についても誤った見方をするものであった。グルーは自らが聞き逃してしまった着任早々の日米協会での攻撃的な演説からの印象に引きずられたのかもしれない。

石井らが到着すると一九三三年五月二四日から二七日までワシントンで日米の予備交渉が行われた。そこにはアメリカ側からはルーズベルト自らが参加した。日本側は、日本の対満、対中政策について、アメリカ側が強硬に門戸開放を要求してくるであろうという身構えていた。ところが、予想に反してルーズベルトは、満州事件は時が解決するのを待つしかないという穏当な態度であった。予備交渉は二七日に「日米共同宣言」を出して終了した。五月三一日には、日中間に停戦協定が結ばれ、関東軍は概ね長城の線に戻った。六月八日グルーは国務長官代理宛に電報を送り、日本の対米態度が大幅に改善しているとの見方を報告している。「最近の日本の対米態度には、顕著な改善が見られる……中国情勢も以前ほど緊迫してはない一方、日本は連盟から脱退したが、それによって西欧諸国と何ら衝突を起こしていない」と的確な分析をしている。そして、軍部の一部が反米宣伝を繰り広げて、このような好感情を損なうよう交錯することは十分ありうるものの、「建設的かつ、おそらく永続的な進路が開かれたと感じる」と記している。また、白鳥敏夫がスウェーデン公使として在外に転出したことも良い傾向とみなされた。

広田外相

就任

一九三三年九月一四日、広田弘毅が外相に就任した。広田は、グルーに日本側の対米関係改善の意欲を伝えていた。ただ、広田は汎アジア主義的な考えをもち、アジアのことはアジア人によって処理されるべきとの考えをもっており、日本がアメリカと交渉するのは、個別の紛糾を避けるために限られるべきであると考えていた。しかし、グルーは広田に対して好

広田弘毅

印象をもったようである。九月一八日、日米協会の昼食会から急いで二時の広田との面会へ向かった。広田はグルーを暖かく出向かえ、手を両手で握り締めた。「彼〔広田〕の政策の礎石は日米関係の改善で……この位置〔外相〕について主な理由は、これを促進するためだといった。彼の態度は彼が本気であることを私に確信させる」と日記に記した。また、ネルソン・ジョンソン駐華大使には、「広田は……ここしばらくの間日本が選んだ外相の中では最も有能である」とすら書き送っている。

一〇月二日外相公邸で広田はグルーに対して、対米親善使節の派遣を考慮している旨明らかにした。それについて意見を聞かれたグルーは、そのような公式な親善使節の派遣という一般的なものよりも徳川公のような著名な人物が個人的に訪問するほうがより多くを成し遂げると考えると答えた。後にまた、組織的外交宣伝をアメリカ市民は嫌悪すると伝えた。このときの会談についても「現時点では

新外相と私の関係は前任者の内田伯爵との間で可能であったよりもさらに満足の行くものになりそうだ。広田は助言を求めており、建設的な性格の提案に心を開いているようだ」と記した。広田の親善使節案については、一〇月六日ハルからグルー宛に電報が届き、そのような計画案は思いとどまらせるべきだとグルーの意見に同意した。

ライオンとサムボー

一九三三年五月三〇日駐香港副領事セシル・ライオンが三等書記官として駐日大使館に着任した。本来はベルギー大使館のスタンレー・ウッドワード書記官が着任予定だったが、諸々の事情でベルギーを離れられず、東京に人が足りないと考えるグルーが、国務省が提示した予備のリストからライオンを選んだのであった。この日のグルーの日記には彼については香港から到着したとあるのみである。ところが、その年の一〇月七日、セシル・ライオン三等書記官とグルーの四女エルシーの結婚式が催された。この日付は特にグルー夫妻の結婚記念日ということで選ばれたものであった。ライオン書記官は、東京に赴任してから一月経つか経たないかの六月三〇日に婚約し、七月三日にグルーに許しを請うてきた。グルーは「アリスと相談する」と即答は避けたが、断ることもできまいと思っていたようである。自らの日記には多くを記さず、快く許したようなニュアンスで書かれているが、ライオン本人によれば、経済状態について聞かれ、最低ランクの外交官の俸給しかないと答えると、大使は「礼儀正しかった」が、「明らかに大喜びというふうではなかった」らしい。結婚式当日グルーは一九〇五年の自らの結婚式の日のことを思い出していた。披露宴には秩父宮夫妻の姿もあった。また、結婚祝いには天皇家から梨時金蒔絵の道具箱が下賜されグルー夫妻を感激させた。新婚の二人は樺山伯が用意してくれた伯の富士山麓の別荘へと出発して行った。空になった二階の子供部屋を見てグルーは「子供部屋は人生で一番大切なものだ」と書いてその日の日記を閉じている。

ライオン書記官が日本にいた期間は一年に満たず、翌年初旬には次の任地北京へ出発することになるが、彼に関してはもう一つ皇室と関係するエピソードがある。彼が香港での友人エリック・ポロックからの贈り物ということで上海から連れてきたコッカースパニエルの生後六週間の子犬がいた。サムボーと名づけられ、グルー一家に可愛がられたのだが、一九三四年一月一九日、グルーが、皇居周辺をエルシーとの最後の散歩にと、キムとサムボーの二匹の犬をつれて出かけたとき、サムボーが誤って皇居のお濠の冷たい水の中に落ちてしまった。もがくサムボー。石垣は垂直に近く、近くにボートもなく、グルーが助けを求めに行った皇居の番をしている警官も首を横に振るだけで手を貸してはくれない。グルーが絶望して戻ると、サムボーが人々の中で震えている。聞いてみるとそのときたまたま通りかかったタクシー運転手と男の子が、大使館の運転手と協力して、縄を伝って石垣を降りてサムボーを助けたのであった。運転手はすぐに立ち去ってそこにはおらず、男の子も名前も言わなければ、お礼も受け取らなかった。その話をグルーが樺山伯にしたところ、『東京朝日』にこの事件が載ることになり、サムボーはいちやく有名になったのであった。その後、偽の運転手が褒美目当てに名乗り出たりでひと騒動あったりしたが、最終的には本物の恩人が見つかり、アリスがそのために購入しておいたお礼の腕時計をわたすことができて一件落着と思われた。ところが事件はそれでおわらなかった。宮中で皇太子誕生の祝宴が催されたとき、グルーが昭和天皇に祝辞を述べると、天皇が「サムボーはどうしているか」と聞かれたのであった。

ソ連承認

一九三三年一一月一八日土曜日の日記には、ソ連大使が次の月曜に面会を求めてきたことが記されている。それはほかならぬアメリカ合衆国がソビエト連邦を国家として承認したということを意味していた。そのような重要なことを駐日大使のグルーは、本省からの連絡ではなく、ソ連の大使からの面会の求めで察したのであった。それはある意味屈辱的で情けないことであった。グルーの情けない気持ちが日記からは読み取れる。「それ［ソ連大使が面会を求めてきたこと］は我々がソ連を承認したことを意味している。私は本省からは何も聞いていない」「外務省やソ連大使が、この大使館［駐日米国大使館］よりもずっと早くからこの種の重要なステップについて公式に聞いているというのはかなり迷惑な話である。数ドル節約するために、このような電報が上海もしくは北京に出され、そこを経由して東京に、電報もしくは郵便で回されたのだ」。グルーは憤懣やるかたなかった。ただ、グルーはこの承認が任地日本の外交にどのように影響するかを分析するのも忘れず、この承認によって、日本側が、米中ソ三国対日ブロックの形成を恐れていると記した。

ソ連大使のユレネフが二〇日月曜一一時に大使館を訪問した。グルーは書斎に招きいれ、シェリー酒で互いの健康を祝った。一時間以内に答礼としてグルーはソ連大使館に出かけ、ブランデーとキャビアをご馳走になっている。ユレネフ大使はきわめて友好的であった。

天羽声明

一九三四年四月一七日、外務省情報部長の天羽英二が、上司の許可を得ずに広田外相の駐華公使宛訓令を言い換えて、東亜における平和と秩序を維持する決心を述べた。しかし、それが突如口頭でなされたため、特派員を含めたマスコミは大混乱に陥り、アジア版モンロー宣言が出されたという印象を各方面に与えた。グルーは、天羽声明のもつ重要な意味を『ジャパン・アドヴァタイザー』紙編集長で『ニューヨーク・ヘラルド・トリビューン』の東京特派員も兼ねていたウィルフリド・フライシャーから聞かされた。フライシャーは、天羽声明について外務省の意図や発表の経緯などを確認する間もなく、自分で英訳を作成し、ニューヨークの『トリビューン』編集部へと打電した。ところがグルーは外務省の公式翻訳発表を待つことにし、声明文を本省に送ることはしなかった。そして、四月一八日の国務長官宛に、フライシャーの訳文がおおよそ正しいこと、公式訳とフライシャー訳の間に違いがあれば連絡する旨のみ打電した。それに対し天羽声明を日本の最終的目的を示したものとしてきわめて重要視するべきとみなした国務省は、駐日大使館から来る情報の少なさにいらだっていた。ただ、グルーも何もしないで手を拱いていたわけではなく、公式文の入手に努めたが、実際に公式ではない声明文に、公式な翻訳など存在するわけもなかった。更に本省と駐日大使館の間の混乱は、本省側が、天羽声明関係の資料を「郵便」で送るように指示したことによって更に深まった。大使館側は指示されたとおり、郵便で送ったため、資料は五月五日まで届かず、本省はそれらの資料が発送された後も、日本文の翻訳などの資料を要求して、大使館はいらだつことになった。そのような中、グルーは、本省からの指示を待たずに自らの判断で四月二五日広田外相を私邸に訪問した。広田は笑顔で、日本は九カ国条約を支持すると繰り返すのみであった。グルーがその日会談を終えてもどると、大使館には四月二四日付の本省からの訓令が届いていた。それは、天羽声明のフライシャー訳が正確かどうか広田外相に尋ねるように命ずるものであった。そのためグルーは翌二六日にも広田を訪問しなければならなかった。しかし、広田は、フライシャー訳が正しいかを判断できるのは天羽だけと答え、天羽に聞くようにとの態度であった。ようやく、グルーが、ワシントンに対し、天羽声明は外相の許可を得ておらず、そのため公式な訳文などは存在せず、フライシャー訳が正確かどうかを答えるのを天羽本人は拒否したと打電したのはその日の夜になってからであった。

しかし、それらの努力にもかかわらず、この出来事はワシントンに駐日大使館の能力に疑問をもたせただけで、ワシントンの対日理解を変えることはなかった。五月四日付のグルーの長官宛の報告書において、広田外相がグルーに対し、九カ国条約を遵守し、並びに中国に特殊権益を求めたりせず、中国の内政に干渉したり領土保全に反したりすることや、中国と他国との貿易を阻害したりしないことが天皇の方針であり、それを最善を尽くして実施するのが自分の役目であると述べたことをグルーが好意的に記すと、その欄外にホーンベックは、「それならなぜそもそも広田は有吉宛への訓令を承認したのか」と皮肉めいた記述を残すのであった。確かにグルーとしても、日本政府の誰一人として天羽声明が「日本政府の真の政策であることを、公然と否定」はしていないと認めないわけにはいかなかった。

この時期のワシントンの対日態度は、日本の拡張主義に不快感はもちつつも、国内の経済再建が急務であり、孤立主義的なムードのなか、日本の意図に基づく行動の証拠を必要としていた。すなわち、天羽声明のような拡張の意図の発露に対しては、力によって対応するのではなく、むしろそれを避けるという傾向が続いていた。これが変化を見せるのは、三〇年代も末に入ってからのことになる。

岡田内閣誕生と海軍軍縮問題

グルーが宮中勢力によってなんとか命脈を保っているとみていた斎藤内閣は、遂に一九三四年七月三日総辞職した。その後間もなく七月八日に岡田内閣が成立した。正式に内閣が発足する前の七月六日、樺山愛輔によって内閣の布陣の予測がもたらされた。樺山は、岡田内閣の誕生は穏健派の顕著な勝利であると語り、西園寺や牧野のグループが権力を握っている証拠であるとした。アメリカが日本の内閣を選ぶ力をもっていたとしても、これほどうまくは出来ないであろうという布陣であり、政策的には斎藤内閣とかわらないだろうが、斎藤内閣に欠けていたイニシアティブがあると樺山は評価した。グルーは、樺山のもたらした情報を完全に確かめるには至っていないものの、その正確さから、自分も穏健派が優位を占めたことを信じる旨、国務省に報告した。

しかし、グルーが期待したようには岡田内閣は動かなかった。一九三四年秋のロンドン海軍予備会談をひかえ、艦隊派が主導権を握った海軍は、ワシントン・ロンドン両条約の破棄を唱えた。それに対して、岡田首相は消極的であり、また、外務省も東郷茂徳欧米局長が「ワシントン条約の破棄は戦争誘致の原因になる」と述べたように反対したが、強気の海軍はそれを押し切り、ワシントン条約破棄を政府に強要した。九月七日、日本政府は「現下国民ノ熾烈ナル要望」に基づいてワシントン条約破棄を決定し、予備交渉の基本方針として代表に訓令した。そして同年一二月二九日、ワシントン軍縮条約破棄がアメリカに対して通告された。これによってワシントン条約は一九三六年一二月末日をもって失効することとなった。実際の破棄通告を行った斎藤博が恐れたように、日本による破棄は米英をより接近させることになる。米国の国益全体を考えれば米英接近はグルーにとってみれば有難いことで、「ロンドン海軍条約予備会談……から発生した最も大切でしかも貴重な結果は、極東で米英両国がより緊密に協力しようとする傾向が明らかに見えたことだと思う」と日記に記したものの、日米関係を含む日本の将来を考えるとよろんでばかりもいられないのであった。

またこのころ陸軍のある佐官が、地方の壮年在郷軍人会で行った扇動的な演説に関する報告を入手して、グルーは、ロンドン軍縮会議をめぐって日本国内が多かれ少なかれ興奮状態にある昨今大変危険なものと判断した。この演説は、例えば、「今までの海軍会議での米国の二枚舌は日本を漸崩せしめた」とか「日本を世界の正しい支配者として建設するには、米国を粉砕せねばならない」といった内容を含んでいた。また、「米国は……放埓のため弱くブヨブヨになった。今こそ日本が大和魂の伝統的価値を立証すべき時である」とした上で、「日本はいまだかつて戦争に敗れたことはなく、将来も敗れはしない」と主張されていた。このような情報に接したグルーは、日本が必ずしも理性的に行動するわけではないという理解に至っている。日本の「軍は政府の制御的支配を振り切り、愛国心の誤った考え方から、国民的ハラキリともいうべきものをやってのけることができるという事実」が重要との認識である。

来日したベーブ・ルース

ベーブ・ルース来日

この年の秋、アメリカからメジャーリーグ選抜が来日し、一一月四日から日本全国一二都市で日米による野球の試合が行われた。アメリカ側のチームはベーブ・ルースやルー・ゲーリックなどのスター選手を含む華やかな内容で、海軍問題に関する対米感情悪化などどこ吹く風で、日本国中が熱狂した。その間グルーは、ベーブ・ルースたちと朝霞ゴルフ場へでかけ、一四ホールまわっている。ベーブ・ルースに、グルーはあまりにボールを強く打ちすぎるし、そうするとボールから目を離すに決まっていると指摘される。ベーブ・ルースは滞在中紹介された人すべてに「お目にかかれてうれしいです」と愛想よく挨拶し、みな夢中になった。彼は自分が「逆立しても及ばぬほど効果的な大使」であるとグルーは記した。

斎藤博、駐米大使に

一九三四年一二月、外務省きってのアメリカ通とされる斎藤博がアメリカ大使に昇格した。広田外相は東京の駐日アメリカ大使館よりも、アメリカとの交渉ごとは斉藤を通じて行おうとした感がある。ただ、グルーは斎藤個人に対しては、口数が多すぎ、アメリカ人の感情に無頓着であると日記に記しており、あまりよい印象はもっていなかったようである。

知日派米人

日本人相手だけではなく、日本在住もしくは日本を訪れる日米関係を重要視するアメリカ人との関係を取り持つことも駐日大使の重要な役割であった。年が明けて一九三五年一月二七日、渡米して排日移民法撤廃のためにハル長官やキャッスルと面会して帰国した立教大学のライフシュナイダー師夫妻らとお茶の時間をもった。確かにこの排日移民問題は「いつも胸にわだかまっている」が、しかし、グルーは今がこの問題を取り上げるべきときではないと考えていた。理由は、それが米国の弱みの表れととられ、移民問題で日本が平等となったのだから海軍問題でも平等を認めるのが筋と論じかねないからであった。それよりなにより議会での法案通過は予断ならず、もし排斥法撤廃を上程し、否決されでもしたら「まさに大惨事というべき」であるからであった。

四月一日には、アメリカのプロテスタント諸派を束ねる米国キリスト教会連合会の会長に選出されたばかりのアイヴァン・ホルト博士が上海から米国に向かう途中でグルーのもとに立ち寄っている。予定されている太平洋でのアメリカ海軍の演習に米国内の多くの教会が反対しているということに対して、グルーは事前に予定されている正当な演習の中止は「米国が薄弱で日本を恐れていることを自白する」ことになるのでやってはならないと述べた。また、最初に武力をちらつかせたのはなんといっても日本であり、それに対してアメリカが「背骨のないような態度を見せれば見せるだけ、日本は本当に刀を抜きたくなってくるのだ。東洋人は力を何物にも増して尊敬するので、弱さほど彼らの攻勢を助けるものはない」と自論を展開した。

牧野伸顕

一九三五年五月二二日の日記によれば、グルーはその日、松平子爵夫妻の招待で、日本式晩餐会に出席している。牧野伯爵、林男爵、宮内省職員、外交使節首席夫妻などが他の出席者であった。その食後、牧野と歓談した。牧野に対して『ル・タン』主筆のデュボスが、日本の政情を指して「危険」と述べたことに対して、牧野は「日本には他国が……保有しない護衛者、即ち皇室がある。天皇が最高で、如何なる時にも最後の断を下されるだけの理由によって、日本には軍の独裁主義、共産主義その他の如何なる主義からの危険もないのだ」と述べて、「危険」の二文字をなくすよう求めたことを語った。そのことをグルーに語る牧野の語調はかつてグルーが聞いたこともないほど強く、また目には涙があふれていた。

これを見たグルーは「日本人がどれほど熱誠に君主を信仰しているかを啓示し……外国人が一般的に感知し得る以上に、はるかにはるかに強いものだと」考えるようになった。また、「平素は落着いていて、礼儀正しく、顕著に上品である牧野伯爵の心の瞬間的ひらめきを見て、非常に感動し……牧野伯爵を世界最大の紳士の一人として、いつまでも尊敬する」と記した。

長期休暇

この年、グルーは一九三二年六月に着任してから三年間大使として勤務したということで、国務省から約五カ月の休暇が与えられた。七月一八日、広田外相を訪問して、休暇帰国の挨拶をし、晩秋の頃戻ると伝えた。外相は、大使の交代は混乱をもたらすので交代せずに戻ってきて欲しいと伝えた。グルーは日本国内を「ショービニスト」と「リベラル」の二つに分類し、いまだに広田を後者に属すると考えていた。

七月一九日、久しぶりの母国に向けて出発した。休暇中には実家のあるボストンだけでなく、ワシントンも訪問し、本省の様子をうかがった。八月四日、五日に国務省極東部を訪問した。グルーによれば、みな親切で協力的で、特に部長のホーンベックはそうだったという。前政権のスティムソン長官時代に任命されて着任して以来のワシントンであり、ハル長官とは初対面だった。グルーはハルと長時間歓談した。ルーズベルト大統領とは三回会い、グルーは多忙を極める中での大統領の楽天主義や集中力に感銘を受けた。また、ルーズベルトは、グルーにいちいち手紙を書かなかったのは、グルーが間違っていないからで、賛辞ととってよいと語った。これはルーズベルト一流の社交辞令であるが、それを素直に受け取るところがグルーのよいところであり、また、欠点でもある。

死火山／活火山

長期休暇で英気を養ったグルーは、一九三五年一二月一七日帰任した。早速東京における外交団主席であるベルギー大使を訪問すると、長期で帰国するのでグルーが東京における外交団主席となるということを言われた。それは年に四回天皇の前で話をするなどの様々の宮中行事への参列を意味した。午後広田外相に帰国の挨拶をすると、広田は最近日本の新聞が、非難の矛先をアメリカからイギリスに移しているようだと目を輝かせて語った。

一九三五年一二月九日から第二次ロンドン海軍軍縮会議が開催されたが、軍政に対する軍令優位が確立し、前年、艦隊派の台頭によってワシントン条約すら破棄に追いやっていた海軍は、ロンドン会議においても共通最大限案を強硬に主張し、それが受け入れられないとなるや、翌一九三六年一月一になる。

五日、軍縮会議本会議を脱退した。これによって、日本は一九三七年から無条約時代に突入すること

日米の友好関係を心から望むグルーではあったが、東アジアにおけるアメリカの権益や通商の自由を妨げる日本の行動については、日本人にアメリカ人の考えをきっちりとわからせるべきと考えていた。すなわち、アメリカ人は日本の東アジアでの活動について黙認していると考える、すなわち、日本人はアメリカを「死火山」と考えることになるが、そこには「火」があることを時々わからせなければならないと考えていた。それで、そのような事象がアメリカで起きると喜ぶのであった。例えば、一九三六年一月五日、グルーはルーズベルトの年頭の一般教書の中で、日独伊を指して、「戦争の悲劇に進む多くの要素を持つ悪意の増大と侵略への顕著な傾向を認めざるを得ぬ点に達した」とあからさまに述べた点を評価した。グルーは、この教書が、それが向けられた人々の「意識と良心に、深く刻み込まれるにきまっている」とし、また、「日本の方策と戦法とに節制を加える力になることは考えられるし、あるいは一時的にせよ、あの運動を緩慢化させることが出来るかも知れない」と考えた。ただ、「これは日本の中国侵入を停止させはしないだろう。戦争に負けること以外、これを止めるものは何もないからだ」と結論付けるのであった。

また、同じくこの年の初めにアメリカ連邦議会で上院外交委員長のキー・ピットマン議員が、日本はありとあらゆる条約を破っており、日本の侵略政策が合衆国にとって危険であるという内容の好戦的な演説をしたときも、そのような危険な演説には「本当は腹を立てねばならぬのかも知れないが

……一向に腹が立たない」と記している。それは、日本人が往々にして、アメリカを「平和団体と女の不戦主義者によって支配される国」と考えがちであるので、時々、そうではないと思い出させるのが重要と考えるからであった。また、グルーは「日本人が歴史を忘れ勝ち」であるとし、アメリカ人がなんらかの原因で一旦火がつくと、すぐに戦争に向かって突進する国民であると日本人に思い出させなければならないとした。すなわち、アメリカ人は満州の扉が日本人によって閉じられることを許してしまったが、「いつか米国民が、ちょっとばかり癇癪を起す時期はくる。そしてその時、これは常にあり得ることだが……何らかの事件が起れば、油の塊が一晩で火中に投じ」られる可能性は十分にあるからであった。

3　二・二六事件から広田内閣総辞職まで

二・二六事件

一九三六年二月二六日早朝、参事官のネヴィルが電話で、「反乱者が政府と東京市の各所を占領したという無茶な噂」を伝えてきたが、誰も真相を確かめられなかった。その後、ネヴィルが出歩いたり、駐在武官の偵察などでなんとか徐々に実態がつかめてきた。大使館発の第一報は、国務長官に宛てて、午前一〇時に発せられた。情報としては「今早暁、軍は政府と市の一部を占領し、高官数名を暗殺したと伝えられる」というものであった。第二報は続いてその日の正午に発せられた。徐々に全貌が明らかとなってきており、「この蜂起は陸軍部内の若いファシスト分子が工作したクーデタの性質を持っており、天皇の顧問である老臣の全部を潰滅して、いわゆる『昭和維新』を生ぜしめることを目的としている」と報告している。被害としては、斎藤実子爵、牧野伸顕伯爵、鈴木貫太郎侍従長、渡辺錠太郎陸軍教育総監らが暗殺されたと伝えられた。この事件はグルーに大きな衝撃を与えた。もちろん日本の国内政治の文脈からもそうであったが、個人的にも大きな衝撃であった。というのも、グルーは前の晩に、斎藤夫妻と鈴木夫妻を大使館の晩餐に招いたばかりであった。それまでトーキーを見たことがないという斎藤に、グルーは『お転婆マリエタ』を上映し、大喜びしてもらったところであった。これは来賓を喜ばせたいという強い思いからグルーがその前の数日かけていろいろな作品を自分で見て決めたものであった。無理やり見合い結婚させられるのを嫌ったマリエタは、出奔し、海賊にさらわれ、二枚目の士官に助けられ、恋に落ちるという内容であった。上映時間は計百五分の長いものであったが、お客はみな食い入るように見たのであった。

配慮を怠らないグルーは、斎藤子爵がネヴィル参事官に、海軍時代にいつでもどこでも眠ることを覚えたと語ったことを聞いて、映画がお気に召さなければ寝てもらおうと、すわり心地のよい肘掛け椅子を供したが、子爵は眠るどころではなかった。いつもは一〇時ごろ帰宅する斎藤子爵は、この日だけは十一時半ごろようやく家路についた。グルーは大使館の玄関まで見送った。その五時間後には自宅で射殺されたことになる。斎藤のことをグルーは日記に「われわれはどれほど彼を愛し、彼に敬服し、彼を尊敬したことだったろう。彼の顔からは愛嬌のいい微笑が消えたこと」はないと記している。この日の夜、大使館への襲撃を心配したアリス夫人は、いつもと違う部屋で赤ん坊の近くに寝ることを主張した。翌二七日にグルーは戒厳令下、敢然と斎藤の自宅へと弔問した。遺骸の前には傷を負った手を三角巾でつるした夫人が座っており、グルーが訪れると、布をとって斎藤子爵の顔を見せると共に、グルーに対して、おそらく斎藤はトーキーを見せてもらい楽しい一夜を過ごさせてくれたことのお礼を言うことを必ずや望むだろう、と夫人は告げるのであった。

一報では死亡と伝えられた牧野伸顕は、当日は湯河原の旅館に滞在していたが、旅館の裏のがけを上り、銃撃しようとする兵に対して、グルーの娘エルシーの親友でもある孫娘の和子が命をはって活躍し、間一髪脱出して無事と伝えられた。鈴木貫太郎も銃創を負ったものの何とか命だけは取り留めたとの情報が入った。

都心の高台にあるアメリカ大使館は事件の絶好の観測ポイントで、グルーは双眼鏡で、反乱軍や鎮圧軍のバリケードなどを観察することができた。また、反乱軍が首相官邸や山王ホテルに掲げた旗も見ることができた。

二・二六事件後の後継首相選びは難航した。事件がなければ西園寺は宇垣を推す予定だったがそれは難しくなってしまった。しかし、皇道派に関わる人物を推すつもりもなかった。それで近衛を推したが、近衛自身が固辞してしまった。三月四日夜の宮中での話し合いでようやく広田を推すことになった。西園寺もそれに賛成し、五日即刻広田に大命が降下した。広田は外務省で同期の吉田茂を参謀として組閣を始めた。外相候補には吉田自身が就いた。広田に大命が下ったことについてグルーは大いに喜んだ。グルーは広田を「強く、安全な人間」で「アメリカとの友好関係を欲し、その方向にできるだけの努力を払う」と考えていたからである。ただ、吉田茂を外相に選んだことにグルーは大いに驚いた。吉田は「断固たる自由主義者であるばかりか、牧野伯爵の娘婿」であるから、彼を外相に据えることは、あたかも「牡牛の前で赤い旗を振り回すこと」のように感じられたからである。グルーの予想したとおり、組閣には陸軍から横槍が入り、広田は吉田の入閣を断念。外相は四月二日まで首相が兼任し、のちに有田八郎が就任した。

三月一三日午後、グルーは広田新首相と会見するため首相官邸へ向かった。広田が出てくる前に、新しく広田の秘書官となった岸信介がグルーに、二・二六事件当日、岡田首相が寝ていた部屋であり、秘書官の松尾伝蔵が走り出して銃殺された場所でもある部屋を見せてくれた。広田は異例なことに通訳すら入れずにグルーと会った。そして、日米親善が政策の土台であることには変わりないと述べた。また、「日本が門戸解放の主義に邪魔することはない」とも告げた。

ハーバード大学創立三百年祭

一九三六年七月、八月末から開催されるハーバード大学創立三百年祭に出席するため一時帰国した。これは大学の創立三百年を記念して、世界から著名な学者などを招く大々的なものであった。式典では前列中央に座っていたグルーを見つけたルーズベルト大統領が壇上の貴賓席から、大声で「ハロー、ジョー」と呼びかけて何千人もの出席者の面前でグルーを当惑させている。このアメリカ滞在中グルーは大統領と会って話す機会を得た。大統領は秋の大統領選における再選への自信を語り、グルーが恐る恐る自らの転任の話を持ち出すと、一生とは言わないからあと一年は東京にいてほしいと述べた。一一月三日の大統領選挙はルーズベルトの大勝であった。

無条約時代突入

一九三六年一一月二七日、充実した休暇を終えて、グルーは東京に帰任した。一一月二五日には日独防共協定が結ばれ、事前の通告によって年末にはワシントン海軍軍縮条約並びにロンドン海軍軍縮条約が失効した。グルーは一九三七年一月一日の日記に、これらの海軍条約からの脱退は、「国際連盟から脱退したことによって始められた日本の孤立を、完全なものにした」と書くとともに、一九三六年中「日本は世界における評判をひどく悪くした」と記した。

マッカーサー来訪

一九三七年一月三一日夜、訪米の途中のフィリピンのケソン新大統領がマッカーサーを伴って日本を訪れた。グルーは東京駅に二人を出迎え、二人はその晩は大使館に宿泊した。翌朝、グルーはケソンを天皇に紹介し、高松宮、松平恒雄などが加わって昼食をとった。

席に着くとき、天皇の右側にケソン大統領、左側にグルー大使の席が用意されていた。本来であればケソン大統領のための会であるので、左側にケソンが座るべきで、その誤りを皆が着席する前にアメリカ大使館のスタッフが指摘すると、天皇の側近が、グルー大使の障害がない方の耳から天皇の言葉を聞きやすくなるようにそのようにされたとのことであった。それを聞いたグルーは「ナンセンスだ。天子様が私に話しかけられるときは、いつだっておっしゃっていることは聞きとることができる」と言った。彼らしいジョークであろう。食事中、グルーはハーバード大学創立三百年祭やボストンの日本美術展覧会などについて天皇に語るとともに、ゴルフについてもいろいろ語り合い、グルーが「日本がゴルファの天国です」というと「天皇は非常に感心されたらしかった」。「天皇がこんなにも角がとれて気楽そうだったのをめったに見たことが」なかったとグルーは日記に書き記している。

広田内閣総辞職

この間、一月二三日に広田内閣が総辞職し、二月二日に林銑十朗内閣が成立した。三月三日には林首相兼務に代わり佐藤尚武が外相に就任し、中国に対して友好的な態度をとると訴えた。この時期、グルーは「現状ではほとんど『幣原外交』に戻る傾向があるように思われ、国内の穏健勢力はここ数年間なかったくらい明瞭に、また有力になりまさりつつある」とまで書いている。ただ、グルーもそのような状態が長続きするとは思っていなかった。あたかも「火山の上に住んでいる」ようなもので、「いつなんどき爆発が起るか分らない」というのが実感であった。

そのため、五月にアメリカ政府が太平洋の状況が改善しつつあると判断したときも、それに対し、グルーは、新たな条約のための正式交渉に対し反対している。不戦条約、国際連盟規約、九カ国条約など太平洋には数々の侵略を防ぐ装置があるが、それらすべてを日本は無視してきた状況を考えると新しい条約は危険であるとグルーは主張した。なぜなら非現実的自信を日本側にもたらすからというのが理由であった。「家を建てるための土台の石を見つけられず、砂しかないなら、家を建てないのがずっと安全」であり、安全への唯一の道はセオドア・ルーズベルトのいうところの棍棒をもって穏やかに話すにしたがうことだとグルーは考えていた。

ヘレン・ケラー来訪

四月になるとヘレン・ケラーが来日し、一八日午後東京會舘にてヘレン・ケラー歓迎会が開催された。グルーは「私が滞在五年間に見た如何なることよりも深く日本人の心に訴えるのである」と感じた。余りに心を打たれて準備した草稿を打ち捨てて、感じたままを演説するほどであった。自身も片方の耳が不自由だったグルーが、ヘレン・ケラーの姿にどれほど感じ入ったかは察するに余りある。そしてヘレン・ケラー同様にグルーも、自らの障害を克服する過程で凡人には到達できない能力を獲得することができたのではないだろうか。グルーの日本および日本人を受け入れる卓越した能力は、もしかすると人の倍も「よく聞くこと」に努力していたからではないだろうかと想像すらできるのである。

第四章　日中戦争と和平への努力

1　日中戦争勃発から泥沼化へ

期待された佐藤外相であったが、ある意味グルーの予想通り、あっけなく辞任することになる。五月に林内閣が退陣し、六月四日に近衛文麿が組閣した。

近衛文麿組閣と日中戦争

一九三七年七月、日中戦争が勃発すると、北京や南京などの他のアメリカの在外公館同様、駐日大使館も混乱した。情報は錯綜していた。グルーは正直に「自分にはわからない、すべてが推定であり、われわれがなし得るすべては、成りゆきを見守り、事実を集め、能力の限りを尽くして連日それを分析すること」と記している。しかし、すぐにグルーはもとの楽観主義に戻った。彼はハルへの電報の中で、「過去長い間よりも現在の方が良好になっている日米関係における改善」がアメリカ政府の行動によってさらに可能であるとの考えを述べた。日中とも戦争を望んでおらず、「出口を見つけるのに克服すべき幾つかの困難が単に」存在するだけというのがその理由であった。ただ、これまでの経験から違う見方を添えるのを忘れなかった。「華北におけるこの危機全体が日本人によってあらかじめ決められ注意深く実行され、今や華北全体を日本人が乗っ取ろうと意図していると信じている人々も沢山いる。わが海軍武官もその一人であり、彼以外のわれわれの見解との関係で彼のワシントンの海軍省への報告書を正すよう彼を説得するのに骨が折れるかもしれない。日々［日中とも戦争を望んでいないという］証拠が積みあがっていると私は考える」。

八月四日、グルーが送った報告書を「すばらしい」と評価するハルからの感謝の電報にグルーは大喜びした。アメリカ人の生命財産の保護に関して、グルーが静かに、礼儀正しく、マスコミに宣伝することなく行ったことに、日本政府が感謝したことにも喜んだ。グルーの考えでは、日本人は日中戦争が起こると、スティムソンがやったような怒りの爆発を予期して身構えたが、ルーズベルト政権からそれが来なかったのであらゆる機会を捉えて感謝の意図を示したのであった。グルーは次のように考えた。民主主義が説教に打ち勝ち、結果として日米関係への圧力が弱まった。アメリカはアジアの混乱から威信を損なうことなく日本との関係は新たな友好関係に基づいて現れた。それはスティムソン・ドクトリンや海軍問題、おそらくは排日移民問題すら克服するだろう。日本人は感謝を示している。グルーとしては、中国におけるアメリカの権益が明らかに犯されていないときに、日本の行動に逐一強硬な非難をすることは、いざというときの非難の効果を減じるため避けるべきであり、満州事変のスティムソンがやったような反応が今回はなされなかったため満足であった。この件に関してはホーンベックもハルも同意見であった。ホーンベックによれば「仲裁を行うような方向に政府が踏み出すことは時期尚早でありすすめられ」ず、ハルもグルーに「われわれは日本の隣人であるし、またあり続けなければならない……良き隣人であるべく努力し続けるであろう」と書き送った（細谷他『日米関係史』1）。

八月二七日、ハルにほめられたことに勇気付けられて、グルーは、アジアの情勢を分析し、三つの政策を勧告した。それは以下のようなものであった。(1)アメリカは介入を避けるべき、(2)アメリカ人の生命・財産・権利を十分守るべき、(3)可能なら日中両国と伝統的友好関係を維持すべき。アメリカはその理想主義、軍縮、国際倫理についての立場でよく知られているので、それらの信念を捨てることなく、もしアメリカが日中と友好関係を維持できたら、世界平和に将来的に大きく寄与するだろうし、健全な基盤に基づいた自国の利益を維持できるだろうとグルーは考えた。そして、極東におけるアメリカの将来の立場をよくするために現状を利用すべきと進言し、アメリカとアメリカ人の利害が絡まない限り威厳のある沈黙を保つのが賢明な指導者としてのやり方だと説得した。ハルと膝詰めで話し合えば、如何に沈黙を保つのがアメリカの理にかなっているかを説得できるとグルーは信じていた。

九月一五日、確信するあまり、グルーはハルに非公式に直接書簡を送った。二人は問題を異なった角度から見ているだけで、アジア問題を話し合えば二人の見解は同一でないにせよ似通ったものであ

ユージン・ドゥーマン

るとわかる、という確信を表明した。グルーは大使館の意見を繰り返し、本省、特に長官に見解を伝えるように要求した。グルーは進言した三つの政策のうち最初の二つは受け入れられ、最後が拒絶されたと感じたので、最後の政策も同じ枠内にあることを説明したがった。グルーは、フーバー＝スティムソンのレトリックに対する日本人の敵意を克服するのにどれだけ長い歳月を要したかをハルに思い出させた。グルーはハルに、日本の中国における進路に反対する試みは、法的もしくは道徳的立場からの不承認の表明とはなるにしても、成功する見込みはないと認めさせようとした。本省がときどきそう考えたようにはグルーは自分の考えを宥和とは考えていなかった。この頃樺山が日本の世論が日米友好の側に振れてきた、陸軍ですらそうであると語った。グルーも、確かに一〇月五日以前の数週間は明らかに日本の世論は反英、親米であったと感じた。

国務省極東部長交代とドゥーマン赴任

この頃、ユージン・ドゥーマンが参事官として東京の駐日大使館に赴任してきた。大阪生まれで、神戸で少年時代を過ごしたことがあり、一九一〇年代後半には神戸の副領事として、一九二〇年代には東京の大使館で勤めた経験のあるこのアルメニア系アメリカ人は、優秀で日本語や日本の文化に通じており、この後、グルーにとって大いに力となることになる。

またこの夏には国務省内で組織替えがあり、ホーンベックがハミルトンを後任として極東部長から政治問題担当顧問に昇格した。ただ、極東部に対するホーンベックの「院政」は続き、極東部の重要書類はすべて彼の裁可もしくはコメントが必要とされた。すなわち、極東部の実質はなにも変わらなかったのである。

隔離演説とグルーの陰鬱

一九三七年一〇月五日、ルーズベルトはシカゴで、世界に無法状態を生み出す国家を隔離すべしという、いわゆる隔離演説を行った。それはグルーの危惧が最悪の形で現実になったことを意味した。グルーはその夜、日記に次のように記している。「政府の代表の一人として政府の政策や行動を批判する権利は私にはない。しかし、だからといって情勢の展開についてより少なく残念に思うわけではない。堅固で永続的建造物をゆっくり作るのに五年かけてきて、耳元で其の建物が突然崩れ落ちるのを見た建築家なら同様に感じるかもしれない……我が国は分岐点に差し掛かっている。平和愛好国には逆説的に見えるかもしれないが、平和でなく戦争の可能性のある道を選んでいるように思える。我々の基本的かつ根本的考えは、極東の混乱に巻き込まれるのを避けることである。そして、我々は直接巻き込まれるかもしれない道を選んでしまった」。

ルーズベルトを名指しこそしないものの、厳しい演説にグルーは落胆した。極東でのアメリカの戦争への参加を成功裏にやめさせ、極東における平和の確立を果たすことでキャリアを締めくくるというグルーの夢は、ほとんどばらばらになったように思えた。歴史の記録のために、自分が正しく、政府が間違っており、不当にも政府は自分から歴史的役割を奪ってしまった、ということを明らかにする仕事が残っていた。もしこの突然の方向転換が何事かを成し遂げたら喜ばしい限りだが、歴史と経験がそのようなことは不可能だと示していた。道徳的説得は無駄であり、経済もしくは財政的制裁は、非効率なだけでなく危険であると思えてならなかった。

グルーの陰鬱は、樺山伯が隔離演説の後訪問し、アメリカはいまや日本における影響力と立場を失ったと述べたとき深まった。この少し後、ハルから、本省とのより密な連絡をもとめるグルーの要求への返事が届いた。それにはグルーにとってショックなことに、「アメリカの方針に影響を与え、またアメリカの態度に影響するような多くの事態の進展すべてについて完全に情報を送ることは不可能」であると書かれていた。すなわち、「電報や無線による秘密連絡が信頼し得ない可能性がある」ので、それはそもそも無理というものであった。加えて、問題を作り出したのは自分自身なのだと知るべきなのは日本だとハルは非難していた。

このような情勢のなか、グルーは一〇月末の時点で悲観的であった。日米関係に関しては、彼の意図に反したワシントンの強硬な姿勢に「サムライの伝統と空いばりの思想を持つ日本の軍部と好戦主義者は、常にこの国の政治界における予言し得ざる分子である。ほとんどどんなことでもおこり得る」と観察した。また、ワシントンに対しても「最近自分はワシントンに助言を行なうのにいや気がさしてきた。なぜなら自分の助言は何か不毛な地に落ちているように感じられるからだ」と記している。

徳富蘇峰来訪と広田との会談

この間、日本はドイツ大使を通じて蔣介石と交渉を進めていたし、また、ブリュッセルでは日本を除いた列強が、どのように介入すべきか話し合いをもっていた。グルーはといえば、アメリカによる調停によって和平を実現することには悲観的になっていた。そのグルーが重い腰を上げて面会した訪問者があった。

一九三七年一一月四日、グルーのもとを徳富蘇峰が訪れた。彼は日本に反英の機運が広がっていることを告げ、いまやアメリカはイギリスよりも有利な立場にいることをほのめかしたのである。斎藤大使にいい印象をもっていなかったこともあって、グルーはそのような交渉をワシントンでなく東京でもちたいと考えた。グルーは広田に対して、和平斡旋について話したいのであれば、赴く意思のある旨をドゥーマンを介して伝えた。広田は即座に反応し、ドゥーマンと吉沢清次郎亜米利加局長が事前に話した上で、一一月一六日に広田の私邸で会談する運びとなった。広田は直接アメリカの和平交渉斡旋の可能性には触れなかったが、アメリカとの協議が可能であるよう匂わせた、と少なくともグルーは思った。しかし、それを国務省に報告したものの、やはり国務省からの返事は、アメリカとしては九カ国条約の枠組みを出るものではないという通り一遍のものでグルーを落胆させるものであった。グルーはもし、九カ国条約の枠組みの外であるという理由だけで、他の和平の可能性を否定するのであれば、「悔いを残すことになる」と日記に記すのであった。

マクマレー来訪

数日後、二〇年代に駐華公使であった極東問題のエキスパートであるジョン・マクマレーがグルーを訪問した。マクマレーは、一九三五年に極東問題に関する素晴らしいメモランダムを書いていたが、それは、日本が悪者で中国が被害者だと極東情勢を捉えるアメリカで一般に受けいれられている見方を批判するもので、グルーの考えと一致していた。グルーはそのメモランダムを褒め、二人は駐華公使と理解のある国務次官という理想的関係であった当時を回想した。ただ、よき昔を思い出すにつけ、当時と違い、現在、自分と国務省にそのような信頼関係と基本政策の一致がないという悲しい現実が身にしみるのであった。

一九三七年一一月七日、日本軍が上海に上陸したときもグルーの日米友好は可能という信念はゆらがなかった。その日の日記でも希望をもち、日本は将来のパートナーとなりうる国だと考えていた。アメリカの最も大切なお客が日本であって、アメリカは日本に多く投資していた。中国より日本と仲良くなったほうが得であり、日本が強くなればソ連共産主義の砦にもなると考えていた。「単に理論的友好関係ではなく、たびたび打撃を受けることがあってもくずれることのない強く健全な友好関係に希望をもって」おり、日米関係が悪化していく中、ただ一人日本との関係の重要性を訴え続けていた。

パネー号事件

元気をなくしていたグルーに、思いのほか早く活躍の機会が訪れた。一九三七年一二月一二日に起きたパネー号事件である。よく晴れたその日、六機の日本軍機が、揚子江上において米国の警備船パネー号とタンカーからなる船団を攻撃した。パネー号は沈没。救命艇で脱出しようとした乗組員や乗客たちは機銃掃射を受けた。二人のパネー号船員のアメリカ人が死亡し、多くが負傷した。一二月一三日午前一一時半、以前からパネー号の位置情報を日本側に伝えていたグルーは、中国からの電報で事件を知ると、すぐさま広田外相を訪れ抗議した。広田外相は四時間以内に返答し、遺憾の意を伝えた。このグルーの広田訪問はワシントンの訓令なしに行われたもので、その迅速な行動が事態の沈静化に大いに役に立った。ワシントンでのハル国務長官と斎藤大使の接触は、グルーと広田の接触からゆうに一五時間以上たってからのことであった。ハルからグルーに訓令が届いたときには、すでにグルーは広田と二度会談していた。一二月一四日午後遅くにようやく国務省から訓令が届き、グルーは、午後八時半に広田に会うために、南京陥落のちょうちん行列を縫って外務省へと向かった。グルーがアメリカ側の訓令を伝えると、広田は、日米の良好な関係を維持するため全力を尽くすと伝えた。事件の原因に関しては、広田はグルーの抗議からほどなくしてグルーのもとを訪れ謝罪したときに、故意ではなく視界が悪かったと説明していた。それに対してはグルーは一二月一七日に広田に対し、証拠からして明らかに日本側の故意であると迫った。外相は、グルーによって提示された証拠は知らず、直ちに陸海軍当局に確かめると約束した。日本軍が「まったくの潔白」でなかったものの、アメリカ側にも即刻この問題を決着させたい理由があった。この事件によってアメリカ国内の世論は、国際的介入主義に傾くどころか、更なる孤立主義へと向かったのである。下院では、戦争開始に議会の宣戦布告に先立ち国民投票を必要とさせる憲法修正案が上程された。

これに対しルーズベルトは国務省にパネー号事件の解決を急がせた。一二月二四日に広田は、グルーに日本側の責任を認め保障を申し出る文書を手渡した。広田はグルーに悲しげに「とても苦しい時間を過ごしています。物事は突然起こったのです」と述べた。翌二五日、アメリカ側が日本側の回答を受諾する旨の吉報をグルーが広田にもたらし、パネー号事件は一応の決着をみる。一二月二六日、グルーは日記に次のように記した。「すぐれて幸福な日であり、一方は何にも増して面子を保つ傾向があるにもかかわらず、そして他方はとんでもない侮辱をされたにもかかわらず、潜在的戦争へと突入することを拒否した両国政府の良識を示した。日本政府はパネー号の沈没について平謝りに謝り、わが政府は其の謝罪をすぐさま受け入れた。」広田外相は、事件解決に向けてなされたグルーの努力に公式に感謝を表明し、日本のマスコミも同調した。『東京朝日新聞』は、このような緊急事態において「日米両国民は駐日大使としてグルー氏を得たことを非常に幸いとする」と称えた。この事件は、駐日大使館が大いにその重要性を発揮した数少ない例である。

グルーは、この事件で彼の言うところの「二つの日本」の存在を再び痛感することになった。軍部や好戦主義者の存在ばかりが目立つ中、パネー号事件の第一報が日本国内に伝わると、謝罪のために大使館に様々な日本人が訪れ、また、全国から義捐金が殺到した。あらゆる日本人が自国の軍隊が行ったことに対する「恥辱と謝罪の言葉と遺憾の意」を表そうとした。ある「立派な身なりをした婦人」などは、大使館事務所のドアの裏で髪をばっさり切ってカーネーションの花と一緒に差出し、受け取った大使館員を驚かせた。このとき、集まった義捐金はかなりの額になったが、それに対し国務省は贈り物や義捐金を送り主に返還するように指示してきた。それに対してグルーは、そのようなことをすれば日本人を侮辱していると受け取られかねないからと、その指示に従わず、それを基金として日本におけるアメリカ人の墓の維持資金として使うこととした。

日中戦争泥沼化とグルーの不満

一九三七年終わりから三八年初頭にかけて、グルーの気分は少し上向きであった。どうせ相手にされないからと勧告を本省に送るのに億劫になっていたが、多くの情報の要求や、パネー号事件における仲介やアラスカ漁業問題の解決などの称賛から、気を取り直し

第三種郵便物認可　昭和十二年十二月二十七日　讀賣

可憐な眞心は通じて

その純情に泣かされた

子供たちの手紙は本國へ送りますと

パネー號事件解決の夜　感謝のグルー大使夫人

喜びのグルー大使とアリス夫人

…の米國パネー號事件[illegible]わが國民をあげてのお詫びと可憐な小國民たちの純情と不幸な[illegible]への同情の[illegible]が通じて事件が起きてから二週間、アメリカ政府も[illegible]として、廿六日朝にはグルー米大使が廣田外相を訪れて「日本の誠意ある[illegible]に滿足の意を表する」と本國政府の意向を傳へて

圓滿 解決をつげ平和を愛好する[illegible]民をホッとさせた、この[illegible]廣田さんと喜びの握手を交したグルー大使は[illegible]のパネー號事件に寄せたわが國民の心からの同情、わけても山と積まれたいたいけな少年少女達の純情あふるゝ見舞の手紙や[illegible]金に對して「この日本國民のたにものにも代へ難い美しい心情は必ず本國政府に報告してその[illegible]に[illegible]へて[illegible]」[illegible]同夫人からもよろしくお傳へ下さい」と心からの喜びと感謝を[illegible]て[illegible]たのだ、きくところによると大の日本好きのアリス夫人はこの事件發生以來アメリカ人の[illegible]よりも心をいため、日本の小國民たちの心からこの[illegible]を心[illegible]する

純情 に泣かされつゝとのことを[illegible]にしてクリスマスに外出しなかつたほどで、このことで夫人に[illegible]に行くものがあればいつも快く面接して心から共感して[illegible]めるのを[illegible]としてゐたといふ、この促[illegible]町の大使邸にアリス夫人を訪へば夫人は[illegible]で[illegible]出來ないのを[illegible]がりながら人を通して

「けふはいつもなら夫とともに[illegible]ゴルフ場に出かけるのですがそれにも行かずとり[illegible]してゐますから失禮します、でも無事に解決しまして兩國の將來のためにこんな嬉しいことは御座いません、それにつけても日本の皆樣が不幸な遭難者に寄せられたほんとに美しい氣持―あの小學生や女學生の純情には泣かされました、同卒心から喜んでゐる私のこの氣持を皆樣にお傳へ下さい」

と語つた

パネー号事件解決後の新聞記事
『読売新聞』1937年12月27日朝刊より。

た。ハルのナショナルプレスクラブでの演説をほめて、「あの男は、私の見解では、成長した」と書く余裕すら見せた。しかし、本省全体をほめる気はなく、省は、公的記録が如何に現在や歴史的見地から見えるかを気にしすぎと批判している。ただしこれはグルー自身が常に歴史的見地から日記などをつけていることと矛盾してはいる。また、グルーは、ワシントンでの政策の展開に関する情報不足と、本省と大使館の間の情報伝達の遅さに関してつねに不満を抱いていた。

この間も日本軍は大陸への侵攻を強めていた。一九三七年一二月一三日には南京を占領したが、一般市民の多くに犠牲が生じた。国民政府は重慶へと移る一方、日本政府は蔣介石に満州国承認などの厳しい停戦条件を提示する。蔣介石は拒否し徹底抗戦を表明した。翌一九三八年二月には重慶市街への爆撃が開始され、重慶や南京の惨状は世界に報じられた。そのような中、二月三日に近衛文麿は、国民政府との停戦交渉打ち切り、第七三回帝国議会演説で「もちろん帝国が支那の領土並びに主権および支那における列国の正当なる権益を尊重するの方針にはごうもかわるところはないのであります」と日本の立場を語った。ただ中国における欧米の権益を侵さないということのような主張を米英が信じるはずはなかった。三月にグルーは国務省に、日本側の理解を伝えて、日本の行動が、単なる軍事的逸脱ではなく、経済圏確保が目的であり、それに帝国の生死がかかっているという見方を、軍部もそれ以外も真剣に信じているという見方を紹介した。しかし、本省の極東専門家は、日本が単なる侵略者であり、グルーが日本寄り過ぎると言って冷や水を浴びせかけるのであった。

不信感をつのらせたアメリカは、日本の上海と南京の占領によって中国という巨大マーケットの門戸が閉ざされるのを恐れた。その結果、アメリカ政府は日米英の間での軍縮条約を放棄して海軍増強計画に着手する。さらに一九三八年七月一日、国務省は日本に対して航空機と航空機の部品の輸出をしないよう国内のメーカーに要請した。これは道徳的禁輸という形をとっているものの、孤立主義のアメリカが初めて経済制裁という実力手段を発動したものであった。日本が攻撃を加えた南京は国民政府の首都であった。揚子江から南になると欧米の投資や経済的権益は華北と比べ物にならないくらいあった。国際秩序に対する挑戦ということだけでなく自分たちの権益に対する新たなレベルの危機感を米英はもち始めた。また、日本の空爆により逃げ惑う中国市民の映像はアメリカ国内でニュースフィルムによって報じられ、アメリカで中国に対する同情が高まっていった。それまでは中国に対する加害者は欧米帝国主義だったが、今や日本だということになったのである。

2　グルーの穏健路線と東亜新秩序構想

グルー、強硬路線に反対

一九三八年の夏、日本軍の中国侵略を受けて、国務省中国派からも動きがあった。ホワイトハウスと国務省が日本の軍国主義の危険を十分理解していないと考えた中国大使館のジョン・カーター・ヴィンセントは、アメリカの対日政策を変えさせようと個人的にキャンペーンを始めた。そして多くの覚書を、政治問題に関する国務省顧問のホーンベックと、彼の部下で極東部長のマックスウェル・ハミルトンに送った。七月二三日付のヴィンセントの覚書は、「満州で日本の軍国主義の進出が止まると考えた日本人は誰一人としておらず……そこで止まらないだろうと考えられている」と記した。ホーンベックはこの意見に同意し、それらの覚書をハル国務長官に送付した。ハルはそれらを高く評価したが、他の人々は異なった意見を上げてきた。グルーは、ヴィンセントの提案のように借款を断ち切ることは、日本の軍国主義者が政府を掌握することを可能にするだろうと論じた。極東部の日本専門家たちも、グルーの意見に賛成で、経済戦争をけしかけると、文民が力をそがれ、軍部が力を増すことで、「日米関係が坂を転げ落ちるのを加速」させるだろうと考えていた。これらの意見が一九三八年、一九三九年の政策として採用されていく。

ただ、これはホワイトハウスが、グルーの意見を受け入れたというよりは、日本と対決するにはアメリカは軍事的にいまだに弱く、また、国内世論もそれを望んでいないという判断によるものであった。ヨーロッパで第二次世界大戦が勃発し、極東での紛争がそれに結び付けてグローバルな戦争の一部と考えられるようになって初めて、アメリカ政府は政策を転換していくことになる。

グルーは日本に対する厳しい経済制裁を控えるように進言する一方で、日本政府に対しては厳しい姿勢をとって、なんとか日本が自主的に方向性を変えるよう促そうとしていた。一九三八年一〇月六日にはグルーは日本政府に長文の抗議を行った。日本が門戸開放・機会均等原則を守っておらず、中国における米国の権益を侵しているというものであった。

東亜新秩序構想

しかし、日本は方針を変えず、ミュンヘン会談でイギリスがドイツに妥協すると、ますますその攻撃的姿勢を強めるようになる。一〇月後半には、広東と武漢が占領された。一九三八年一一月三日には近衛が東亜新秩序構想について語った。日中満三国の提携について語り、アメリカは中国の主権を犯し、門戸を閉ざすものであると抗議した。そしてもし他国が「日本の真意を了解し、新情勢に適応する政策をとるならば、日本は東洋平和のため彼らと協力することを躊躇しない」と意味ありげに語った。これはまさに日本によるアメリカへの挑戦であった。つまり開かれた世界の一部を日本が奪い取ることの宣言と思えた。日本が東アジアと西太平洋に支配権を確立すると、アメリカの対中貿易だけでなく世界戦略にも影響を与えることになり、アメリカは危機感を強めることになる。グルーはこの日の日記に、「近衛首相は新しい政策を採用し、それ以前のあらゆる保障にそむいた。国際的な確約もなにもあったものではない。こんな経験はまったく初めてだ」と記した。

一一月七日、早速グルーは直接新任の有田外相に会って、新秩序構想の真意を問いただした。有田は日本人的あいまいな答えばかりを繰り返し、グルーは大いに不満を感じる会談となった。親しく挨拶した後、グルーはいきなり根本的な原則から入り、中国におけるアメリカの権益は尊重され、門戸開放と機会均等は支持されるとした前任の三人の外相がそれぞれ任期中にグルーに与えた保証に言及し、新任の有田もその保証を新たに約束してもらえるのか問うた。それに対し、有田は直接答えず、日本の対米世論は友好的である一方で、中国での出来事によってアメリカの対日世論は大いに変化したので、「極めて慎重に」ゆっくりと進まなければならないと述べた。日本政策の表明として、有田が一一月三日の近衛演説に言及したので、グルーはすかさず、その中の列強との関係を述べた部分の引用の一部を持ち出し、それは「解釈」が必要な部分だが、有田外相はそれを解釈する立場にあるのかと問うた。その演説の英語訳を直訳すると「日本は他の列強との協力を拒否するものではなく、またその他列強の利権を害する意図もない。もしそのような国が、日本の真の意図を理解し、新しい情勢に適した政策を採るのなら、日本は東洋の平和のために協力を躊躇するものではない」となる。演説原文にはまったく同一の箇所は見られず、おそらく「帝国は列国も亦帝国の意図を正確に認識し、東亜の新情勢に適応すべきを信じて疑わず。就中、盟朋諸国従来の厚誼に対しては深くこれを多とするものなり」の部分を中心に米国大使館側で意訳したのではないかと思われる。いずれにせよ問題となった箇所は「東亜の新情勢に適応」するとはどのような政策を念頭においているかという点で、そこをグルーは問いただした。それに対し有田は、それに関しては長時間話し合わねばならず、そのような話し合いをするには外相に就任してまだ日が浅く、準備が足りないと述べた。そして、事態は「大変難しく」ゆっくり進まなければならないと繰り返すのであった。グルーは、これらの問題が急を要していることを告げたが、有田は「忍耐」と繰り返すだけであった。

一一月一八日の有田外相による対米返答は、アメリカの批判に対し個別具体的に反論した後、これまでよりも大きく踏み込んだことを書いている。すなわち、これまではアメリカの門戸開放原則を認めたうえで、対応してきたのに対し、ここで初めて、門戸開放原則を明確に否定したのである。「今や東亜の天地に於て新たなる情勢の展開しつつあるの秋に当り、事変前に適用ありたる観念乃至原則を以て其の儘現在及今後の事態を律せんとすることは何等当面の問題の解決を齎す所以に非ざるのみならず、又東亜恒久平和の確立に資するものに非ざることを信ずる次第に有之候」。

これに対しアメリカは、中国へ二千五百万ドルの借款供与に踏み切り、一二月一五日にそれを発表した。七月の禁輸が道徳的禁輸に留まっていたのに対し、これは事実上日本との戦争状態にあった中国への支援であり、アメリカ政府としては大きな一歩を踏み出したことになる。これに対して有田外相は、外国メディアに対する一二月一九日の会見で、このような借款は、日中の戦争状態を長びかせ、結果として外国人居住者に不利益をもたらすだろうと述べた。中国情勢に対してこれまでは慎重かつ理解をもって行動していたアメリカ側による嘆かわしい行動としたうえで、もしそれが政治的ジェスチャーであるなら、この上なく危険としたが、しかし、個人的には、この借款を日本の活動に対する政治的ジェスチャーとはみなしたくないと語った。

一二月二六日にグルーは再び有田と会談した。有田は、特に話し合いたい具体的問題はないが、定期的に話すのはよいことなのでと、年末年始の休日の前にグルーを招いたのであった。会談は一時間続いた。有田は、日本のマスコミは、日本が中国への貿易の扉を外国に閉ざす意図はないという、有田がグルーに与えた保証を理解していないと謝罪した。それに対してグルーは、アメリカ政府もアメリカのマスコミを制御しているわけではないと好意的に応じた。前回の会談の雰囲気に比べるととても友好的であった。

続いて一二月三〇日には、一一月一八日の有田外相の返答に対して、アメリカ政府は、グルーを通じて有田に返答した。すなわち、いかなる国家も、他の関係国の合意なしには、他国の権利、義務、利権などが関係する情勢を変更できないとする原則をアメリカは繰り返し述べてきており、また日本もそれに同意してきたと確認した上で、「いかなる列強も……その主権下にない地域における『新秩序』の条件となるものについて規定する責任を負う必要も根拠あるということを［アメリカ］政府は認めない」と日本の行動を批判した。

アーマゲドン

一九三八年中、グルーは日本に対してより厳しくなりつつも自国による経済政策には消極的であったが、一九三九年一月になると国務省に、経済政策の効果は薄れつつあると報告し、「戦争を意味するかもしれない」最終的決着を求めるときにのみそのような政策は採られるべきであると伝えた。ただ、制裁を課すと脅したり、課してはやめたりするのは、アジアにおけるアメリカの影響力を絶対的にそぐことになろうとの前提に立っていた。

一九三九年一月末、グルーは世界情勢を悲観的に展望している。「全体主義国家と民主主義国家とがそれぞれ急速に戦争配置に結合しつつあり、もう一つのアーマゲドンが地上におこる可能性が多いのである。これは危険な年になるであろうし、楽観主義がゆるされるとは私には見受けられない」。

吉田茂帰国

一九三九年二月末、駐英大使を辞して帰国した吉田茂はたびたびグルーを訪問するようになっていた。日米関係が悪化してから、多くの日本人がグルーを初めとするアメリカ人と一緒にいるのを見られるのを避けるようになっていたが、吉田は、樺山愛輔の娘・正子の夫、

牧野伸顕の家族
前列左から吉田茂，牧野，右端が雪子。

白洲次郎とともにグルーを誘ってよくゴルフに出かけた。多くの関係者が証言するように、グルーのゴルフは下手の横好きといった趣だった。百を切ることはめったになく、スイングはユニークで両足の間からクロケットのように打ち、ゴルフでコースの攻め方を考えるのは外交を考えるのと似通っていると語るのがグルーの常であったという。グルーの仕事にも大いに役立ったゴルフであったが、ホーンベックはそれを苦々しく思っていた。ある時など報告の中にグルーが「四日間毎日ゴルフをした」と印すと、ホーンベックはそこに赤でアンダーラインを引いて「われわれは働いた」〔強調は原文〕と書き込んだこともあった（ジョン・エマーソン『嵐のなかの外交官』）。

吉田茂との付き合いは家族ぐるみとなり、グルーの妻アリスはよく吉田の雪子夫人に誘われて歌舞伎に出かけた。牧野伸顕の長女として生まれた雪子は、父牧野がイタリアやオーストリア公使時代に同行し、欧米の社交術を学んでおり、また、努力家で英語を初めとする外国語も相当なもので

斎藤大使喪の歸朝に

グルー大使が〝陰の熱意〟

「意見上申」米大統領を動かす

斎藤大使の遺体を巡洋艦で返送と伝える記事
『読売新聞』1939年3月8日朝刊より。

あった。その彼女が詳しく英語で説明するうちに、アリスは歌舞伎の面白さを理解し、歌舞伎ファンになっていった。グルーは雪子のことを「アリスの日本人で最も親しい友人」と日記に記している。

そのような訪問において吉田は「もしこのときにあたり、アメリカ政府が日本に対してなんらかの友好の意思表示をすれば、多大な効果があろう」（ジョン・ダワー『吉田茂とその時代』）と語った。一九三九年三月、それにピッタリの出来事があった。任地で他界した斎藤大使の遺体をアメリカ政府は巡洋艦アストリアで送り返してきたのである。一大使の遺体を搬送するのに軍艦一隻をもちいるというのは異例なことであり、アメリカ側の友好親善のジェスチャーとしてはこれ以上は期待できないものであった。しかし、残念なことに日本国内の対米世論において「多大な効果」は見られなかった。

送別ゴルフ

一九三九年五月七日朝霞の東京ゴルフクラブにおいて、一時帰国するグルーへの送別ゴルフが開催された。主催は樺山愛輔で、ジョージ・ワシントン初代大統領になぞらえ、グルーを評してうそ偽りのない男と表現する短いスピーチがなされた。グルーは、確かに自分は桜の木を切ったことは一度もないが、朝霞のコースの芝をしたたか叩いたことは多いと応じた。ゴルフクラブでもアメリカ人であるグルーと一緒にいるのを見られるのを避ける風潮がひどかったので、百六〇人もの人が集まってくれてグルーは感激した。

牧野伸顕はグルーの帰国に先立って、アリス夫人に香炉を贈っている。牧野はアリス夫人に折に触れて素敵な贈り物をするのが常であった。この年の初めにも、寒く灰色な冬にアリスを元気付けようと、大量の蘭《ラン》の花を贈っている。アリスは感激して、「こんな素晴らしい贈り物に私はまったく値しないと感じます」と書き送っている。また、このときは「あなたが贈ってくださった最高にすてきな香炉に対してどうやってお礼を言ったらよいでしょう」と礼状をしたためている。

グルーは帰国する前に、アジアにおける将来のアメリカの立場を改めて評価した。中国の領土と行政の保全に対するアメリカの支持の記録は「ほとんど完璧」に思えた。そして幾つかの疑問を呈した。「厳しい現実主義を前に、その原則を支持し続けることが出来るだろうか、そうすべきだろうか。そしてそうしたときの長期の結果はなんだろうか。妥協によって最終的に平和をもたらすことができるならそうするだろうか。そして、もしそれを拒否するなら、戦争は無期限に長引くだろうか。これらは我々が直面している頭痛の幾つかにすぎない」。

野村外相とグルー

ワシントンにて

　いったん帰国して、ワシントンへ赴くと、グルーは大統領本人や国務省幹部と極東政策について論じる機会を得た。しかし、残念なことに、顔を合わせて話し合っても何も啓蒙されることはなく、「日本に対する政権の紛れもない態度の硬化とアメリカの利権が中国から追い出されるままにしておくことに対する顕著な嫌悪」といった政権の対日態度硬化をひしひしと感じるだけであった。日本に対する政権の不信感は大きく、グルーの主張する外交による問題の日米関係の解決は、考慮されていなかった。特に日本に制裁を課す場合に障害となる日米通商航海条約に対する嫌悪は明らかで、グルーの滞米中の七月二六日に破棄が日本に通告されるに至った。これは日本にとってショックであり、また、九月にはヨーロッパで第二次世界大戦が勃発したこともあり、八月末に誕生した阿部内閣の外相には、首相兼務の後、アメリカとの関係改善を期待して海軍の野村吉三郎が起用され、破棄通告がなされた日米通商航海条約が実際に破棄されないよう努力することになる。

　このアメリカ滞在中、グルーは大統領とは六月一三日と九月一二日の二回面会することができた。グルーは経済制裁への反対を伝えて次のように自説を述べた。「もし制裁を一旦開始するなら、最後までやりとげなければならないだろうし、その最後とはおそらく戦争だろう」「もし、日本の石油供給をたち、日本が国の安全を守るために十分賄なえるだけの石油を他の商業的ルートから得ることが出来なかったときは、日本は十中八九蘭領東インドへ艦隊を差し向けるだろう」。大統領は意味ありげに「そのときは我々はたやすくやつら［日本］の艦隊をインターセプトすることが出来るだろう」と答えた。グルーは大統領の楽観主義に驚くのであった。日本が本気でそのような行動に出た場合、西太平洋におけるアメリカの海軍力でそのように容易く阻止できないことは明らかであった。九月七日にはハル国務長官はグルーに対して、より強硬な意見を述べた。八月後半から九月にかけてのこの時期、日本は上海からイギリスやフランスの艦船や守備隊を立ち退かせるよう迫っていた。そのことに触れてハルは、「上海はインターナショナルだ。他の数カ国が追い出されるということは、アメリカにとっては総ての列強が追い出されつつあるということを意味する。アメリカ政府は他国の如何なる列強を追い出す如何なる権利も認めることは出来ないし認めない」と強い調子で語った。最後に九月一四日にはホーンベックはグルーに対して、軍部が日本を支配するのをやめるまではアジアに平和はありえないとまで述べた。また、グルーが実業家や外交官などの日本の穏健派の肩をもっているのを嫌悪しているホーンベックは、「日本の軍部に継続的に物資を供給する源やルートを日本の外交官や実業家たちが開けておく限り、日本の他の分子が軍部をコントロールするようにはならないだろう」と、実業家や外交官も軍部に協力していると指摘するのであった。

このような政権首脳たちの考えや日本に厳しいアメリカの世論の雰囲気を、穏健派日本人に伝えるのが自分の役目になるだろうとグルーは考え、「アメリカ人の怒りを慎重に日本人の意識に浸透させるのが自分のやくめだろう。火花が間もなく飛ぶだろう」と結論した。彼は今や、アメリカの力のすべてを日本にもたらすような政策の愚かさを日本に示すことに重きを置いた。ホーンベックとハミルトンの同意を得て、グルーは日本で厳しい演説をすることにした。

「最も確かな筋から」演説

しかし、いったん日本に戻ると、グルーは心変わりし、日米関係は改善しつつあるというもとの議論に立ち戻った。そのような厳しい演説が誤った流れを作るのを恐れて、グルーは急ぎ一〇月一六日に国務省に電報をうち、演説を取り消そうとした。しかし、極東部は断固として、日本はアメリカの中国における利権を尊重するよう言われなければならないと主張した。

グルーはやむを得ず当初の予定通り一〇月一九日、日米協会での日本をいさめる有名な演説を帝国ホテルで行った。通常「馬の口から一直線に」と直訳されるこの演説の題名は、意訳するなら「最も確かな筋から」とでもいうべきもので、馬の正確な年齢は歯を見ればわかるというところからできた慣用句であるが、大統領や国務長官という政権トップと直接複数回面会して聞いてきたということを表現したものであった。聴衆は二百人で日本人とアメリカ人が半々であった。「米国人がどの程度までに日本軍が今日中国でやっていることと、彼らの目標と思われることに憤慨しているか、またその憤慨が高まっているか、御存知ない方が多いでしょう……米国民は……中国における広範囲の爆撃遂行に甚しく驚愕し、また中国における日本軍が、日米両国、あるいは日本をも含む数カ国が締結した条約や協定を無視して米国の権利を犯し、それに干渉することをも、増大する真剣さをもって眺めているのであります……中国における日本当局の政策と行動によって……米国の財産は損害を受け、あるいは破壊され、米国人は危険にさらされ、あるいは侮辱を受けているのです」などと述べて、アメリカ人は日本がしていることやその目的に無知ではなく、それに対する反対は広まりつつあり硬化しつつあることを必死に伝えようとした。ただ、一部配慮して、草稿にあった米権益侵犯の羅列や抗議は大幅に省かれていた。しかし、大使が任地で行うには異例に強硬なものであった。この演説をグルーは幾分おびえながら行った。

日本国内では予想通り反感をもって受け止められた。『読売新聞』は、「駐日米大使の重大発言、我対支行動是正求む」と題して二〇日付朝刊一面にグルーの写真入で掲載した。同紙は、グルーの発言は「挙国東亜新秩序の建設に邁進しているわが国の立場及び決意を無視したものとして」捉えられるべきと書いた。『東京朝日新聞』は「米国は好んで正義人道を口にする国であるが、そのアジア進出して来た歴史は、白人優越に立つて、東亜を植民地とした英仏その他」と同じであると批判した上で、そのような米国が「自存上日本として当然である」対支政策を批判することを論難した。同盟通信社は、グルーは市井の一般人と同じくらい日本のことを理解していないと怒り狂った。この演説に対する米国の反応は本省によってモニターされ、ハルは同日、その内容について承認した。アメリカのマスコミも一般に承認した。『ニューヨーク・タイムズ』は「グルーの警告、日本人に衝撃を与える」と題して報じ、この演説を「近年駐日大使が行った中でもっとも無遠慮なものの一つ」と評した上で、グルーは日本人の間で日本の友人と理解されているが故に、その厳しい言葉に重みがあったと論じた。

グルーの発言記事
『読売新聞』1940年10月20日朝刊より。

一〇月三一日付ハル宛の電報で、グルーは日本の一部過激な反応について説明した。マスコミも公の発言も穏健派の潮流を反映してはおらず、実際に重きを置かれるべきは影響力のある人々からの内々の反応であり、メッセージが十分に理解されれば、妥協が得られるだろうというのがその説明の内容であった。グルーは自らの見解を支持するために、アメリカ人にとって平和とは現状の維持、すなわち法律的に戦争が存在しない状態であるが、日本人にとってそのような定義は受け入れられないという内容の一一月四日付の日本太平洋問題調査会の文書を国務省に送付した。この文書は道徳的姿勢をとることとの無駄を表しているとグルーは解したためである。ところが、ハルは、そうは解釈せずに、アメリカの権利の侵害について日本に、より一層の苦情を出した。グルーは、東京で穏健派が力を握る可能性はないと国務省が考えていると痛感しないわけにはいかなかった。

一一月半ばにはキー・ピットマン上院外交委員長が禁輸促進決議を提出した。それに対しグルーは、禁輸法案が通っても、日本が中国における米権益の取り扱いを変更する機会をもつまでは施行を遅らせるべきと主張した。アメリカの支援なしには中国の再建は無理だということを日本は理解すべきであり、もう一方の道は関係決裂を加速する道であると考えてのことであった。だが、ホーンベックをはじめとする国務省は、これをグルーが宥和へさらに動いている証拠とみなした。グルーはまた、一一月二八日、日本に暫定協定の交渉を開始する条件を提示するべきと本省に進言している。一一月末、事態は停頓していた。吉田が大使館を訪れ、総理はアメリカを満足させたいと切望しているが、「そのすべを知らない」とグルーに告げた。

アレクサンダーの葬儀

一九三九年一二月一三日、東京ユニオン教会で、排日移民法修正運動など日米の友好関係に尽くしてきたアメリカ人ウォレス・アレクサンダーの告別式が行われた。樺山伯、野村提督、阪谷男爵、そしてグルーらが弔辞を述べた。石井子爵の弔辞は高木八尺東京帝大教授が代読した。グルーはアレクサンダーを個人的に知らず、その弔辞は通り一遍のものとならざるをえなかった。長年にわたって移民法修正運動など日米友好に尽くしてきたアレクサンダーとグルーが面識がなかったことが、それらの運動がいかにアメリカの民間人主導によってなされてきたものであって、国務省が関わってこなかったかがよく表れている。

ソ連の脅威

一九三九年末の段階でグルーは他の人々よりも少し先を見ていた。彼は世界に対する最大の脅威はロシアの共産主義と考えていた。日本が中国で同じ事をしたときには合理化したにもかかわらず、ロシア・フィンランド戦争勃発時にはロシア人を批判した。一二月三一日の日記には次のように記している。「我々がいま入らんとしている十年間について何か政治的予言をするなら、その十年が終わる前に我々は英仏独日が共同してソヴィエトと戦っているのをみるだろうというものになるだろう。そのような予言が想像をたくましくしすぎだとは思わない。私の予言はしかしながら、ヒトラー氏はそのときはその中にはいないだろうと付け加えよう」。

この予言はその後の歴史の展開を知っている我々には的を射たものに思える。が、しかし、当時の政権中枢の見解とはズレていた。ルーズベルトに近いハンス・モーゲンソーはこの頃、ルーズベルトは日ソを離反させるために中国にロシアとのゲームを続けさせたいと望んでいると記録している。グルーはその逆にソ連を孤立させることを強く主張していた。

3 グルーの落胆と日本側の楽観主義

「親愛なるフランク」

グルーは日米友好への楽観的希望を最後まで捨てなかった。しかし、日米どちらに対しても自分の政策を印象付ける機会は大幅に減っていった。日本は自暴自棄から生じる自信をつけて行動していたが、アメリカ政府は一国の政府が理性を超えて自らを破滅へもたらす道を選択するとはどうしても理解できなかった。そのため日本が経済的圧力に屈するだろうと仮定していた。一九四〇年一月、ホーンベックの強い主張で日米通商航海条約の破棄が決定したのもその流れであった。グルーは日米両国間の板ばさみとなり、なんとかアメリカ政府に実情を理解してもらいたいと苦慮していた。そのときとられたのが、国務省の頭越しに大統領へ書簡を送るというある種の禁じ手であった。同じ東海岸の名門出身で、ハイスクール、大学と大統領と同じ道を歩んだグルーには、そのような書簡を読んでもらえる自信があった。それで一連の「親愛なるフランクへ」というファースト・ネームで大統領に呼びかける手紙を書き始める。一二月二一日付の書簡には大統領から返事が来た。「我々がとっている手段は、批判者が考えたり我々にその責をおわせたいと考えているよりも、粘り強さを伴った、忍耐や理解によって特徴付けられよう。難しい状況においてデリケートな問題をあなたが扱ってくれてうれしく思う。あなたの文章、発言、外交官としての能力が更に強められますように。グルー夫人にもよろしく」。折角、ルールを破って直接大統領宛に書かれた書簡であったが、グルーが知ったら落胆したであろうことに、この親しげな返事は大統領が実際にしたためたのではなく、大統領がハル長官に判断を委ねて送ってよこし、国務省のスタッフが代わりに書いたものであった。ハルからルーズベルトに宛てたメモには次のようにある。「親愛なる大統領閣下、ここに一九三九年一二月二一日付のあなた宛のグルー氏からの書簡に対する返信としてあなたがグルー氏に書くことを提案する書簡の草稿を同封します。この草稿をご承認くださるなら、署名して国務省に戻してください。我々で外交郵袋に入れてグルー氏に送ります」。

日本側の甘い認識

一九四〇年四月一五日、アメリカが蘭印保護を考慮中との報道に反応して、有田外相は、オランダ領東インドの現状のいかなる変更をも平静に見ることができないと公式に発言した。それに対し、一九四〇年四月一七日、国務省の公式発表として、駐日米国大使館は「蘭印の国内問題に対する介入もしくは平和的な方法以外での現状の変更は、蘭印地域のみならず太平洋全域における安定、平和、そして安全をそこなうものとなるだろう」という公式発表を行った。その後、有田はグルーの連絡者に対して、自分のあの発言が、日本が蘭印に関心を抱いていることの兆候ととられるとは思いもしなかったと語った。まったくもって甘い現状認識であり、日米におけるパーセプションギャップの存在を如実に表していた。

一九四〇年四月一六日グルーは、吉田一家、牧野伯爵と夕べを共にした。吉田は「虹」は直ぐそこまで来ているという主張を繰り返した。また、それ故、日本を離れてはならないと主張した。変化が間もなく起こるというのがその理由であった。その変化とは、税法の変化と物価高によって、日本の世論は中国での軍事活動停止へと傾き、アメリカの中国における利権も尊重されるだろうというものであった。グルーは吉田のいつもの楽観論に、アメリカの政府と国民の忍耐は無限ではなく、変化が生じるなら早く中味を伴って生じないといけないと答えた。ただ、グルーは希望を捨てたわけではなく、内心、「今度こそ、何かがそこにある」と自分に言い聞かせるのであった。

欧州情勢の急変

一九三九年九月にドイツ軍がポーランドに侵攻して以来、西部戦線では戦端が開かれず、「奇妙な戦争」とまで呼ばれていた第二次世界大戦に、ついに動きがあった。一九四〇年五月一日、ヒトラーが西部戦線攻撃開始を指令したのである。ドイツ軍の快進撃が始まった。早くも五月半ばにはオランダ軍が降伏し、六月にはノルウェー、フランスが屈服した。グルーは、六月一八日の日記に「欧州の出来事は必ず極東に重大な、恐らくは峻烈な影響を与えるに相違」ないと記した。

グルー＝有田会談

事態が急速に展開する中で、日米関係は行き詰まっていた。六月中にグルーは有田外相と四回非公式な会合をもった。一〇日、一九日、二四日の三回は共通の友人宅で、二八日のみ外務次官公邸で行われた。しかし、それはグルーの言うところの「循環論証」に陥り、実りの少ないものであった。グルーは、「日本が国策の道具に武力を使っていること」、「日本が条約公約を尊重せぬこと」、「日本が中国における米国の権益に多種多様の干渉を加えること」などが、日米関係の改善を阻害していると主張し、有田はそれに対し、「中国における戦争行為が続く間はこれら各種の邪魔物を取去ることは出来」ず、そもそも「日米通商条約の不在そのものが、両国関係の改善の重要な障害物」と主張し、まったくかみ合わなかった。七月一一日にも同様の非公式会談が行われたが、国民政府への援助に関するやりとりがあったくらいで進展は見られなかった。

徳川公爵の葬儀

そのような中、グルーの交友関係は相変わらず、名門の人々に限られていた。一九四〇年六月一一日、徳川家達の葬儀が行われた。内葬に居合わせた外国人は、アリスとドゥーマンとグルーとタイ公使ぐらいであった。グルーは「東京ならぬボストンでの古い家族の友人の集りであるような気がした……徳川、近衛、松平、松方等の有名な一門の面々が、ソルトンストール、セジウィック、ピーボディの各家族であったとしても、一向に不思議ではない」と自らの知るボストンの名門と日本の名門とをなぞらえるのであった。

大統領選に向けた動き

一九四〇年は四年に一度の大統領選挙の年で、米国内では一一月の選挙に向けた動きが活発化していた。中でも注目されたのは、現職のフランクリン・ルーズベルトが三度目の出馬に踏み切るかどうかという点であった。当時憲法上は大統領の三選を制限する規定はなく、慣例として二期八年とされ、第一代のワシントン大統領以来、誰一人として三選に出馬した者はいないというだけであった。野党共和党は、「どんな人でも三選にはふさわしくない」とのスローガンの下、ルーズベルトの三選阻止を図った。グルーは、六月一〇日、アリス夫人に「自分を本来のウイルキイ支持者と考えてよろしい」と言った。ウェンデル・ウィルキイは、共和党の有力候補で、反独親英の立場から戦争準備を主張しており、夏の共和党全国大会で共和党の大統領候補に指名される可能性が高かった。もともと共和党支持のグルーは、ウィルキイに期待していた。ただ、グルーは、「私はルーズベルトが再出馬して再選されることを望み、また信じている」とも記している。ウィルキイ、ルーズベルト共に孤立主義者ではなく、その点、どちらが勝ってもグルーには問題なく思われた。

この間、ワシントンでは大統領選をめぐる様々な駆け引きが行われていた。当初、大統領はハル国務長官に対し、ハルを後継大統領にすることをほのめかしていた。これはおそらく、心の底では再選を狙うものの、アメリカ史上例のない三選を目指すという事態に、まず足場固めとして、もし出馬すれば有力候補となる身内のハルの意向を探ったものと思われる。三選されるには、自ら望んで打って出るという形ではなく、周りから執拗に押されて出馬するという形をルーズベルトとしてはどうしてもとりたかったのであろう。ハルが大統領選出馬を固辞すると、今度はルーズベルトは、副大統領候補になることをすすめた。しかし、ハルには、副大統領職は、上院の議長になるだけで議事に参加する権限をもたず、同数のときにのみ投票する人間になることにしか思えず、固辞した。結局一九四〇年七月一八日、民主党大会はルーズベルトを三たび大統領候補に指名した。

対日輸出制限

ヨーロッパでは西部戦線でヒトラーが次々に勝利を収め、イギリス攻撃が視野に入ってくると、ようやくアメリカも自国防衛に重い腰を上げた。一九四〇年六月、連邦議会は、大統領に輸出許可制の権限を付与した。ハミルトン極東部長は危惧して、ハルに戦争関連物資の対日輸出制限は、日本をして蘭印進出へと駆り立てると進言した。これはグルーと同意見であった。しかし、七月二日にはルーズベルト大統領は、アメリカの国防に必要な物資の輸出を禁止する行政命令を発する。七月二五日には大統領は、モーゲンソーの強硬な進言に推されて、すべての精製石油、原油、屑金属類の輸出を許可制とする物資のリストに載せる声明に署名した。これにはスティムソン陸軍長官、加えてそれまでそのような措置には反対し続けていたホーンベックらも賛成であった。ところがそのリストをみたウエルズ国務次官は、これでは、日本が蘭印に進駐し、おそらく対英宣戦をするだろうとルーズベルトに警告した。ウエルズとの関係が密なルーズベルトは、ひとまず保留し、ウエルズとモーゲンソーに話し合わせて、リストに載せるのは航空機燃料と潤滑油、第一級屑鉄にするという妥協におちついた。それまで日本を刺激することを避けてきたホーンベックは、取り決めを守らずアメリカの利権をないがしろにする日本のような国には、強い態度で臨むことが必要であり、それによって極東情勢を正常化できるという考えのもと、この頃から開戦までの間、日本に対することになる。この時期、グルーも同様の考えに傾きつつあった。ただ、二人の最も大きな違いは、グルーが東京にあって日本人に対する深い理解から、いかに不利な状況にあっても日本が対米戦争に踏み切る危険を常に意識していたのに対し、ホーンベックは、負けるとわかっている戦争を始める国があるわけはないから、そのような危険はないと考えていた点であった。

松岡新外相

一方日本では、一九四〇年七月二二日、第二次近衛内閣が成立し、松岡が外相に、東条英機が陸相となった。それに伴い日米関係は一層悪化していく。松岡は談話で大東亜共栄圏の確立を目指す旨語った。この松岡については、ドゥーマンは、非常に賢く知的と認めるもののその知性の一部は「異常」と感じており、後に「この男は異常であった。私の考えではその点に関しては疑いはない」と語っている。松岡は米国と米国人一般が嫌いであることに疑いはないとドゥーマンは思っていた。七月二六日、松岡新外相が、各国外交使節団の長と個別に接見した。通例は一人約五分だが、松岡はグルーを三〇分近くも引き止めた。彼は直接かつ率直に話し合っていきたいと述べ、グルーもそれに同意した。また、松岡は、「歴史は急激に動く世界にあっては必ずしも制御することは出来ない、盲目的な勢力の作用に基づくことが大きい」と述べた。グルーは、「盲力」の作用を認めつつも、外交と政治はそれを「健全な水路に導き入れること」であると答えた。最後に、グルーが、持参したアメリカ政府の意見の要点が記された、有田外相との最後の会談の非公式記録のメモを読みたいかと問うと肯定したので、手渡すと松岡は受け取ってポケットに入れた。

七月二七日の大本営政府連絡会議で決定された「世界情勢の推移に伴ふ時局処理要綱」には、日中戦争が解決しなくとも南進がありうるし、また、武力行使については、「対米開戦は之を避け得ざることあるべきを以て之が準備に遺憾なきを期す」との内容が記されていた。

強い酒

この頃、グルーはドイツの勝利が日本人に大きな影響を与えつつあるのを感じていた。八月一日の日記に、グルーは、ドイツの電撃作戦の成功が、ジオポリティクスのルールを書き換え、日本軍の帝国主義者たちが夢見ることすらできなかった展望を開いたと記し、それらは「日本人の頭に強い酒のような作用をした」と結論付けた。グルーの推測を裏付けるかのように、八月に入ると近衛は、「新秩序」が、中国、インドシナ、蘭印を含むと再定義し、ヴィシー政府にインドシナに関する要求を突きつける。その結果、月末までには進駐のために港湾、都市、空港などを使用する許可を得た。

4　グルー、強硬路線へ

青信号メッセージ

九月一二日、幻想にうかれる日本人をショックで正気に戻す必要を感じたグルーは後に「青信号メッセージ」と呼ばれることになる長文の電文を書いた。この頃『シカゴ・デイリー・ニュース』紙の中国特派員のA・T・スティールが、日本を訪れ、アメリカは日本に対して強硬路線をとるべきで、それをしても日米戦争にはならないという意見を述べていたが、それを取っ掛かりとしてグルーは青信号メッセージを説き起こしている。

異例の長文電報なので内容を要約すると、第一に、世界の民主主義諸国は今や侵略的諸国によって脅威にさらされており、それを防ぐにはもはや外交手段は無意味である。第二に、米国の安全は英海軍によって守られているから、ヨーロッパの情勢が落ち着くまでは太平洋の現状は維持されなければならない。第三に、イギリスが勝利すれば日本の軍国主義者は失脚する。それまでは武力を使用してもかまわないという決意をもって米国は日本に力を示さなければならない。最後に、日本に対する政策措置をとらないように本使はこれまで進言してきたが、その時期は過ぎ、いまや赤信号は青信号に変えられるべきである。いまや問題は米国が行動すべきかいなかではなく、どの時点で行動するかという点にあるとグルーは主張した。

七月の米内内閣総辞職頃までには、グルーは自分の電文が、ワシントンにとっては、融和的政策をもとめ強硬策を避けようとする「赤信号」カテゴリーに属すると悟った。日本がアメリカの利権をますます侵害するため考えを変えざるをえなくなったのである。青信号メッセージの目的は、日本国内の民主的勢力を強めるために日本を揺り戻せるショックをあたえることにあった。日本がアメリカの利権を無視しているのは、一つにはアメリカの平和主義と孤立主義が、対日武力行使を妨げるだろうという考えによっている。この考えを打ち砕くことによってのみ、効率的外交が実行可能な選択肢となってくる。力もしくは力を示すことのみが略奪国の行動を抑止しうるとグルーは考えた。それ故、日本によるアジア太平洋地域の現状変更を止めるには、報復措置を強化していくしかなく、グルーが念頭においていたのは禁輸であった。

しかし、国務省は青信号メッセージに賛成との返電をよこしたものの、アメリカの力による脅しは戦争のリスクを伴わず、日本を後退へ追い込むだろうとグルーが青信号メッセージで示唆していると解釈して、グルーをがっかりさせた。グルーは日本が戦争に打って出る危険があると示唆したつもりであった。うんざりしながらグルーは、政府が進めている自由放任政策では戦争を導くだろう、より厳しい政策ならそうはならないかもしれないと説明するのだった。

三国軍事同盟と任務の終わり

この間も、日本は突き進んでいた。一九四〇年九月一九日、御前会議が三国軍事同盟締結を決定していた。九月二二日には仏印進駐協定が成立した。ハルは、すぐさま仏印の現状変更を認めずとの声明を出し、二五日には屑鉄の全面禁輸を発表した。三国軍事同盟に関しては、グルーは噂のレベルでは知っていたが同盟締結まではっきりとは知らなかった。新聞論調に基づいてこのような同盟が考えられていることを八月三日に打電し、また、九月二〇日には、前日に閣僚全員と陸海軍の責任者が出席した会議で天皇が日独の同盟を裁可したという噂を報告したが、確かめることもできずにいた。また、英独の戦いの決着が見えるまでは、日本は枢軸国に決定的にコミットすることはないだろうと予測していたし、ドイツによるイギリス占領は無理だろうと日本人も理解していると考えていたため、一九四〇年九月二七日、ベルリンで三国軍事同盟が調印されると、実際の同盟締結の報に動揺した。そして、この同盟は「合衆国を目標としていることは明瞭」であり、「日本がドイツによる英国の敗北を念頭においた大賭博に乗り出した」と考えて暗澹となった。

一九四〇年の秋にはグルーは自分の任務が終わりに近づいていると感じていた。既に六〇歳となっており、一一月の大統領選挙で政権が交代すれば、それはいい区切りになるように思われた。大使館の金庫室から書類を持ち出すと分別し、必要ないものをすべて焼却し、その他の書類や書簡を大量の小包にまとめてアメリカへ発送した。そして、帰国して回想録を執筆する自分を想像するのであった。そしてその終章は第二次世界大戦開戦直前までイギリスの駐独大使だったネヴィル・ヘンダソンが回想録の題名とした『使命の失敗』となるだろうとまで思いをめぐらすのであった。

この頃を区切りと考えていたことは、青信号メッセージを発信したのと同じ九月一二日に、国務長官宛に過去八年間の日米関係の概観を記したものを送っていることからもみてとれる。それは現在の実務のためというよりは後世の研究者のためとされ、至急電では送られず、国務省が接受したのは二月以上先の一一月二五日のことであった。その中でグルーは、一旦「持たざる国」が平和的手段では達成不可能なものを求めて侵攻を始めれば、外交はそれを遅らせることはできても、阻止することは難しいと述べている。

ルーズベルト三選

一一月五日、共和党優位との下馬評もあったが、アメリカ国民は危機において指導者を代えることを好まず、ルーズベルトが三選を果たした。政権は交代せず、ルーズベルトも駐日大使の交代を望んでいないと知って、グルーは職務に邁進する。少なくともあと四年がんばる気になった。

第五章　日米交渉

1　野村大使渡米と日米交渉の開始

野村吉三郎を駐米大使に

一九四〇年一一月八日、松岡からグルーに電話があった。昨夜野村吉三郎の駐米大使としての赴任の説得に成功し、天皇も賛成したとのこと。松岡は再三グルーに、自分自身こそ駐米大使として理想的であることは言うまでもないが、東京を離れるわけにはいかないのだと言った。それを聞いたグルーは、松岡の頭の中では野村は明らかに第二候補なのだと感じないわけにはいかなかった。一一月六日に野村は原田熊雄に「自分に対して海軍がいろいろ心配して勧めて来るのを、無下に断るわけには行かない。しかしながら、どうも松岡外務大臣のやうな、物を表面的にのみ見て、ほとんど信頼のできないやうな人がかれこれ言ったところで、自分は、それに乗るわけにも行かない」（原田『西園寺公と政局』）と述べている。松岡は野村をセカンド・チョイスとしか考えず、野村も松岡を人間として信頼していないという間柄に、グルーはワシントンでの交渉成功の可能性の小ささを感じないわけにはいかなかった。その上、松岡は不吉な演説を行った。一九四〇年一二月一九日、松岡は、日米協会主催の昼食会で英語で演説し、その中で「小さい物事の時代は今や完全に終わったと考えます。我々は大きく考え、大きく行動しなければならない」と語ったのである。

戦略的見取り図

再選を果たしたルーズベルトによって大使に再任されたグルーは、日米関係が危険な方向へ向かっていくのを憂慮しつつ、この頃、またしても大統領宛に手紙を書いて直接訴えるという手段をとっている。いずれも「親愛なるフランクへ」で始まるこれらの書簡で、グルーは、もし、アメリカが日米戦争も辞さないと腹を括っていることを日本に示さなければ、直接的経済制裁は日本を更なる侵略へと駆り立てることになるということ、そして、もしアメリカ政府が日本との戦争を辞さないとわかれば、日本の軍部は国民の信用を失い、文民統制が復活するだろうという自分の考えを大統領に伝えようとした。そしてまた、ルーズベルト政権のとっている戦略的見取り図を教えてくれるように懇願した。

例えば、一九四〇年一二月一四日大統領宛の「親愛なるフランクへ」書簡は、「決定的対決がいつの日にか訪れないわけにはいかないと私には益々はっきり思えてきています。主要な問題は、その決定的対決を直ぐに迎えたほうが我々にとって得なのか、それとも遅くに迎えた方が得なのかということです」という理解を前提とする。「アメリカと日本は決定的衝突に向かっています。最重要な問題はそれがより直ぐにおこるのか、それともよりのちにおこるのかということです。すべては英国が戦争に勝つのか、勝つとすればいつ勝つのかということと、日本との戦争が英国の勝ち負けを決めるほどに英国への援助を不利な状況に追いやるのかということにかかっています」。日米関係になにか永続的な建設的なものを構築しようと八年間試みて、外交が制御不能な流れと力に打ち負かされたとグルーは嘆いている。彼の仕事はあたかも台風によって押し流されてしまったかのように感じられた。日本は、アメリカが代表するすべてのものを破壊しようと決意して、世界の略奪国の一つに恥知らずにもなろうとしていると日本を非難した。超えられない障害物に直面しなければ、日本は永遠に中国に入り込み、南進を推し進めるだろう。グルーはこの手紙で二つの目的を達成しようとした。一つ目は、グルーが日本の計画とその結果に盲目ではないと大統領に念押しすることであり、二つ目は、大統領がいかなる政策をとろうとも、その結果を理解しているのを確かめることであった。アメリカが日本との全面戦争をするつもりであると日本が絶対的に確信しなければ、直接的経済圧力は直ぐに日本を侵略に追いやるだろうと大統領を説得しようとした。もし日本の大衆に、政府のとる道が戦争へと向かっているということが明らかになったなら、軍部の信用を失わせ、文民統制を復活させ、アメリカとの正常な関係を復活させることも可能となり、それが太平洋問題全体の再調整へと導くだろうと考えたグルーは、自分にグランド・ストラテジーを教えてくれるよう要求した。

この書簡への大統領からの返事がいまだ届いていない一二月二九日、グルーは大統領の炉辺談話ラジオメッセージを聞いた。政権中枢の情報に飢えていたグルーは、「私は枢軸国家がこの戦争に勝たぬということを信じている。私のこの信念は、最近の最善の情報に基礎をおいている」などと語るメッセージを聞いて、それからその原稿を五回も読み、ほとんど暗記したほどであった。グルーがグランド・ストラテジーを知りたかったのは、まず何よりもルーズベルト政権、すなわちアメリカの役に立ちたいという一心からであった。この頃、休暇で帰国中のドゥーマンには、大統領宛の推薦状を持たせていた。それにはこう書かれていた。「親愛なるフランク……二、三分でもいいからもし彼に会うことが出来たら、それはあなたにとって役に立つことになるでしょう。というのも、それはまるで私と話しているようなものだからです。ドゥーマンは現場の鮮やかな描写と状況についての我々の分析を簡潔に示すことが出来ます……」。しかし、国務省の一職員であるドゥーマンとしては、ハル長官の頭越しにホワイトハウスに行くわけにはいかないので、国務省に転送の許可を願い出た。そしてそれは拒否された。

一九四一年一月一日日記でグルーは次のように記している。「われわれは米国を戦争の埒外におくことを熱望する。また世界の各国、とくに日本との平和を熱望するが、さりとて誤った安全感に引込まれることは、まさに愚の骨頂である……宥和をすすめる米国人たちが、もし現在の日本雑誌に出ている主要日本人の寄稿の少数でも読むことが出来、それに表現されている彼らの真の望みと意図を理解することが出来たら、平和を愛好するわが同国人といえども、宥和政策が完全に絶望的であることがわかるだろう……何があってもいいように、火薬を濡らさず、準備しておこうではないか」。

ワシントンから相手にされていないと感じたグルーは、一月二〇日前後に痺れを切らして、ハル長官宛に電報を書いている。それは個人的に長らく連絡をとっていないので、目下の情勢に関する「仮定のもしくは現実の」政権の考えを、もし電報が安全でないなら、アメリカ滞在中のドゥーマンを通じて教えて欲しいというものであった。しかし、本省からの返事はがっかりさせられるものであった。事態が現実のものになるまで仮定の状況については答えられないというのである。グルーは、「高度な政策についての事柄に関しては、我々がどれほど孤立無援に感じているかを政権が思い浮かべるのは困難に違いない」と書いた。また、グルー自ら誇りを抱いている大使という職業について、自嘲的に「大使がメッセンジャーボーイ以上の何者かであるなら、舞台裏を見ることを許されなければならない」と書くのであった。グルーとワシントンとのこれらのやり取りは、グルーに知りたい情報を与えなかったものの、実はルーズベルト政権の外交にとってきわめて痛いところをついていた。ハル長官以下の国務省が、偶発的状況についての想定は基礎的なものしか持ち合わせておらず、現実になるまで仮定の状況に対処していなかったのである。それから、大使という仕事に命をかけているグルーにとって悲しい現実も告げていた。政権の特別な信頼を得ていない限り、大使というものは単なるメッセンジャーボーイに過ぎなかったのである。

一連の「親愛なるフランクへ」書簡の返事を待ち焦がれるグルーのもとに、一二月一四日付のグルーの書簡に対する大統領からの返書がようやく一月二一日付書簡として届いていた。それは、ワシントンは日米関係だけでなく世界規模で問題を考えており、日米問題はその一部であるということを語るものであった。「根本的命題は、欧州、アフリカ、そしてアジアにおける戦争状態がすべて一つの世界紛争の一部なのだと認識しなければならないということだと私は信ずる」。それが脅かされるところではどこでもアメリカはその「生活様式やきわめて重大な国家的利益」を守る。アメリカの問題は、「防衛であり、そこでは我々は厳重な計画を諦めるわけにはいかないのだ」。グルーの求めに応じてグランド・ストラテジーについての政権の考えが述べられたのははじめてであった。ただ、グルーが求めた日本への直接的要求は却下され、グルーに対して、実情に合わせてより実際的なアプローチをとることが求められた。グルーはこれ以上日本に対して宥和的もしくは注意深いコースをとるべきと主張すれば、自分が役立たずとみなされるに違いないと認識しないわけにはいかなかった。

野村に対する不安

一九四一年一月二〇日に、グルーは次のように野村に対する懸念を記している。「野村提督のための送別会は次々と開かれ、私はそのたびごとに彼に会っているし、ことに今晩は三十分も同じソファに坐っていたが、彼は米国での彼の仕事の予想や最近中国に旅行したことについては、一言も語らなかった。英語を話すことが、明らかに得手ではないのである」。グルーは野村が流れを変えられるとは思っておらず、日記にこう書いた。「野村提督の任命の唯一の潜在的有用性は、彼が自国政府にアメリカ政府と国民が何を考えているのか、書いているのか、言っているのかを、正直に報告するだろうという希望である」。しかし、交渉が始まると、野村はそのことすら果たせないことが明らかになる。よかれと思い、表現を弱めたり、伝えるべきことを省いたりして、混乱を生じさせ、貴重な時間を空費させることになるのである。

ハーバード大学名誉学位辞退

この冬、ハーバード大学より六月の卒業式にグルーに名誉学位を授与する用意があるという話が伝わってきた。当時のハーバード大はアメリカ東海岸の名門の子弟が通う学校であり、グルーにとっては帰属意識をもっとも強く感じさせるクラブのようなところであった。そこから名誉博士号が授与されるというのは人生の活動が最も高いレベルで評価されたことを意味し、グルーにとっては長年の夢であった。ただ、ハーバードは本人が式典に出席しなければ名誉博士号は授与はしないルールであることはグルーも知っていた。すぐさま国務省に短期休暇を願い出て許可された。許可が出た後で、しかし、このような重要な時期に駐日大使館に大使が不在でよいかグルーは自問した。参事官として代理を務めるドゥーマンは優秀であり、賢明かつ効率よく職をこなすことは間違いなかった。ただ、いつ何時、大使の見解が重要となる局面が来るかもしれなかった。悩んだ末、グルーは結局、東京にとどまることにした。

真珠湾攻撃の噂

日本軍が真珠湾攻撃を考えているとの噂がペルー公使のリカルド・リヴェラ＝シュライバーに届く。彼は直ぐにアメリカ大使館のクロッカー一等書記官へ伝えた。ペルー公使は「これは荒唐無稽な噂だと思うが、と同時に、それを伝えるのを正当化するほどには重要だと思う」。クロッカーは直ぐにグルーに伝えた。グルーは公使をよく知っており信頼していた。それでグルーは電文を書き、電信官に暗号に組ませ二七日午後六時に発信した。

一九四一年一月二七日付、グルーからハルへ。「私のペルー人の同僚が当方の館員の一人に、日本人の情報源を含む多くの情報源に基づき、日米が国交断絶となったら日本軍は全軍を用いて真珠湾に大規模な奇襲攻撃を試みることを計画している、と聞いている」。グルーはまた、「その計画は荒唐無稽に見えるが、多くの情報源から聞いたので、この情報を伝える気になった」と付け加えた。

ただ電文にもあるようにグルーはこの情報については「荒唐無稽」と書いており、この時点でいまだ日本のアメリカに対する奇襲攻撃を具体的に予期していなかった。そのことは、イギリスの横浜領事代理が、日米間の危機が頂点に達する前に、日本にとどまるべき重要な理由のないイギリス人のための帰国リストを作ったことに対するグルーの冷ややかな反応にも現れている。この領事代理は、日米開戦の場合、外国人を乗せた船の航行が取り消される、迅速な立ち退きが不可能になる、英国人は自由にお金や資産を使えなくなる、英国人は領事たちと連絡がとれなくなり一部は抑留される、などの事態を想定していた。それについてグルーは、その領事代理は褒美をやりたくなるくらいの「大ばか者」と表現した。

英米の認識の相違

この間、ヨーロッパ大陸を席巻したナチスドイツが攻勢を強める中、いまだにアメリカが参戦しない状況に、イギリスの危機感は高まっていた。二月七日、ロンドンではイーデン外相が重光駐英大使を呼び、「日本は東亜全域を支配しようとして、領域を拡張しているが、クレイギー駐日大使よりの報告によると、日本は今にも驚天動地の一大事件を起こそうとしているらしい」と問いただした。英政府は米政府に「日本は戦争になるのを覚悟して、武力南進を強行する方針をきめた」と通報した。グルーも同趣旨の情報を得て、「日本の南進を阻止するため、決定的行動をとるべき時が近づきつつある」と打電している。チャーチルは、二月一四日付のルーズベルト宛書簡で「この数週間または数カ月内に日英戦争は必死の形勢である」(『日米交渉』)と書いた。

このようなイギリスの切迫した認識とはアメリカの雰囲気は異なっていた。駐日英国大使からイギリスの切迫感を感じ取っていたグルーは、一九四一年二月上旬、アメリカ艦隊のシンガポール寄港を含む示威行為を本国に勧告する電文を起草した。しかし、アメリカ本国の雰囲気を肌で感じてきたドゥーマンが二月六日東京に戻り、その夜大使の書斎で会合がひらかれ、結局、シンガポール寄港は、実行力ある抑止にならないばかりか日本を刺激して戦争の危険が高まるだけというドゥーマンの意見をいれ、グルーの進言は削除された。そのアメリカの雰囲気は、ある下院議員の発言に現れている。二月一九日議会下院でペンシルバニア州選出のチャールズ・I・ファディス下院議員は次のように発言した。「日本人は一等国と戦う危険を冒そうとはしないだろう。彼らはそうする準備が出来ていないし、彼らがそれを一番よく知っている。……彼らは戦地で米海軍に対峙しなければならなくなるような状況にあえて飛び込もうとはしないだろう。彼らの海軍は十分には強くなく、本国は余りに脆弱である」。これらがグルーの真珠湾電報が届いたときのアメリカの雰囲気であった。

日米交渉開始

二月一四日、野村大使がルーズベルト大統領に信任状を捧呈し、いよいよ日米交渉が開始された。三月八日、カールトンホテルのハルの部屋で野村とハルの第一回会談が行われた。その後、総計四、五〇回会談が行われることになる。しばらくして、ウォードマンパークホテルに場所は移ることになる。朝七時四五分にバランタインが必要な書類一式をもってやってきて、ハルと検討し、野村は顧問をつれて午前八時半少し前に到着。会議は一〇時まで、時には一〇時半まで続き、それからバランタインは国務省にかえって会談の覚書を作った。バランタインが書類を準備してハルを訪れ、内容を検討し、野村と会談、その後、バランタインが本省に戻って覚書を作成するという形式で会談は続くことになる。

メリノール派による和平交渉と日米交渉

一九四一年三月一五日、ホーンベックからグルー宛の三月八日の野村＝ハル会談についての報告を伝える電報で、グルーは初めて、井川忠雄、岩畔豪雄大佐、メリノール派のウォルシュ司教とドラウト神父の和平に向けた秘密活動について知った。本省ではハル、ウエルズ、ハミルトン、ホーンベックしか知らない活動であるので、駐日大使館でもグルー大使とドゥーマン参事官だけに留めるようにとの指示されていた。それは、外務省による正規の外交ルートを通じない和平交渉であった。

一九四一年四月九日、ウォルシュ、ウォーカーらが野村とまとめていた提案草稿をハルは受け取った。それから三日間、ハルは国務省の極東問題の専門家と綿密に検討し、その内容に大いに失望した。ただ、全然同意できない点もあるが、そのまま受け入れ可能な点や、修正して受け入れ可能な点もあるので、交渉の糸口を見逃してはならないという観点から、野村を呼んだ。そして、四原則を野村に手渡した。ハルは野村に四原則を受け入れた上で、非公式提案を日本政府に送り、日本政府がこれを承認して我々に新たな提案をすれば、交渉開始の基礎となろうと述べた。五月七日、野村が来訪し、不可侵条約を提案したが、ハルは突っぱねて、今は交渉の基礎となる基本原則のことだけ言っていると告げた。松岡からのよくない声明が届いていると野村が言った。お渡ししますかと野村が言ったのでハルはそちらにとっておいてもらって結構と言った。ハルは日本側の暗号を解読するアメリカ側のプロジェクトであるマジックの結果、その声明の内容を知っていた。五月一二日、野村はまったく新しい一組の提案をハルに手渡した。この提案が交渉の基礎となったが、日本政府はこれを基礎として交渉してもよいと知ると、歩み寄るどころか帝国主義的な野心を持ち出して修正を迫ってきた。七月二日にはアメリカ政府は東京からベルリン宛電報と松岡から野村宛電報を傍受していた。

この後、戦争までのクリティカルな何カ月かと、開戦後の抑留、交換船での帰国と直後のハル長官との緊迫した面会という重要な時期をグルーの間近で過ごすことになる若者がこの物語に登場する。グロトン校三七年卒のロバート・フィアリーである。彼の述懐を元にグルーとの出会いを振り返ってみたい。

フィアリー秘書

一九四一年四月、フィアリー青年が大学四年のイースター休暇中にロングアイランドの実家で芝刈りをしていると、グロトン校のジェームズ・レーガン先生から電話があった。グルーは大学を卒業する年次のグロトンの卒業生を一人、私設秘書として二年間東京で雇うために、校長に頼むのを常としていたのを覚えているかと聞かれ、覚えていると答えた。三五年卒のマーシャル・グリーンが今その職についているのをフィアリーは覚えていた。グリーンの任期が六月で切れるので、校長が君を推薦したいと望んでいると聞かされ、フィアリーは引き受けることにした。六月に帰国したグリーンとニューヨークで会うと、グリーンは、グルー夫妻はすばらしく、大使館の人々は一級で、仕事はとても大変というわけではなく、日本はいまだにすばらしい場所だと語った。ワシントンでは同じくグロトンの卒業生であるサムナー・ウェルズ次官に面会できて、また短時間だがハル長官にも会うことができた。東京に到着して大使館の宿舎でカバンを開けようとしたかしないかのうちに、グルーから呼び出され書斎に会いに行った。グルーと会うとそこにグルー夫人も入ってきて、フィアリーがブリッジをしないのを嘆いた。グルーは、しかしゴルフはうまいと報告を受けているし、それは重要なことだ、と言った。この日からフィアリーは多くの歴史的場面に居合わせることになる。

松岡の怪気炎

日本では慌しい動きが続いていた。五月五日夜、橋本徹馬がグルーを訪問し、荒木大将が首相を訪れ対米和解の時期は熟したと述べたことを伝えた。首相は対米問題に関しては平和を求める以外ないと決めているが時期についてはいまだ熟したとは決められず、その場合は松岡が交渉を担当するだろうと述べたとのことであった。

五月一四日には松岡が帰国後初めてグルーと会談した。気管支炎の発作もあってか松岡は以前よりも「辛らつで好戦的」であった。彼はアメリカの大西洋での哨戒活動を批判し、中立の陰でこそこそイギリスを助けるよりも、「男らしく」ドイツに宣戦すべきと挑発した。この会談の調子で、グルーは、木戸内大臣らから得ていた、松岡は内閣全体の意見を代表しているわけではないという情報が正しいことを確信した。この会談の模様が国務省に報告されると、すぐさまハルは同じ日の野村大使との会談で、松岡外相がグルー大使を「脅迫した」と告げた。その報告を受けた松岡は、グルーを私邸に招き、言い訳するのであった。

日米交渉と野村大使

ワシントンでは、野村の行動が難しい日米関係を、より一層混乱したものにしていた。五月一二日午後八時半、野村はハルに、松岡のよこした修正案を手渡した。それには英文案も添えてあったが、実は野村がハルに手渡したのは日本から送られた英文案ではなく野村が修正したものに差し替えられていた。修正したものの方がはるかに語調がゆるやかで、三国条約に関する軍事援助義務に関する段落が欠如していた。これは相手に都合の悪そうなことは伝達しないもので、明らかに大使の役割を逸脱したものであった。

五月一三日付電報で松岡は野村に、米国は欧州戦争に参加してはならず、参加すれば日本としては三国条約に基づいて対米戦争に入らざるをえないと強調したが、これも野村はアメリカ側に伝えなかった。野村は四・一六了解案を日本に伝えるときもハル四原則を日本政府に伝えなかった。そのような野村の行動の真の理由は不明であるが、おそらくことを穏便に運びたいという善意からであろうと思われる。このような野村の作為は、重要な時点で日米当局に事実確認のため時間を空費させることになる。

その後も、五月一四、一六、二〇、二一、二八と立て続けに野村＝ハル会談が行われた。アメリカ側からは五月一六日にオーラル・ステートメントが、三一日には中間回答が野村に手渡された。しかし、野村はそれらを即時に東京に打電しなかった。六月二一日には五月一二日の案に対するアメリカ側の正式回答がハルから野村に手交された。そこには名前こそ出してはいないが、松岡が外相でいる限り話はまとまらないという内容のオーラル・ステートメントが付け足された。これが日本に届いたのは六月二三日であった。その前日に独ソ戦が開始されていた。

多くの日本人を驚嘆させた独ソ戦の開始であったが、これをグルーは予見していた。四月二二日の時点で、「ドイツが……ソ連攻撃を近くはじめるかどうかは、未知数である。私はこれを早晩まぬがれぬことと思う」と記していた。グルーはナチスのソ連攻撃を歓迎した。それは米英のためになるからであった。「ナチスと共産主義者たちとが、共倒れになればよい」と日記に記した。グルーによれば、ロシアは皆が考えているよりもよく戦うだろうし、なにより米英が欲している軍備を増強する時間を与えてくれる点で独ソ戦は好ましかった。日本はどちらにつこうか決めかねる時間が長くなるだろうとグルーは推測した。

南部仏印進駐とアメリカの反応

六月二五日、大本営政府連絡会議が南部仏印進駐を決定した。北部仏印は援蔣ルート遮断という意味があったが、南部仏印進駐は蘭印への圧迫以外のなにものでもなかった。七月二日の御前会議は、独ソ戦にはしばらく介入せず、南方進出を強化することとし、また、その目的達成のためには「対英米戦を辞せず」との決定を行った。この決定に従って日本はフランスを屈服させ、南部仏印に進駐していく。日本軍が実際に南部仏印進駐を実施すると、ハル国務長官は、アメリカの国家安全保障に関わる問題であると強い調子で抗議した。このようなアメリカの強い反発は日本軍にとっては意外であった。ある参謀本部幹部は「南進が米国に脅威を与えるという意識は陸海軍ともにもっていなかった」と語っている。アメリカの意図を正確に汲み取っていた者もいた。幣原喜重郎である。南部仏印進駐が決定したことを近衛から聞いた幣原喜重郎は、近衛に日米戦争となるので何とかやめさせられないかと述べ、近衛は顔面蒼白となったという。ただ、幣原のような者は例外的で、日米に大きな認識のズレが存在していた。

アメリカ政府はすばやく動いた。七月二五日午後八時に翌二六日付新聞用にホワイトハウスが在米日本資産凍結を発表した。これによって日本はドル建て決済ができなくなりアメリカからの対日輸出がストップした。しかし、それにもかかわらず予定通り二八日、南部仏印に日本軍が上陸した。アメリカは、八月一日、綿と食料を除く一切の物資の対日輸出を禁止した。日本にとって一番の打撃はその禁輸に石油も含まれていたことであった。

この頃になるとグルーも様々な抑圧を受け、不便を感じることも多かった。例えば、夏の常宿である万平ホテルに、特別に引いた電話に関して、日本語で話すときはつないでもらえるが、英語で話すとそのとたん回線が遮断されるという措置がとられ、閉口したようである。

東京の政権中枢では、強硬策を主張する松岡外相をやめさせるため、七月一六日、第二次近衛内閣は総辞職し、二日後、第三次近衛内閣が組閣した。この動きにグルーは希望をすてなかった。この組閣によって新たに外相となった豊田提督は、七月二五日、新外相として、外交団を別々に引見した。彼は外交については素人と自らのべた。その日の夜、グルーは豊田の求めに応じて午後九時半に豊田を訪問した。豊田は、翌日正午に仏印進駐のヴィシー政府との取り決め完了が発表されるが米国の関心に鑑みて事前に伝えると告げた。翌二六日にもグルーは豊田の求めで彼を訪問した。この会見の直前に豊田は天皇に謁見していた。二人は日本の南部仏印進駐と米国の日本資産凍結の影響を話し合った。二人の意見はまったく異なっていた。豊田はアメリカが資産凍結以上の報復に出る意図があるのかどうか知りたがった。豊田も他の日本の指導者同様、日本が仏印で何をしようとも米国は報復に出ないと信じていた。南部仏印進駐の報復として資産凍結を行ったことは豊田にとって寝耳に水だった。

この間、アメリカ側もまったく受身だったわけではなく、ある積極的提案をしていた。七月二七日、インドシナを中立化しようというルーズベルトの提案を、伝えるウエルズ国務長官代理からの電報をグルーは受け取った。日本にとってこれはアメリカとの関係を修復するきっかけとなる重要な機会だと捉えたグルーは、急いで豊田が内容を明瞭に理解しているかを確かめ、何とか日本にこの提案を受け入れさせなければと考えた。夏の週末にもかかわらず軽井沢に出かけていなかった幸運を思った。日曜だったがすぐさま豊田との面会を申し入れ、午前一一時半に外相官邸で面会した。ところがグルーが驚いたことに、二四日付で大統領が野村大使に渡したこの提案を豊田は受け取っていないと言った。豊田は慌てて五分ほど席をはずして外務省に確認の電話をいれた。二日後の二六日、外務省アメリカ局長の寺崎から、野村は大統領と会見した日に短い電報を東京へ送っただけであったという。またしても野村が独断で行動したようであった。豊田は野村に遅滞なく包括的報告を送れと訓令するのであった。そのまた二日後の二八日、インドシナ中立提案について豊田に確認したことは、この上もなく重要で貴重であり大統領もそう思っているというウエルズからグルー宛てのうれしい電報を受け取った。しかし、グルーは日本がこの提案を受け入れることに悲観的になっていた。

八月六日、野村が面会を求めて、提案を持ってホワイト・サルファ・スプリングスからワシントンに戻ったハルのもとを訪れた。ハルは提案を読まずにポケットに入れて、情勢研究するまでの間の延期を申し出た。この提案を極東部で研究させると、この時点になってもいまだに大統領のインドシナ中立化提案に対して言及すらしていなかった。八月八日、今度はハルが野村を呼びつけた。野村がやってくるとハルはその点を詰問した。

仮に当初から野村がきちんとアメリカ側提案を報告していたとしても、首相や外相を初めとする日本側の政権中枢にいる人々が、南部仏印進駐に関するアメリカ側の認識を理解していなかった以上、彼らがグルーの期待通りに行動することは無理であったろう。グルーは次のように書いて自らを慰めた。「日本が受け入れようが受け入れまいが、大統領の行動は、歴史の観点からして米国を論駁の余地のない立場におき、……もし日本人がそれを利用しないならば、歴史上の彼らの立場はうらやましいものにはならないだろう」。日本の行動とそれに呼応するアメリカの報復行動の連鎖を受けて、八月初めに、グルーは日記に次のように書いた。悪循環に陥っている。そして「地獄に落ちるのはた易い」とラテン語で書いた。

2　近衛の首脳会談提案

近衛首相動く

ことここに及んで近衛首相は決断する。ルーズベルト大統領との頂上会談を企図するのである。八月四日夕刻、近衛は首脳会談を考えていることについて陸海両相に打ち明けた。陸海両相は緊張した面持ちでこれを聞いた。即答は避けたが、海軍側はその日の間に全面的に賛成した。陸軍は文書で条件付ながら賛成した。八月六日、連絡会議直後に近衛は拝謁し、首脳会談への決意を奏上した。天皇も「大統領との会見は速やかなるべき」と近衛の決意を喜んだ。この提案は早速、翌七日に野村大使に訓電された。八日に野村はハルと面会し、近衛の意思を伝えたが、折悪しく、もともとハルは前回の日本側提案に対する否定的な米国側の回答を伝えようとしていたときであった。ハルは

近衛文麿

野村に対して、日本の政策に変更がない限り、これを大統領に取り次ぐ自信がないという態度であった。野村はやむをえず、それ以上無理強いすることはせずに、首脳会談の件は、東京でもグルー大使に対してその実施を働きかけるよう外務省に打電した。八月一三日にも野村はハルに面会しているが、そのときのハルの用件も在支米国権益蹂躙に対する抗議文の手交という友好的とはいえないものであった。この時期、ルーズベルトはチャーチルとの洋上会談のためワシントンを離れていた。ただ一六日、大統領の帰華直前の会談においては、ハルは日本の軍事支配に対する批判を繰り返したものの、首脳会談の案については「貴殿において十分の見込みをもたるるならばホワイトハウスに取り次ぐも可也」と軟化した。

八月一七日、帰華早々、ルーズベルトはこの日が日曜日であったにもかかわらず、野村大使を招致した。大使が応じると、大統領は日本軍のこれ以上の武力南進に対する警告を述べた。野村大使は、

ポケットから近衛首相の首脳会談提案に関する指示書を改めて読み上げた。ルーズベルトは終始機嫌よく、「会見場所としてはハワイは地理的に無理であるから、アラスカのジュノーがよいだろう。また期日は十月中旬ではどうか」とまで述べた。これを受けて日本側では随員の選定が進められた。

グルー＝豊田会談

一方、東京では、近衛首相の命を受けた豊田外相がグルーに対して、首脳会談実現の働きかけを行っていた。近衛は豊田外相に命じてグルーを招かせた。八月一八日午後四時から午後六時半にわたってグルーは「どの国の外務大臣ともいまだかつてやったことのない長話をした。それは二時間半かかか」った。主に豊田が日本語でしゃべり、それが翻訳され、それをグルーが筆写するというものであった。豊田は、日米間の危機を解決する重要な提案であり、ワシントンへ送る報告の電報が誰かに読まれる危険がないように、特にドイツとイタリアにもれることをふせいで欲しいと念押しした。グルーが、内容を知るのはドゥーマン参事官と転写する秘書のミス・アーノルドの二人だと言うと豊田は満足した。

「恐ろしく暑い日で、外相のいうことを書きとめていると、汗がポタポタの上にもう一つポタリと落ちたので、最初の一時間がたつと豊田提督はつめたい飲物と汗をふくためのつめたい濡タオルを注文した。彼は上着を脱ぐ動作をして、ほほ笑みながら、また質問するような顔つきで私を見た。私には勿論その意味が分ったので、二人は上着を脱ぎ、シャツの袖をまくり上げて、再び仕事にとりかかった」。グルーは豊田に好感をもっていた。「彼は同情的な人間味のあるタイプで……いままで交渉を持った外務大臣の誰よりも彼が好きだ」。豊田外相は次のように述べた。「この危機を克服する唯一の方法は……両国の責任ある人々が対面し、お互いに真意を発表しあうことだと信じている。換言すれば……日米両国の指導者が……最も率直に日米関係の解決を話し合うことが、この上もなく機宜に適したものであると考える……もしルーズベルト大統領が同意するならば、近衛公爵がホノルルに赴き個人的に大統領と話し合うことが、非常に望ましいと考える……首相が外国へ行くという前例が日本の歴史にないことはいうまでもない。しかし、近衛首相は日本国内の一部に反対があることは十分承知しているにもかかわらず、大統領にあう固い決意を持っている。この決意は彼の世界の文明を破滅から防ぎ、また太平洋の平和は力のおよぶかぎり維持せねばならぬという、強い決意の表示にほかならぬ」。グルーは大使館に戻ると、夜中までかけてハル長官とウエルズ次官の二人に宛てて、首脳会談を支持する電文を書き、会談の内容とともに電信した。暗号係が暗号に組むのを終えたのは午前五時三五分だったという。「近衛公とルーズベルト大統領との会談から生じるかもしれない利点は計り知れない。太平洋の克服不可能に見える平和への障害を克服する可能性を伴って、ル大統領とチャーチル首相の会場での最近の会談のような、最高の政治家の行為のための機会はここに提示されたと大使はあえて信ずるものであります」。その中で繰り返しグルーは訴えた。グルーは天皇や軍部のトップや民間指導者なども日本の軍事コースを戻したいと考えていたと信じていた。大使館では日本人に軽蔑の念を抱いていたホーンベックによってこの案が葬り去られたとささやかれていた。バランタインらが支持していたとは聞いたが、どれくらいの熱心さなのかは定かではなかった。

首脳会談提案の行き詰まり

八月二六日の連絡会議では、一七日に野村大使に対して大統領から手交された申し入れに対する回答が決定し、二八日に野村からルーズベルトに手交された。それに対してルーズベルトは「非常に立派」と評価し、首脳会談についても「近衛公とは三日間くらいの会談を希望する」と相変わらず乗り気であった。ただ同席したハル国務長官は慎重な立場を崩さず、「会見は、事前にまとまった話の追認にしたい」と繰り返した。この会談の報告を受け取った豊田外相は、会談実現を確信し、八月三〇日の連絡会議でも楽観的であった。

ここからホーンベックの逆転が始まる。もともと慎重であるハルに対してホーンベックは首脳会談をつぶすための覚書を五月雨のように送っている。八月三〇日付の覚書では、グルーを批判して、「グルー氏は現在の日米関係を『緊張の危機』といっているが、コメントさせてもらえれば、この考え方はかなりの程度見通しを欠いている。……日米間に存在する『緊張の危機』は新聞、特に日本の新聞、あるいは多くの人々の頭のなかにあるのであって、実際には存在しないのである。……現在の危機的な問題は、日米間のそれではなく、日本の政治、軍事の指導者間の危機的問題が片付かない限り、日米間の問題は解決されえないのである」（須藤『日米開戦外交の研究』）と、日本国内の問題が解決されない限り、首脳会談によって問題は解決されないという彼の立場を繰り返した。

九月一日には、ハルは極東問題の専門家たちを招集し、首脳会談に関する日本側提案を精査した。すればするほど、合意してサインするばかりとなるまでは、首脳会談はしないほうがよいという結論になった。盧溝橋事件や三国同盟調印時に近衛が首相であったことを忘れることはできなかった。中国に不安を与える可能性も無視できなかった。九月二日には、ホーンベックは指導者たちが内部分裂しているので日本に関する危険はないとみてよく、日本は成功の期待をもって、ロシア、イギリス、オランダ、アメリカに対して攻撃に出るような立場にはないと書いた。首脳会談を求めてきているのは日本であり、それは国内の弱さの表れとみなしていたのである。結局、国務省としては首脳会談は見合わせたほうが良いという結論になり、ハルが、直ぐに満足できる合意が形成されるまでは、会わないほうが望ましいとルーズベルトに伝えると大統領は了解した。

九月三日に大統領は野村大使を招致した。これまでの会談時の日米首脳会談に前向きであった態度とはこのときのルーズベルトは打って変わって首脳会談には関心を示さず、野村にメッセージを読み上げた。会談の前提条件としてアメリカがもとめたのは日本が事前に態度と行動計画をはっきりと宣言することであった。ハルはいわゆるハルの四原則（領土保全と主権尊重、内政不干渉、通商上の機会均等、現状は平和的方法以外で変更しない）を提示して同意をもとめた。この四原則は四月からの日米交渉ですでに示されていたものであり、原理原則の上での合意が先決とアメリカは主張していた。そして、八月二八日の日本側回答に同意は示したものの、六月二一日の米国了解案については意見不一致のまま残された問題もあるので、それを片付けるのが先決と述べるにとどまった。ホーンベックは、三日付のハル宛覚書で「あえて予言するが、交渉がどのように展開しようとも、また近い将来、日本の政府が誰にとって替ろうとも、日本がここ三ヶ月以内にアメリカに攻撃をすることは絶対にないといえる」とまで言い切り、首脳会談の必要性を否定した。

翌四日の連絡会議では、三国同盟離脱の方向が示唆されていたが、同日ワシントンでのハル＝野村会談では、ハルの態度は一層硬化して取り付く島もないほどであった。ハルは野村に、英蘭中との相談の必要、特に中国との協議の必要を強調した。このとき、野村はまたしても自分の独断で行動にでる。政府に無断で自分で考えた提案をハルに手交したのである。これはのちに引っ込めざるをえないことになるものであるが、四月から六月の数多くの交換文書の残部であり、そのようなものを提出したのは、以前の状態に立ち返ればハルがよろこぶと野村が思ったからとしか考えられない。同じころ、首脳会談で取り決めたい事項について東京で豊田がグルーに説明していた。結果として二つの異なった提案を受けてアメリカ側は混乱した。事態を把握するだけのために、この大事な時期の貴重な一週間は空費された。

ホーンベックはハル長官に近い立場を利用して、国務省中枢で自説をハルに訴え続けた。それらは基本的に、日本の戦争準備とその意思を過小評価するものであった。九月一三日付覚書では、「日本は現時点で、米英に損害を与える能力においておそらく最低であり、有利な戦闘体制を整えるには、今から八、九ヶ月はかかろう」と書いた。九月二四日付ウエルズ次官宛覚書では、「私は、極東におけるイギリスの領地が日本の最初の攻撃目標になるという懸念を示すものを今のところ発見できない」と断言した。九月二五日付ハル宛覚書では、「日本は我が国に戦争をしかける意図はない。また侵略に抵抗している国々を手助けしている我々を阻害しようとして戦争をしかけても、日本はとてもそんなことのできる状態ではない」と記している（『日米開戦外交の研究』）。

ホーンベックの論の前提となっていたのは、日本の軍事力は恐れるに足りないほど疲弊しており、また、指導層も内部分裂している。それはアメリカの経済封鎖が成功しているからであり、日本は自滅するに違いない。そして、弱者は強者に自暴自棄な戦いを挑むような不合理なことはしないから、日本が対米戦争に打って出ることはありえない。それ故、首脳会談に応じることは、そのままでも弱っていく日本をわざわざ助けることでしかないという考えであった。中国の大学で教えた四年の経験があり、ローズ奨学生としてオックスフォード大学に留学した秀才としての自覚と極東問題の第一人者としてのうぬぼれがあったのかもしれない。極東の現場から離れて一〇年以上たっていたことも影響したであろう。首脳会談を求めてきているのは日本であり、それは国内の弱さの表れであり、弱者が強者に立ち向かうことはありえないとホーンベックが考えていたまさにこの頃、九月三日第五〇回連絡会議ではジリ貧論が議論され、日本の指導者たちは戦争しかないという考えに追い詰められていたのであった。そのような心理状態をよりよく理解していたのは、本省のホーンベックではなく、現場にいたグルーであった。

このころグルーは次のように書いて、日本人による攻撃の可能性を警告している。「日本人の精神構造は西洋の基準では推し量ることができない。日本人は異常なほど感受性が強く名誉を傷つけられれば過剰な、そして深刻な反応を起こすだろう。」そして、アメリカから日本への石油の輸出が禁止されたことで石油備蓄は二年分となり、日本は追い詰められていく。グルーは満身の力をこめて歴史的文脈から日米友好を訴える手紙を副島道正宛に次のように書いた。

国際問題における現状が私を苦しめているのと同じように、如何に深くあなたを苦しめているか私はよく存じています。我々がいま通過しているのは暗く重大な時期です。しかし、過去九年間にわたって、両国がいくつもの危機を通過し克服してきたのを私は見てきました。そして、現在の危機をも最終的には乗り越えるだろうと固く信じています。……一九二四年の移民法の排斥条項が我々の関係に暗い影を落としました。しかし、一九三一年以前に我が国政府がその条項を改正するために着実に動いていたことをご存知でしょうか。数カ月のうちに、あなたの国の誇り高く感受性豊かな国民を当然のこと傷つけたその不快な条項は（近年、日本が継続的に訴え、それに基づいて行動している同様の経済的保護のために用いている国内的な政策ではありますが）ほとんど確実に廃止されていたでしょう。しかし、当時、日本の満州侵略が起こり、排斥条項廃止のためのさらなる努力は見込みのないものとなったことを我々は知っています。……我々は地理的事実が不変であるということを常に意識すべきです。よしにつけあしきにつけ、造物主は我々の国を太平洋の両端に置きました。我々は未来永劫隣人なのです。そしてなにものをもってしてもその事実を変えることはできません。我々二ヶ国の関係の当初、ほとんど九〇年前から我々は平和な関係を維持してきました。そして、過去十年間を除いては、我々の関係は、お互いに対する友情、善意、尊敬によって特徴付けられてきました。良好な隣人関係という伝統は回復されなければなりません。というのも、その仕事に失敗すれば、歴史始まって以来、欧州を呪ってきた戦争の歴史が、太平洋にも持ち込まれることになるからです。この仕事の達成の責任を負っており、今の世代だけでなく、まだ生まれていない世代の安寧のために働いている我々は、あなたの助けと親善の心をもつ他のすべての人の助けを必要としているのです。

グルーの懸念どおり、日本は戦争に向かって動き出していた。一九四一年九月六日の御前会議では、一〇月上旬までに外交交渉がまとまらなければ戦争準備をすることが決定された。前日の五日、近衛から内奏を受けた天皇から戦争が主で外交が従のような印象をうけるがどうかとの疑問が呈され、近衛はあくまで外交交渉を行うと述べた。翌日、原嘉道枢密院議長から同様の質問があった。海軍大臣が答えただけで、天皇は統帥部から答えがないのは遺憾と述べ、明治天皇御製の「よもの海　みなはらからと　思う世に　など波風の　たちさわぐらむ」を例に出し、「余は常にこの御製を拝誦して、故大帝陛下の平和愛好の御精神を紹述しようと努めおるものである」（北岡『政党から軍部へ』）と述べたという。

グルー＝近衛会談

その日の夜、近衛は会談のためひそかにグルーを呼び出した。それは近衛の秘書の牛場友彦とドゥーマン以外に同席者をおかない極秘会談であった。秘書の牛場を通してグルーの側に、牛場、ドゥーマンのみを伴ってひそかに会談したいという近衛の意向が伝えられた。約束の午後五時頃、アメリカ大使館にナンバープレートをはずした見慣れない車が差し向けられ、グルーとドゥーマンは招き入れられるままに乗った。車は芝のオランダ公館の近くの伊藤文吉男爵邸に滑り込み、夕食が供された。夕食が終わる頃には近衛首相、グルー大使、ドゥーマン参事官、牛場秘書の四人だけが部屋に残った。重要なのは、通常の外交チャンネルで日米両国政府が交渉するのは不可能だという点であった。なぜなら、日本は枢軸国の一員であり、独伊に共感をもつ人々が外務省にすら沢山いる。それ故外交チャンネルを通して交渉することが現実問題として不可能であるなどと、近衛はルーズベルトとホノルルで会談したいと提案した背景を説明した。そして次のようなやり取りが行われた。

近衛はまず、日本政府は日米関係修復の前提としてハル国務長官が発表した四原則に決定的かつ全面的に同意すると表明し、日米両国関係が「現在のような悲しむべき情勢」に陥ったのは自分の責任だと認めた。その上で、関係を修復できるのは自分だけだということもわかっているし、もし自分が失敗したら少なくとも自分の在命中には望ましい結果をもたらすことができる首相は一人もいないから、自分は反対するあらゆる勢力や情勢にもかかわらず全力を尽くす決意を固めたと強調した。それに対し、グルーは、近衛に対し軍部を押えることができるか疑念を呈した。近衛は、アメリカ側が自分の内閣の力に疑問をもっていることは十分に承知しているが、既に陸軍大臣と海軍大臣の同意も得ており、陸海軍共に大将を随行員として派遣するといっているので、軍の一部に反対派がいたとしても抑え統制することができると強調した。グルーは、歴代の外相たちの一見真剣なものに見えた約束が政府によって実行されないという苦い経験から、米国政府は信じられるのは日本の約束ではなく行動と事実であると述べた。近衛はこの発言にあえて反対せず、自分は日米関係の根本的な再建を念願しており、この首脳会談の約束はこれまでの「無責任」なものではなく必ず守られると保証した。

そして繰り返し時間が問題であると述べ、一刻も早く大統領との会談を実現したいと強調し、「志あれば必ず道あり」ということを結論とした。

このとき近衛がグルーだけに明かしていた首脳会談に向けての具体的提案があったという。これに関しては記録が残っておらず、ただ、フィアリー秘書がグルーが提案について記したメモを読んだと記憶している。その内容は、(1)三国同盟を事実上無効にする。ドイツ軍がアメリカを攻撃した場合も日本は対米参戦しないと約束。(2)直ちに南北仏印から撤退。さらに一八～二四カ月以内に中国から撤兵。(3)首脳会談で日米の合意が得られた段階で米国は対日経済制裁を緩和すること。日本軍の撤兵が完了したら米国は経済制裁を完全に撤廃し、日米は新たな通商条約を締結すること。満州問題はヨーロッパの戦況を見極めて判断すること、というものであった。

グルーと近衛が重視していたのはこの提案が交換条件であり、日本が一つ行動を起こすと、アメリカはそれを確認して次の行動を起こせばよいという構造になっていた点である。おそらく、それならアメリカも同意できるだろうと近衛は考えたのであろう。近衛は中国からの撤兵に反対する勢力を抑える方策についてもグルーに語っていた。その内容については大きく分けて二つの説がある。一つ目が、大統領と直接会談して合意に達したらそれを内密にし帰国後直ぐに天皇に報告する。そして、天皇の同意を得てからラジオで発表するというもので、もう一つが、ルーズベルトと合意次第、船からラジオで東京にニュースを流し、中国の最高司令官に戦闘行為をやめるよう指示が行くというものであった。前者がフィアリーの記憶によるもので、後者がドゥーマンの記憶によるものである。いずれにせよ、国民は何の成果もないまま泥沼化する日中戦争に嫌気がさしていて、それ故中国からの撤兵を含む日米の和解案を圧倒的に歓迎するだろうと近衛は考えていたものと思われる。

そして、近衛は、この会談が外相や政府の誰も知らずに行われていることを明らかにした。近衛はハルの四原則への同意を含む具体的提案をグルーだけに明かし、アメリカ本国へ伝えないように求めた。アメリカの要求に大きく歩み寄る近衛の提案が国内の反対派にもれることを恐れたからであった。しかし、このことが首脳会談の実現に大きな障害となったとも言える。結局、近衛の提案の具体的秘密提案の部分はアメリカに伝えられることなく終わった。

ただ、この会談について、大統領以外の誰からも注意深く秘匿されるべきと、国務長官に印象付けることが重要と近衛は述べた。グルーはその点を念押ししたものの、ワシントンでは、ハルが野村大使にしゃべってしまったので、知らなかった豊田外相がグルーを呼び出す事態となった。ハルが無意識にもしくは不注意で秘匿要求を破ったとは考えられず、意図的なものに違いなかった。

果たしてもしこの首脳会談が実現していたら近衛の思惑通りいっていたであろうか。大きく分けて二つの考え方がある。一つ目は、首脳会談の実施のために開戦時期が遅れ、それによって開戦回避の可能性がきわめて高まるという考えである。外地での首脳会談、しかも、陸海軍の将官をともなっての前例のない首脳会談である。おそらく相当な準備が必要で国策遂行要領の「十月上旬」云々が実施不可能となり、予定の繰り下げが行われた可能性が大である。すると日本が再び作戦準備するには日数がかかり、その間、一二月にドイツ軍がモスクワ前面で大敗、敗走を開始することになる。ドイツの勝利を前提としていた考えが覆され、結果として日米開戦の機を逸するというものである。二つ目は、近衛の見通しは余りに甘く、アメリカ側が同意したとしても日米開戦は避けられなかったというものである。すなわち、日本は中国大陸で余りに多くの兵を失っており、その犠牲を見捨てる形での撤兵は不可能だったと考える。そもそも近衛が説得できるほど軍部は弱い存在ではなく、近衛は実際に軍部を説得することはできなかっただろうと考えられるからである。

九月一八日、短刀をもった男たちが、私邸を出ようとした近衛首相の自動車に飛びつき暗殺を企てた。幸い、自動車の扉に鍵がかかっていたのと、私服警官が配備されていたために事なきを得たが、自分も右翼の暗殺リストに名前が載っていることを知っているグルーにとっては他人事ではなかった。このとき以来、グルーは拳銃を身に着けるようになった。日記には「西部劇的」な気持ちがすると冗談めかして書いているが、いくら警官の番小屋が建っているとはいえ、長い塀のいずこかを乗り越えて暴漢が大使公邸入ってくるのは「実に簡単」であり、日米関係改善に向けて動くのもまさに命がけであった。

任務の終わりの予感

この頃グルーは自分の任務の終わりを予感し、日本に赴任してからの自分の任務の歴史について執筆していた。一九四一年九月二一日の日記には、「この仕事［任務執筆］は、どれくらい時間を割けるかにもよるが少なくとも三カ月はかかるだろう……日米の決裂が最終的に起こるなら、この大作をまずもって完成させたいと思う」と記した。しかし、一九四一年の秋の事態の深刻化への対処に忙殺され、原稿の執筆はちょうどパネー号沈没の直前まで書いたところで止まることになる。

グルー最後の訴え

九月二二日、再三頂上会談の実現を国務省に訴えてきたものの、埒が明かないと思ったグルーは大統領に直接訴えかけた。「親愛なるフランクへ、……近衛首相は日米関係を悪化させた重大な責任を認識しています。三国同盟の誤りにも気づいています。今日米間に合意が得られなければ戦争の危険性が非常に高くなるでしょう。ジョセフ・C・グルー」

グルーは必死であった。九月二九日、グルーはハルとウエルズのみに宛てた長文の電報を送って、日米危機回避政策をとるよう進言している。ドイツのソ連攻撃によって情勢がまったく新しくなったという認識の下、次のように書いている。「海外の様々な出来事の影響が日本の外交政策に避けがたい影響を与え、それらの出来事の傾向がリベラルな人々を指導的地位にやがて押し上げるでしょうと私は本省に対して指摘してきました。その時が来ました。ルーズベルトとチャーチルの宣言に沿った世界の再編プログラムに従いうるなら、これらの新しい条件下で［原文に下線有］、日本が行動を共にする可能性が十分にあります」。そして、アメリカには日本に対して二つの選択肢があると説いた。一つ目が経済的に締めつけていく策であり、二つ目がグルーが説いてきた「いわゆる宥和ではない建設的和解の手段」であった。もちろんグルーが望ましいと訴えているのは後者であり、その中味は、日米首脳会談の実現にあったことはいうまでもない。そして、会談に躊躇するワシントンが予備会談での事前合意にこだわることについては、「もし我々が、日本政府が予備会談で、原則及び具体的細部の両方においてわが政府に対して満足のいく性質の明快なコミットメントを与えることを期待し、それを待つならば、予備会談はほぼ確実に、内閣とそれを支持するアメリカとの友好回復を望む人々が、アメリカは単に時をもてあそんでいるだけであり、合意の見通しは希望なしと結論するまでに、無限にかつ非生産的に長引くだろうことはほぼ確実でしょう」と、警告した。そして、「近衛公とその支持者たちが……基本原則にのっとって日本の将来の政策を形作ろうという告白をされた信義と誠実さにある程度の信頼を置く用意が我々の側になければ、日米関係の全般的改善と太平洋における最終的な戦争を回避するという希望をもたらすような新しい方向性を日本において作り出すことが出来るとは思えません」と、近衛・ルーズベルト会談に向けた最後の訴えをするのであった。

しかし、ホーンベックの頭越しに長官と次官のみに宛てられたこの最後の訴えも、ハルによってホーンベックに回され、ホーンベックはそれを否定する長文の覚書を素早く執筆した。この九月三〇日付の覚書は、首脳会談の望ましさを認めない誠に厳しいものであった。「首脳会談を開いたほうがよいという要請は、まるで日本の外務省やワシントンの日本大使館よりも強硬に見える。……大使館からの報告は、大体みなオーバーなのである……」(『日米開戦外交の研究』)。この覚書の中で、ホーンベックがことさらターゲットにしたのはグルーというよりはドゥーマン参事官であった。「ある人物の意見は、日本にある特殊な雰囲気に、たえず影響されているようにみえる」として、その意見の信憑性を端から否定している。嫌悪感はよくあるように相互的だったようで、ドゥーマン自身もホーンベックのもとで働いた経験を、とても不快なものと述懐し、「客観的知性をもった人間としてホーンベックを扱えるとは感じなかった」とまで述べている。

ドゥーマンによれば、ホーンベックには二つの熱情があり、それは中国への愛と同情、それから日本と日本人に対する病的な嫌悪であったという。ドゥーマンはそれについて、若い頃奉天の学校で教えていたときに日本人と何かあったとしか思えないと推測している。ただ、ホーンベックに対し、不満をもっていたのは、電文を握りつぶされているドゥーマンら東京の大使館員たちや日本専門家だけではなかった。直接ホーンベックの指揮の下で働く国務省極東部の部下たちも中国専門家を含めて不満を抱いていた。ある部員は、人使いが荒く、癇癪もちのホーンベックとハミルトンの下で働くのがいかに大変かをこぼしていた。また、まとまった遺産を相続したのを機に辞職することにした別の部員は、暗にホーンベックを指して、「他人の歯から金歯を抉り取るようなタイプのアメリカ人からなる極東部は、自分が代表したい種類の政府ではない」というのを辞職の理由とした。このようなホーンベックの周囲の人々の不満は、戦中も鬱積し続け、一九四四年の対日占領政策を決めるきわめて重要な時期に爆発し、国務省の極東関係部門、ひいてはアメリカの対日政策を中心とする極東政策に大きな影響を与えることになる。

この九月三〇日付のホーンベックの覚書は、前日のグルーの論点をことごとく否定していく。「九月二九日のグルー氏の電報の弱点と欠点は、私に言わせれば次の通りである。(a)この中で、日米戦争の危機が強調されすぎている。……大使館は、もし我々があることをしたら、あるいはしなかったら恐るべきことが起る可能性があると警告してきた……しかし、どのようにやろうと、心配されたような悲劇は起こらなかった。」「私は、提案されている会談が結局開かれなかったとしても、日米戦争の機会が増すとは一時も信じない。私はその逆を信じる。会談が開かれないからといって、現政府が崩壊するかどうか疑わしい」（『日米開戦外交の研究』）。

しかし、ホーンベックの予想とは裏腹に、東京では九月二五日に統帥部より「概ね十一月初旬開戦に応じ得る如く作戦準備に着手発足せり」という指令が出され、日本は戦争に一歩一歩近づいていた。そして、一〇月に入るとついに近衛内閣が総辞職することになる。

自分が二九日に送った電報が、同じ日付の勤務時間内にワシントンに届くことを知っていたグルーは、それに対する即座の返事がないことに失望していた。九月三〇日夜に書かれた日記には、ワシントンが反応しないことに泣きが入っている。「ワシントンが私の電文についてどう思っているか分からない。それらの考えが明かされたことは一度もない。かつて自分が観察したように、米国政府へ報告するということは、夜中、湖に小石を投げるようなものだ。小石は消えてしまい、波紋が見えることも普通はない」。そして、イギリス政府とその大使との関係をうらやんで次のように書くのであった。

概して私は英国流の物事のやり方の大いなる崇拝者ではない。というのも、彼らは多くの点で役に立たないからだ。しかし、彼らは少なくとも自分たちの大使を、将棋の歩やメッセンジャーボーイ以上のものとして扱う。言ってみれば「伝達の仲介者」として。例えば、クレイギー〔駐日英国大使〕が所与の事態に対する評価を送ると、ほとんど常に答えが帰って来る。その答えは、〔英国〕

政府が彼に同意するかしないか、もししないなら、なぜしないのかを彼に伝える。そして人は立場を知り、公式連絡の行間を単に読むことによって拾い集めるよりもずっとよく政府の考えを知るのである。

またグルーは、本省が自分のことを優柔不断とみなしていると知って穏やかでなかった。特にホーンベックが八月七日付で八ページにわたるグルーのこれまでの書簡や電文の抜粋を「駐日米国大使グルー氏の、による、からの」ものとして送りつけ、その中で和解のときはすでにその時点には過ぎ去っていたと示唆されていた。グルーは頭にきて一気に次のように書きつけた。

もし、私が過去の強硬策の進言と異なり、いわゆる『宥和』をいまや唱道していると信じているのでなければ、……私にはスタンレー・ホーンベックがそれらの抜粋をどういうつもりで送りつけてきたのかまったくわからない。第一に、ミュンヘンや［チェンバレンの］傘から連想される『宥和』は、不幸で誤って用いられ、そして誤って解釈されている言葉である。私が主張しているのは宥和でなく『建設的和解』である。……第二に、唱道された強硬策に従うために、我々は建設的和解が可能な状況を作り出したのである。過去数年間における自分の進言にいかなる一貫性のなさも見出さない。そしてもし日本との戦争を回避できるなら、それらの進言がまずもって採用されたという事実によるだろう。……これらの困難で高度に複雑な問題に直面して、外交が本質的にわが国防の最前線だということを忘れないようにしよう。海軍はその次でしかなく、陸軍はそのまた次と希望しよう。もし最前線、すなわち外交が成功するなら、他の戦列とその背後にある予備役が存在するというだけで、その最前線が限りなく強化されるとしても、その他の戦列は行動に移されることはないだろう。そのような予備役を使う必要を避けるという責任を担わなければならないのは外交という第一線であり、そのような観点から私はここ日本における自分の義務をみている。最終的な結果がどうなるかは私は知らないし、誰も知らない。しかし、敗北主義は私の哲学にはない。

一〇月二日、ハル国務長官が野村大使に否定的な覚書を手渡した。内容は過去の交渉経過を略述し、四原則を繰り返し、日本側がその四原則を制限していること、並びに中国に無期限に進駐する意図があることについて非難するものであった。日米首脳会談については、「かかる会見が行はれるよう根本問題について討議を進めることは、大統領の熱心な希望である」と述べるにとどまった。その米政府内の理由としては、両国政府の見解の違いは明白であり、事前の合意ないままに首脳会談を開くことは危険だということで、日本が南北インドシナに進駐し、北のソ連まで脅かすほどだというときに、近衛の言うことを信頼するのは難しかった。

雪子の死

一九四一年一〇月七日吉田茂の妻雪子が死去した。手遅れの喉頭がんであった。グルーは急ぎ吉田茂と雪子の父である牧野伸顕に弔文を書くとともに、キャッスルに電報で知らせた。キャッスル夫妻からは直ぐに弔電が届き、グルーはそのことを直ぐに牧野に伝えた。「わが親愛なる牧野伯爵、最近のあなたの大いなる喪失にキャッスル夫妻の深い弔意をあなたに伝えることを求める電報をキャッスル氏からちょうど受け取ったところです……ジョセフ・グルー」。そして、キャッスルの名前で吉田と牧野に弔文を書いた。一〇日に葬儀に出席すると、牧野がグルー夫妻に近づき、雪子の闘病中に受けた恩に対して、そのおかげで雪子の最後の日々が心地よいものになったと深々とお礼を言った。雪子の入院中に、既に物資不足からガソリン規制が行われており車が自由に使えず難儀していた吉田親子に、グルーは大使館の車を回すなどして助け、また、アリスは麦芽入りスープをほとんど毎日病院に届けていた。最後の日々、既に食べ物が喉を通らなくなっていた雪子が口にできたのはそのスープだけであったという。吉田夫妻の娘、和子は、しばらく意識のなかった雪子が、死ぬしばらく前に一度意識を取り戻し、幸せであったと告げたとアリスに話した。グルーは、雪子は「日本が生み出しうる最善のもの、偉大な貴婦人であり愛らしい人」であり「彼女と話すのはいつも喜びで、我々は常に彼女を愛情をもって思い出すだろう」と記している。

グルーの胸の内

一〇月二日のハルから野村への覚書で、もはやグルーにはできることは少なく思われた。それでもグルーはできる限りのことをした。一〇月八日のアメリカン・クラブにおけるグルーの日米外交に関する演説はその苦しい胸のうちがにじみ出ている。「日本の対米外交に関する限り既に刀折れ、矢尽きた。日本政府は在って無きか如くである……豊田外相はザ・ベスト・フオレン・ミニスターである。自分は彼の人格に信頼し日米国交調整に一縷の望みを託している」。八日にはグルーは寺崎太郎亜米利加局長と会談し、また翌九日には、ドゥーマン参事官が同じく寺崎亜米利加局長と会談している。しかし、一〇日には、ついに野村から豊田外相に「両国首脳部の会見は絶対見込なし」と打電してきた。

グルーは、自分が平和を維持することは可能だったのにその機会が無視されたと判断した。グルーは怒りと同時に失望を感じ、一〇月一三日の日記に次のように記した。「宥和。それが私が唱道してきたことだと本省は考えているのだろうか。何ともまあ完全に本省は私の態度を誤解しているようだ。私は建設的懐柔を唱えてきた……彼らは少なくとも私に相談したかもしれなかった……しかし、正当化されるにせよされないにせよ、私の意見は最近ではあまり歓迎されていないと感じている」。

命がけでの自らの首脳会談の提案がアメリカ側に受け入れられず、軍部が戦争へと向かっていく中、近衛は、奇想天外な考えを秘書の高村坂彦にもらしている。そのメモによれば、近衛首相はどのようにすれば日米開戦を防げるかについて一晩中寝ずに考え、一つのアイディアとして、自分でフリッパー機に乗ってアメリカに向かい、首脳会談を実現させることさえ考えたが状況がそれを許さないため断念した、とのことであった。

近衛内閣総辞職

一〇月一六日、近衛内閣が総辞職した。このニュースをグルーは夜、大使館の書斎で知った。その日はナショナル・シティ・バンクのジョン・カーティスの送別晩餐会があり、その後、一〇人ほどで書斎でしゃべっていると、ブラジル大使が訪れそのニュースを告げたのであった。グルーも含め皆驚いた。グルーは日米交渉の進捗のなさが、早晩近衛の退陣につながるだろうと予想していたが、それほどまでに早く退陣となるとは予期していなかった。

翌早朝、牛場秘書官からドゥーマン参事官の自宅に訪問の許可を求める電話があり、ドゥーマンが朝食をとっていると牛場がやって来た。いつもはとても冷静な牛場秘書官はこの日ばかりはとても神経質で興奮しており、徹夜で引継ぎの準備をする近衛公を手伝っていたと告げた。そしてグルー宛の書簡を手渡した。そしてその手紙の背景をドゥーマンに話した。牛場によると近衛に退陣の決断をさせたのは一〇月二日のハルの覚書であった。それによって道は閉ざされたという印象が近衛政権に広がったとのことであった。また、次の政権について、軍人による過激な内閣に見えるかもしれないが、近衛が退陣する今や、文官で総理の職に堪えうるものはなく、文官による政権がリベラルな行動をすることは不可能であって、軍人政権によってのみそれが可能という逆転の発想が背後にあると語った。

グルーは近衛からの書簡をドゥーマンから受け取った。それは辞任せざるをえないことは残念であると告げ、次の内閣が日米交渉を成功裡に終わらせることを確信しているとあった。また、それ故、グルーとアメリカ政府が内閣の交代や次の内閣の外見によって、落胆することのないよう希望すると書かれていた。また、全力を尽くして次の内閣を助けるともあった。ドゥーマンから牛場の背景説明を聞いたグルーはとても興味深く思ったが、それらがどのような結末へと導いてくれるかは「神のみぞしるだ」と考えた。グルーは直ぐに返事を書いた。次の内閣を助ける意思に対する喜びの念を伝えるとともに、高位の国務を退いてリラックスされることを希望する旨伝えている。首脳会談の提案などをめぐって近衛と長時間会談し、その真剣な姿勢を肌で感じていたグルーにとって、それは社交辞令ではなく、本心からの言葉であったと思われる。

3　任務の終わり

東条内閣発足

一〇月一八日、東条内閣が発足した。近衛内閣総辞職後、後継内閣については、皇族による皇族内閣案や、宇垣一成を推す案などがあったが、結局、牛場秘書官から説明があったように、陸軍を抑えるための最後の手段として現役陸軍軍人の東条英機に大命が降下したのであった。これに際し、天皇も、虎穴に入らずんば虎子を得ずだねと述べたという。

近衛内閣が退陣し、近衛が辞任した以上サイは投げられたとグルーは私設秘書には率直に語った。しかし、東条内閣になってからもグルーはなんとか平和への希望を見出そうとして諦めず最後まで努力を続けることになる。

一〇月二五日夕刻、グルーのもとを新たに外相となった東郷茂徳の意を受けた樺山愛輔が訪問し、現役陸軍軍人による東条内閣の成立が逆説的に戦争回避に向かう兆しであるという考えを伝えた。樺山は、御前会議における天皇の平和を望む異例の発言を伝え、東条内閣が天皇の日米平和の意向に従う条件で生まれ、東郷外相就任はその保証を意味すると告げたのである。それによれば、近衛内閣総辞職直前に枢密院、陸海軍関係者が天皇に呼び出され、米国との戦争にならないよう保証する政策を追求する準備があるかと聞かれた。それに対し、陸海軍代表は答えず。それで天皇は明治天皇によって進められた前進的政策に言及し、前例のないようなやり方で、軍が自分の希望に沿うように命令し

東条英機

た。天皇の明確な立場は、陸軍を統御できる首相の選出を必要とし、現役のままでの東条の起用となった。樺山は、最近のマスコミによる反米のトーンは日本のすべての階級のどの希望でもないと強調し、東郷は任命を日米交渉の成功をなすために受け入れたものであり、失敗したら辞任すると付け加えた。そして樺山は、ここ一〇年で初めて日本の政治状況が日本の政策の転換を可能としていると述べた。この会談についてグルーは、天皇が初めて積極的に日本の政策形成に関わり、米国と合意するという目的を表明しているのが本当なら、東条と新外相とによるなんらかのより積極的な試みが現在の交渉に、より具体的なものをもたらすかもしれないと希望を見出そうとした。ただ、希望するたびに裏切られてきた感のあるグルーは、「新外相と会ってみるまでわからない。……利用可能な情報から、もし天皇が積極的立場をとらなければ、状況は九月二九日の電報一五二九番のように、『最終的な戦争を回避するという希望』がなくなるだろう」と書いた。

この樺山との会談の後、グルーはハルに対して、東条政権が対米交渉を成功裡に導こうとしているのは天皇からの圧力の結果であると報告した。しかし、厳しい見方をするハルには、東条政権は近衛政権よりも事態が悪化したようにしか感じられなかった。

グルーが天皇の平和への意思をハルに強調していたまさにこの時期、日本政府中枢では連日の連絡会議が続けられていた。それは一〇月二三日から三〇日までにわたって、日本は対米戦を行うのに十分な物資の確保ができるかという点についてむなしく続けられ、政軍関係者はみな消耗していた。その議論も、企画院が中心になって作成した膨大な資料は南方からの物資輸送船がほとんど損耗しないというありもしない前提に基づくもので、物資確保可能と示唆していた。東郷外相らは休みが欲しいと言い、三一日一日休んで、一一月一日は翌日午前まで一七時間にわたって続いた。

連日の連絡会議の疲れもあったのであろうし、日米戦争に向けて進んでいるということも頭にあったのであろう、グルーが東郷外相から初対面で受けた印象は好ましいものではなかった。一〇月三〇日東郷外相が新任外相として外相官邸で各国大使を引見した。在東京の外交団の最長老であるグルーは最初に到着したが、いつもの広い客間ではなく、小さな控え室に通され少し驚いた。グルーは直ぐに、きっといつもの広い部屋は枢軸国のために使われたのだろうと推察した。それから大臣室に呼ばれ、前任の豊田外相との違いにがっかりした。「前者〔豊田〕は快活で非常に友好的で、仕事にとりかかる前に何か気持のいい小話を交すのだが、後者〔東郷〕は厳格ですこしも微笑せず、超特度に打とけない。……豊田提督との本当に気持のいい交際を、しみじみなつかしく思う。彼はそれがどんなに不愉快な性質のものであっても、楽しんで一緒に仕事することの出来る型の人だった」。

この一〇月末、一週間に三度も吉田茂がグルーを訪問した。一〇月二四日「彼〔吉田〕は……いつものように前進すべきものなら妥協が必要であると述べた。私はこれに答えてかなり手きびしく、妥協の余地のないことを指摘し……説明した。……吉田は、大変好きだけれども討論はやりにくい。なぜなら、他人が何を言っても自分の最初の論点に戻ってしまうから。――妥協、妥協、妥協、と。」吉田は、引き続き一〇月二七日にもグルーを訪れ、最後に三〇日に訪れたとき、「以後舞台裏で働くつもりだから、ひきつづき会いにくることはないだろう」と告げた。それまでグルーと吉田は、様々な場所で面会していた。大使館や東京倶楽部はもとより病院も格好の場所であった。牧野の娘婿である武見太郎の診療所である。予約を二人が連続するよう取り計らってもらい、グルーは吉田と会っていたのである。この後緊迫する情勢に吉田茂もグルーを訪ねるのを控えるようになる。これからは会いに来ないという吉田の言葉に、グルーは「賢明な決定である」と記した。

国家的ハラキリ

一一月三日、グルーはハル長官に宛てて、「日本は外国からの経済制裁の圧力を跳ね返すため一か八かの国家的ハラキリの挙に出るかもしれない。日米の武力衝突は危険なほど劇的に突然発生するかもしれない」という一節を含む長文電報を送った。グルーはこれまで繰り返し、日本の資源は尽きつつあり、資源がなくなる前に日本は戦争に訴えると国務省に警告してきた。この見方は大使館の国務省以外のメンバーにも支持されており、米国大使館のウィリアムズ商務官も報告書の中で、日本の日に日に減少しつつある資源について「このことは二つの動きしか残さない。すなわち、戦争か合衆国との合意である」と論じている。そして、そのような理解を前提とした上で、グルーは、相手にしているのは常に合理的に考える人々ではないとも示唆してきた。しかし、これらの一連の送信は、一九四一年一一月三日の長い電報で終わりになる。一一月三日の長官及び次官宛の電報では「日本人の性質と気質を念頭におくならば、前進的に思いきった経済的措置を課することが、よしんば戦争の危険が若干あっても、恐らく戦争を避けることになるだろうという観点は、慎重な合衆国の政策と手段の基礎となる仮説の意見としては、不確実で危険である。大使館の意見によると、戦争はかかる方針を取ることによって避けられはしまい」との内容を書き送った。そしてその電文の末尾を「米国との武力衝突を不可避ならしめる日本の行動は、危険にして劇的な突然さをもって行われるかも知れないのである」と締めくくったのである。

この思い切った電報を送った興奮を伴ってグルーは日記に、もし戦争が起これば、歴史は日本が「国家的ハラキリ」に出るかもしれないと主張した一一月三日付電報を見逃すことはないだろうと書いた。そして、そのような事態が生じる蓋然性として、それがわかるのは東京で「その日その日の雰囲気に直接触れているわれわれ」のみであり、「これがたんに起らぬともかぎらぬことではなく、ありそうなことだ」と記し、「ありそうなこと」の部分をイタリックで強調している。また、暗にホーンベックを批判して、「日本の論理や理性は西洋のものさしではは かることができず、ある方面が主張しているように、米国の経済的圧迫は日本を戦争にかり立てぬという信念に基いて国策をたてることは危険である」とまで言い切っている。

グルーの先見の明のある見方と、日米戦争はありえないとするホーンベックの見方の違いは明確であった。しかし、国務省では、東京の大使館の見解よりもホーンベックの見解の方が支持されていた。

来栖大使特派

グルーがハルに日本の「国家的ハラキリ」を警告する電文を送ったまさに同じ一一月三日、東郷外相が来栖三郎に日米交渉において野村大使を助けるためワシントン行きを命令した。様々なまことしやかな理由でこの派遣は説明されたが、結局は野村が英語が不得手など心もとないからであった。翌一一月四日、来栖を派遣したいが技術的な問題で一三日までにつかせたいと加瀬俊一が外相の言葉をグルーに伝えてきた。当時、日本からアメリカへ最短で行くにはアメリカのクリッパー機を使う必要があった。アメリカのクリッパー機は明朝香港を出発予定でそれには間に合わない。そして、これに乗れないと次の出発は二週間後になる。それでドゥーマンがワシントンのマックス・ハミルトンに電話して依頼すると、数時間後に香港発が七日になったと返事が来た。グルーがその旨東郷に電話すると東郷は喜んだ。

四日午後九時、来栖がグルーを訪問した。二人は旧知の間柄であった。交渉もしたし、ゴルフやポーカーもよくいっしょにやったことがあった。また来栖の妻はアメリカ人であり、その魅力的な娘ともども、大使公邸に滞在したこともしばしばであった。翌朝出発する予定であると告げて、来栖は飛行機の斡旋をグルーに感謝した。彼は命令を受けたその日の午後にはじめて外務省のファイルを読んだ以外は日米交渉の詳細について何も知らなかったし、その仕事の難しさに肝をつぶしていた。しかし、交渉を成功に導くために全力で取り組む態度を明らかにした。そして、グルーは一番知りたいことを聞いた。即ち、来栖はなにか新しい解決策をもっていくのかと訪ねた。しかし、グルーが大いに驚き失望したことに、なにも新しい解決策をもっていくわけではないと答えた。グルーは、それでは行っても無駄だろうと率直に認めざるをえなかった。辞去するときにグルー夫人も現れ、握手して挨拶した。難しい任務を帯びて旅立つ友人に夫人は落涙した。

東条内閣は、九月五日の決定を再検討し、一一月五日の御前会議で、アメリカに対し甲案と乙案の二案を準備した。甲案は、華北などの一部の地域を除き和平がなってから二年以内に撤兵する、仏印からは和平後即時に撤兵するというものであった。ただ、駐留期間については二五年とするという尊大なものであった。乙案は、日米両国は仏印以外の東南アジアや太平洋地域で武力行動を起こさない、アメリカは日中の和平を妨害しないなど、より暫定的なものであった。一一月七日に野村から甲案が提示されたが、暗号解読でより譲歩した乙案の存在を知っていたアメリカは、甲案に同意するはずもなかった。

一一月五日付で東郷外相が野村大使宛に出した電報は、一一月二五日までに合意の必要があると告げていた。この電文もアメリカに傍受されており、ハルは、それは困難な要求とはわかっていた。しかも、合意がなされないと日米関係は混沌状態におちいることは見えていた。

日米関係が緊迫する中、夏の休暇帰国を認められずにいた日本大使館のジョン・エマソン書記官は一〇月に入るとようやく休暇を認められ帰国した。エマソンは一〇月二四日サンフランシスコに上陸すると、一一月中旬に慣習に従ってワシントンを訪れホーンベックに面会した。国務省の極東政策の中心にあったこの国務長官顧問に「君たち大使館連中は日本との戦争についてどう考えているかね」と聞かれて、エマソンはグルーの受け売りで「日本は東アジアを支配したがっているが、戦争をしないでそれを実現したいと思っていると考えます。しかしもしそれが不可能と思われれば、日本は自暴自棄となって戦争を始めるでしょう」と答えた。それに対する有名なホーンベックの返事は、「歴史上、自暴自棄で戦争を始めた国があるなら、いってみたまえ」であった（『嵐のなかの外交官』）。

この一一月中旬頃、東京の大使館公邸周辺は既にひっそりとしていた。多くの館員の家族たちが既にアメリカに引き揚げていたからである。その静かな公邸では、グルー夫妻がアメリカからとりよせたクリスマス・プレゼントを日本人執事である船山貞吉の子供たちにあげていたという。

一一月一七日、野村は早速到着したばかりの来栖を連れてハルのオフィスを訪問した。ハルが受けた来栖の印象は芳しくなかったようで、ハルは来栖のことを、「彼の顔つきにも態度にも信頼や尊敬を呼ぶものがなかった。私ははじめからこの男はうそつきだと感じた」と記した。日米交渉は感謝祭休みを返上で続けられた。二〇日感謝祭当日に、野村と来栖が日本政府の新しい提案として乙案を手交した。ハルは暗号電報の傍受によってこれが最終提案と知っていた。それを知らない来栖は翌二一日にもハルを一人で訪問し交渉を続けた。当初二五日とされていた期限を二九日に延ばすと書かれていた一一月二二日付の東京から野村宛電報を傍受していたハルは、「……二九日まで待つことを決めた。……それからあとは事態は自動的に進むことになる」と考えた。

幻の暫定協定案とハル・ノート

即時開戦は望まないアメリカ側は、野村がハルに甲案を示して以来、暫定協定案の作成にとりかかった。その内容は紆余曲折あったが、三カ月を限度とする暫定的なもので、日本が南部仏印から撤兵するなどし、アメリカ側は資産凍結を解除するという内容であった。アメリカが暫定的ではあるにせよ日本との和解を考えていると知って蔣介石は驚愕し強く反対した。暫定協定案にはさらに一定量の石油の供給も含まれるようになり、日本側にとっても受け入れやすくなっていた。二五日には朝から、ハルはこの案について、スティムソン陸軍長官とノックス海軍長官と話し合い、ついでマーシャル参謀総長とスターク作戦部長も加わって話し合ったが、特に強い反対はでなかった。その日の夜には国務省内で会議が開かれた。暫定協定案の日本側への提示についてホーンベックは反対であったが、ハミルトンとバランタインは肯定的であった。

正確な理由は不明であるが、ハルが翌一一月二六日、野村・来栖両大使に対して手渡したのは、暫定協定案ではなく、いわゆるハル・ノート（満州事変以前の状態へ復旧――中国及び仏領インドシナからの完全撤退、汪兆銘政権の否認と三国同盟の空文化）であった。内容は大変厳しいものであったが、冒頭にははっきりと「試案にして拘束力なし」と書かれていた。しかし、これを日本指導部は最後通牒とみなし大騒ぎとなった。一一月二七日には東郷茂徳外相の代理として佐藤尚武外務省顧問が吉田茂にハル・ノートを持ってきて、牧野伸顕に見せてくれといってきた。それで吉田が牧野に見せると、牧野は、開戦したら薩摩の先達に顔向けできないと述べた。

ハル・ノートを受けて、日本が覚悟を決めていたその同じ頃、ホーンベックは「極東関係問題――情勢評価とある可能性」という覚書を一一月二七日付で書いている。それは終生彼を悩ませることになる覚書となった。「もし賭けをするということなら、本官は米日が十二月十五日以前に『戦争』にならないというほうに五対一で賭ける……一月十五日以前に米日が戦争にならないというのには三対一で賭ける……三月一日以前に米日が戦争にならないというのに現金を賭けてもいいだろう。」

日本人がハル・ノートを最後通牒と受け止めていることに驚いたグルーは、慌てた。吉田茂に確認しようと、彼を捕まえるため一一月二九日に虎の門の東京倶楽部で待ち受けた。吉田が現れると、グルーは吉田を二階の一室に連れ込み、ハル・ノートを読んだかと聞いた。当時吉田はそのような極秘電文を見るべき公の立場にはなく、読んだと言うわけにはいかないので、内容は知っているとだけ答えると、グルーは決してあれは最後通牒ではないと強調した。それからそれを東郷外相にも説明したいと言った。グルーは最後の希望を捨てたわけではなかった。グルーは思い直し、日本で多くの決定的日々を経験してきたし、それらは克服できてきたし、また乗り越えられるだろうと自らを奮い立たせるのであった。「私はまったく荷造りしていないし、するつもりもない」。グルーは井上匡四郎子爵らに東郷との会談を依頼した。しかし、会談は実現しなかった。もはや対米戦争という政府の方針は決まっていたため、東郷はグルーの意向を知っても一向に会おうとしなかったのである。

開戦に向けて

一一月二二日に既に択捉島単冠湾に集結し、以来待機していた連合艦隊は、一一月二九日の重臣会議、一二月一日御前会議という対米宣戦の手続きを終了し、一二月一日ハワイに向けて出航した。一日の御前会議では、一一月五日決定の「帝国国策遂行要領」に基づく対米交渉は遂に成立するに至らず、「帝国は米、英、蘭に対し開戦す」とされた。

同じ一二月一日、立て続けの訪問者たちがグルーに、最終決断が間もなくであると警告し、日米交渉がすぐに成功裡の決着を結ぶようにと要求した。訪問者たちの圧倒的悲観主義にグルーは不吉な予感を覚えた。特に東京倶楽部で樺山と会ったとき、彼は「陰鬱で疲れ切った」様子で、グルーは動揺した。樺山はグルーに、東条内閣は日米交渉を打ち切る決定をしたと告げた。グルーは、そのような場合にはすべてが終わりになり、まもなく日本を離れることになるだろうと答えた。その直後、マスコミが交渉は継続されるだろうと報じ、グルーはなんとか希望をつないだ。

翌一二月二日に、御前会議で対米戦争開戦の決定がなされたことなど知らなかった吉田は、米国大使館にグルーを訪問し、会談しないという東郷の意思を伝えた。同じ一二月二日、遂に「新高山登レ一二〇八」が連合艦隊に向けて打電された。それは即ち、日本時間一二月八日午前零時に作戦行動開始を意味した。

一二月三日、グルーは賀陽宮妃の葬儀に出席し、たまたま東郷と顔を合わせている。帰りの車を待つとき、東郷外相と居合わせたのであるが、東郷はグルーに「自分は甚しく失望している」とだけ語った。何も知らないグルーは「何にしても会談を続けようじゃないか」と答えた。

一二月五日、グルーとドゥーマンは東京倶楽部で、樺山から情勢について聞くことになっていた。約束の時間の少し前に行って待っていると彼が現れ、短く挨拶すると「ちょうどいま、むかむかする様なことを聞きました。帰って寝ます」と言って帰ってしまった。おそらく開戦のことを知り、かといってグルーに知らせるわけにはいかず、このような態度をとったと思われる。東京でこのような緊迫した様子の日本人に接するにつけ、ハル・ノートを送りつけた後で、ワシントンが戦争を警戒せずにいられたことがドゥーマンにはまったく理解できなかった。アメリカ本国は戦争に備えていると思っていたばかりでなく、イニシアチヴを自国が握っているとすら考えていた。駐日米国大使館は土曜は閉めていたので、すべての暗号スタッフに日曜は一日スタンバイしているように、その他の館員も東京に直ぐ戻れないような場所には行かないように指示が出された。

天皇宛の親書

一二月七日、グルーは、大統領が天皇に親書を送ったことを海外の短波ラジオで知った。国務省からは何とも言ってこないので不思議に思っていると、夕刻、ハル長官から、超緊急電が来た。親書は、正午に日本の郵便局に届いていたのに、どういうわけか午後一〇時三〇分まで配達されなかったのであった。グルーはドゥーマンを呼び出し、東郷外相の秘書に真夜中に面会するための約束をとりつけるため電話をさせた。秘書は明日まで待てないのかと聞いたがなんとか取り次いでもらい約束をすることができたのが午後一一時四五分であった。グルーの運転手はずっと前に帰宅していたので、敷地内のアパートメントに住むベニンホフ書記官の車に乗せてもらうことになり、グルーは一刻も惜しんで車寄せで待たずにガレージまで走った。日頃の鍛錬がこういうときに必要になる。ただ、余りに慌てて両方左手用の手袋を持ってきてしまったことに気がついた。しかし一刻も惜しいグルーは、握手するときは両方左手にもって右手で握手すればよいとして引き返さなかった。それで深夜零時一五分には外相公邸に到着した。東郷外相は直ぐに会ってくれた。そこでグルーは天皇にじかに会いたいと申し出た。国務省はメッセージの提示の仕方をグルーに任せていたので、グルーはできるだけ重みをつけるためじかに天皇に会おうとしたのである。東郷はまず自分が文書を検討したいといったので、グルーはそれは天皇との面会を求めるかどうかについて疑義があるということかと問うと、彼は本件を天皇にもっていこうと言った。零時四〇分に、東郷外相は木戸幸一に電話して、グルーが大統領の親書を持参したことを話し、取り扱いについて相談した。木戸の返事は外交上の効果などについて首相とよく話し合うようにということと、深夜でも陛下は拝謁のお許しあるのでその点は顧慮する必要なしということであった。東郷が日米交渉に触れると、グルーは自分はまだ一二月五日の分の報告を受けとっていないと述べ、もし東郷のコメントを国務省に繰り返すと事態をさらに複雑化するだけになると告げた。東郷はそれは必要ないと答えた。結局このときはグルーは午前一時に外相公邸を辞去した。この頃、ワシントンは前日一二月七日の午前一一時。駐米日本大使館では暗号解読と清書に手間取っていた。東京が指定した文書のアメリカ側への交付時間午後一時が迫っていた。ハワイは七日の早朝であった。日本軍の奇襲攻撃が迫っていた。天皇宛のメッセージは「余が陛下に書を致すは此の危局に際し陛下に於かれても余と同様暗雲を一掃するの方法に関し考慮せられんことを希望するか為なり余は陛下と共に日米両国民のみならす隣接諸国の住民の為め両国民間の伝統的友誼を恢復し世界に於ける此の上の死滅と破壊とを防止するの神聖なる責務を有することを確信するものなり……」と最後の和平への希望がつづられていた。

第六章　開戦、そして抑留

1　開　戦

開戦の日（東京）

一二月八日月曜午前七時、前夜は午前一時まで外相公邸に出かけていて遅かったためまだ寝ていたグルーは、加瀬俊一からの電話で起こされた。加瀬は、できるだけ早く外相公邸に来られないかと言った。彼は午前五時からかけていたがつないでもらえなかったとも言った。グルーは急いで身支度をして、外相公邸に午前七時半に着いた。慌てて出かけたために髭は剃っていなかった。グルーが急いで車から降りると、加瀬が出迎え握手した。加瀬はほとばしり出るような笑顔で愛想がよかった。一方グルーは緊張のためか寝不足のためか顔面蒼白であった。グルーは二階の大応接室で東郷外相に会った。ルイ王朝式の金色の調度で彩られつつも横山大観の富嶽の絵がかかったその部屋で会談は始まった。東郷はいかめしく儀礼的だった。彼は短い声明を述べ、一三ページの覚書を手交し、これは本日ワシントンで日本大使がアメリカ政府に提出した覚書の写しである旨告げた。グルーは長文の覚書をパラパラめくると、「覚書は後刻拝見致しましょう。交渉打ち切りは残念なことです……しかし、交渉は決裂してもなお努力して戦争は避けたいものです」と述べ、重ねて昨夜からの拝謁の願いを繰り返した。傍らで外相の通訳官を務めていた加瀬は、開戦になったことをグルーがまだ露知らぬことに驚いた。東郷外相は顔色一つ変えず、別れに際して、交渉成立のためのこれまでの努力を謝した。加瀬は玄関までグルーを見送った。

海軍武官のスミス＝ハットンは、その日の朝六時半、上海にあるアメリカ系のラジオ放送を聞いて何か大変なことが起きたのを知った。それはアメリカの上海総領事からの命令として、アメリカ市民に、落ち着き通りに出ないようにと告げていた。何が起きたか具体的には告げずに放送は停止された。彼は妻を呼んで隣接する大使館へ移動した。事態の緊迫のため、海軍の暗号関係の品物は既に四日前に破棄しており準備は整っていた。暗号表などは、いざというときのために一つを残してすべて焼却していた。金属性の暗号機本体については、ハンマーで叩き割って細かくし、破片は二〇の封筒に封印された。それをその夜、部下に命じて車で横浜方面に運ばせ、途中、通過する橋ごとに一つずつ川に投下した。最後の封筒は皇居のお堀に投げ入れられていた。スミス＝ハットンが大使館の自分のオフィスに入り、ラジオをつけると、ラジオ・サンフランシスコが、日本軍の真珠湾攻撃を報じていた。彼が直ちにそれをグルーに伝えると、グルーは急ぎ海軍省に出向いて事実かどうか確認するように命じた。海軍省は四ブロックしか離れておらず、スミス＝ハットンが駆けつけると、海軍大臣を補佐している中村少将に会うことが出来、中村は事実である旨告げた。スミス＝ハットンは急いで大使館に戻りその旨グルーに報告した。

早朝の東郷外相のグルー大使への覚書の手交に立ち会い、外務省に戻った加瀬に逓信省から問い合わせが入った。グルー大使に米国務省から国際電話がかかっているがどうしたらよいかというものであった。繋がせて内容を録音するよう指示した。ハミルトン極東部長からグルーに宛てたものであった。回線の状態が悪いためか途切れ途切れであった。「……そうです。やられたんですよ。ええ、真珠湾です。パ・ア・ル・ハ・ア・バ・ア……真珠湾です……とにかく、怪しからん、交渉中の奇襲なんですから……」（『加瀬俊一回想録』）。

ドゥーマンはこの八日月曜の朝、いつもより早く、使用人に起こされた。使用人はAPのマックス・ヒル特派員から電話がかかっていると告げた。電話に出ると特派員は、警官が自分の家の中にいると短く告げ、電話を切った。特派員の家の女中が来て、特派員は家を出たと告げた。ドゥーマンは何かが起きていると感じて、秘書の一人に電話し、特派員の家に行ってみてきてくれと頼んだ。三〇分後、秘書は電話してきて特派員は逮捕されたと告げた。

その間、ドゥーマンは真珠湾攻撃を知った。服を着て朝食に降りていき、使用人に真珠湾攻撃を知っているかと聞くと、六時のラジオで聞いたといった。九時数分前、運転手が車できた。運転手は攻撃を知ったにもかかわらず大使館のガレージから車を出すとちゃんとドゥーマンを迎えに来て大使館に連れていった。どう思うか聞くと、「そりゃもちろんひどいことです」と答えた。大使館に出勤すると他の日本人従業員も皆いつも通り仕事を続けていた。このような事態に陥ると、多くの場合、使用人たちが逃げ出すということを知っているドゥーマンは、彼らが逃げなかったことに驚いた。ドゥーマンは大使公邸に行って、グルーに会い、何か言うことがあるかどうかみてみるために形式だけでも誰かが外務省に行ってみたほうがよいと思うと提案し、結局自らが出向くこととなった。

この八日朝の大使館のロビーにはゴルフバッグが転がっていた。その日は、何年か前に英国の海軍武官タフネル大佐によって始められたゴルフ大会、タフィーズカップの日であった。グルーの秘書フィアリーが玄関に入るとボーレンが降りてきて、「聞いたか」と尋ねた。大使はまだ大使館に来ていなかったので、フィアリーは大使公邸の方へ行った。大使は、クロッカー一等書記官と真夜中に東郷外務大臣を通して天皇宛の大統領のメッセージを手交したときのことやその日の朝七時半に天皇の返答を受け取るように外相に呼ばれたときのことを話していた。グルーは、東郷は真珠湾のことを知っている気振りもなかったと言った。いつもより堅かったようだがそれは天皇の返書が日米関係の断絶を告げていたからだろう。フィアリーが大使館に戻ると、皆が緊張した面持ちで話したり走り回ったりしていた。ボーレンは車で立ち寄った英国大使館のジョンソンと情報の交換をしていた。日本軍はとりあえず成功しているようだということで合意した。宿舎に戻る途中で泣いている日本人従業員を慰めた。既に宿舎の門は閉められ日本の警官があちらこちらに立っていた。「号外！　号外！」と叫ぶ声が聞こえた。警官に見られないように『ジャパン・タイムズ・アンド・アドバタイザー』紙の号外を、一部はグルーに、一部はおみやげのために計二部購入した。一面にでかでかと「WAR IS

ON」と書かれていた。

ドゥーマンが外務省に到着すると外務省があくのにはまだ少し早かった。それで市井の様子を見に繁華街にいった。てっきり群集が騒ぎ勝利を祝賀しているかと思ったがいつもどおりで何も変わったことはなかった。いつもの月曜と同じように電車やバスから人が降りてきて会社や店に入っていった。人々があまりしゃべっていない印象を受けたことを除けばいつもの月曜と同じだった。ドゥーマンは直感的に、これこそが一般の日本人全体はアメリカとの戦争を望んではいない証拠だと思った。外務省では次官に会うことができたが、次官は話すことを拒否した。午前一一時頃までは何の指示もなかったが、一一時に家を出て大使館に移るようにいわれた。ドゥーマンが大使館に入ろうとすると、警官に止められて敷地に入れなかった。

その頃大使館の中では、午前一一時に車で乗り付けた外務省亜米利加局第二課長の大野がグルー大使に会いたいと要求しているところであった。公邸に誰かが電話するとアリス夫人が出た。婦人は大使は忙しいのでナンバーツーのドゥーマン参事官では駄目かと問うた。しかし、ドゥーマンは、警官に止められて入れず敷地内にいなかった。すると大野は次の階位の外交官に会いたがったが、それはクロッカー一等書記官だった。クロッカーに会うと大野は短い挨拶の後、一枚の紙を差し出した。それには「本日、貴国と日本国との間に戦争状態が生じたことを閣下に謹んで申し上げます。ここに重ねて閣下に敬意を表します」と書かれていた。短い沈黙の後、クロッカーが「これはきわめて悲劇的な瞬間です」と述べた。大野は、「その通りです。私の仕事はとても不快なものです」と答えた。そして「㈠今日をもって大使館と各領事館の機能は停止される。」から始まって、電話や電信が使えなくなるとか、無線機をすべて引き渡すことなどを要求する九カ条を通告した。クロッカーがグルーに電話すると、グルーは要求を拒否できる立場にはないと告げた。それでクロッカーは抗議を伴って同意した。大野が来る前から、ボーレンの支持で暗号表などを焼く作業が始まっていた。屋内では金属のゴミ箱を使って、屋外ではスチールドラムが用いられたが、時々燃え残ったページがひらひら飛んでいったりした。途中で見つかってやめさせられるのを恐れていたが、大野とその部下は発信機を含めたラジオを探すのに一生懸命で、破壊活動には無関心だった。それは一部の大使館員が感じたように、日本側が暗号を破っていたからであった。実際このことに関しては、ドゥーマンが去る八月六日にカナダ人ハーバート・ノーマンの家での夕食に招かれた際、同席していた牛場友彦が、日本当局は米国大使館のワシントン宛電文を読んでいる、と爆弾発言をしている。

真珠湾攻撃――それは、グルーが一〇年の歳月をかけて尽くしてきた仕事が失敗に終わったことを意味した。この日、グルー夫妻の部屋から時折アリス夫人の嗚咽が聞こえたという。

開戦の日（ワシントン）　ワシントンでは、七日は日曜日であったにもかかわらず、ハルは朝から登庁していた。東京からワシントンの日本大使館に宛てた長文電報が傍受されていた。それは当初二六日の米側提案への回答のように見えた。野村から昼近くに電話があり、来栖と一緒に午後一時にハル長官に会いたいとのことだった。二人は一時になっても現れず、一時過ぎにまた電話で面会の約束を一時四五分に延ばしてくれといってきた。二人は結局午後二時五分に国務省に到着し、外交官応接室に通された。ちょうどその頃ルーズベルト大統領がハルに電話してきていた。大統領「日本が真珠湾を攻撃したという報告が来た」ハル「その報告は確認済みですか」大統領「まだだ」。二人はおそらく本当だろうと言い合った。部屋には法律顧問のグリーン・ハックワースと極東部のジョセフ・バランタインが待機していた。野村・来栖両大使は午後二時二〇分にハルの部屋に通された。ハルは冷ややかな態度で迎え、いすも勧めなかった。「過去九カ月の間あなたとの交渉中にひとこともうそをいわなかった」と言うと、ハルは手を振って何かいいたげな野村を制し、あごでドアをさした（『ハル回顧録』）。

真珠湾攻撃の報にワシントンの国務省内で最も動揺したのは、ホーンベックだったかもしれない。日米が戦争にならない方に賭けてもいいと、一一月二七日の公式覚書で軽口を叩いていた彼は慌てた。ハル長官は、在外公館からの電報にホーンベックがつけてくる長文のコメントを取り外す習慣があったが、それは机の上に結構積みあがっていた。真珠湾攻撃の翌日、ホーンベックは急いで長官室に入ると、それらの覚書をみな持ち去ってしまった。それらの多くは、日本が対米戦争に打って出る可能性は存在しないという内容であった。それらの一つには、日本は地震や台風といった自然災害の国であるので、日本人は長年地震災害に神経質になっている。その影響を駐日大使や領事たちも受けて不必要に神経質になっているから、戦争の可能性を過大評価していると書かれていた。持ち去られたためこれらのコメントは国務省のファイルには入っておらず、ホーンベックは安心していたが、写しが陸軍省と海軍省に送られており、そちらでファイルされていて後に明るみに出ることになる。

チャーチル英首相は、この日について、「これでヒトラーの運命もおしまいだ。ムッソリーニの命運も尽きた。日本も粉砕されるだろう。私はベッドに入り、感謝の念と救われた気分で眠りについてた」と記している。ルーズベルト大統領は翌八日、議会に対して「一九四一年一二月七日。この日は屈辱の日として記憶されるだろう」と演説した。

2　抑留生活

抑留生活の始まり

八日には涙を流したアリス夫人であったが、翌朝、気丈に、来日以来初めてであろうズボン姿で現れて皆を驚かせた。大使館では、アルコールが特別の日を除いて禁止された。暖房用の重油は開戦前から十分な量の入手に苦労していたほど不足していたので、大食堂はカーテンで三つに仕切られ暖房の効率化がはかられた。また、中庭からまきが集められ、暖炉用とされた。アリス夫人が、もしかすると二月まで帰国できずにここにいるかもしれないので、まきはなるべく倹約してつかおうと言い出したときは、誰もそんなに抑留期間が長引くとは思わず冗談じゃないと笑ったものであったが、ともかく、アリス夫人の言を入れて、暖炉の使用は時間を決めて行われ、なるべく一カ所にあつまって暖をとるようにとされた。グルー自身も直ぐに帰国できると楽観していたことは、翌年のバレンタインデーまでに帰国できる方に、クロッカー一等書記官相手に賭けをして、結局一〇ドルとられていることからもわかる。

日本人スタッフの忠誠心は印象的だったと抑留されたアメリカ人の多くが述べている。全員が警官に集められ、立ち去ってもいいし、居てもいいといわれた。ただ残ると大使館員と同じく自由に出入りできなくなる旨が伝えられた。実際、七カ月の抑留期間中彼らが家に帰れたのは正月の一回だけだった。しかし、皆残って仕事を続けたのである。アメリカ人が日本人執事にあるときなぜ不便を我慢するのか聞いた。執事は、現在戦争中であり、じきに大使館のアメリカ人は皆帰国するが、帰国後、自分たちがアメリカ人たちにしたことを思い出してくれることを期待している旨語ったという。

大使館職員とその家族など六八人が暮らすのに十分な施設はなかったが、なんとか上級スタッフを迎え入れ、その他は公邸に寝床をつくった。ラジオは取り上げられたが、デンマーク公使夫人が、召使の帰った夜遅くまでおきていて、サンフランシスコのラジオ放送をメモしてそれをスイス公使にわたした。メモは秘密裏に大使館内でまわし読みされた。

食料品などの物資は直ぐに不足するはずだったが、たまたまフィアリー秘書が、それぞれの館員全員が何を欲しているかを聞く前の八月にサンフランシスコの食料品店に大量の注文をしており、それが真珠湾攻撃の一週間ほど前に届いていた。それは天の賜物と思われた。もともと誰が何を注文したかは無効とされ、そもそも注文に参加していない、大使館の敷地に逃げ込んできたアメリカ人実業家たちも含めて、配給制とされた。支払いは必要な品物と支払い能力によって再計算された。その取り決めは直ぐに受け入れられ、出発まで続いた。生鮮食料品は日本人の従業員によって東京市場から手に入れられた。時にグルー夫妻と交流のあった日本人有力者から差し入れがあることもあった。

ボーレン、海軍武官補のマート・ストーン中佐、フィアリーの三人で五百ヤードを超す九ホールのゴルフコースを敷地内に作った。バドミントンコートにピンポン台も設置された。それらの三競技のトーナメントが開催され、外に注文した銀のカップや灰皿などを含めた賞品も用意された。フィンランド大使夫妻を初めとするグルー夫妻の友人から送られたものも賞品とされた。トロフィーの幾つかには、「大東亜ブラック・サルファ・スプリングス」と彫られていた。それは駐米日本人外交官が抑留されていた西バージニア州の保養地ホワイト・サルファ・スプリングスをもじったものであった。賭け札も作られた。次にガラスを割る人を当てるものであった。三階建ての宿舎越しにグリーンを狙うホールも幾つかあり、多くのボールは敷地の外の道に出て行ったが、ボールは沢山あったので切らすことはなかった。

日曜以外はグルー夫妻は四、五人と長時間ポーカーを楽しんだ。それはニューヨークへ向かう船中でも続いた。掛け金は高く、一時期、陸軍武官補の負けは他のメンバーを居心地悪くさせるほどになったが、幸運にも最後にはなんとかほとんど勝ち負けなしまでもどした。ブリッジはグルー夫人が主導した。当初洗濯は皆が流し台や風呂場でやっていたが、フィアリーが、スミス＝ハットン海軍武官の八歳の娘シンシアとかくれんぼをしていたとき、屋根裏で古い洗濯機を発見した。そのときから、フィアリーが、午前九時までに洗濯物を持ってきてくれれば洗って届けることとした。配達はシンシアがやった。失敗は一度あって、グルー夫人が出した白いシルクのカーテンを、ドゥーマンの黒い靴下が洗濯機内に残っているのに入れて洗ってしまった。そのときの配達にはフィアリーもついていったが、グルー夫人は「灰色は好きな色よ」とやさしく答えたのは先述した通りである。米国大使館には当時グルーが欧州勤務時代に買い集めたすばらしいワインのコレクションがあり、日本人に飲ませるためにとっておく必要もないということで、グルーが許可して、その辺の連中にどんどん配った。しかし、帰国時にも多くのよいワインが残ったという。

友からの連絡

暮れも押しつまった一九四一年一二月三一日、加瀬が開戦後初めてグルーを来訪した。東郷やその他の友人たちの友好的メッセージと、吉田茂と重光葵からの手紙を携えていた。重光からの手紙は一二月三〇日付で、おそらくは加瀬が来訪することを知って書かれたものと思われる。戦争中に敵国の大使宛に手紙を書くことは勇気のいる思い切ったことであったと想像されるが、吉田や重光はそのようなことはかまいもしなかった。重光の手紙は以下の通りである。

親愛なるグルーさんへ　深い悲しみを感じつつこの手紙を書いています。［日米］関係の破綻を回避するための我々の誠実かつ継続的努力にもかかわらず、恐ろしい結末が遂に訪れました。この戦争へ導いた原因や状況については多くを語りたくありません。現在の闘争が、直ぐに恢復されるであろう関係の長い年代記の短いエピソードの一つでしかないよう希望するのみです。あなたと夫人は、九年の長きにわたるあなたがたの有能でみごとな仕事によって日本人の間に沢山の友人を得てきました。ご存知のように、友人のことをたやすく忘れないのがわが国民の習性です。特にあなた方のようにとても尊敬されているような場合には。あなた方が困難な状況にあるときにあなた方に深い同情の念を感じる者がわれわれの中に多く居ると保証します。あなたの温かく寛大な友情を享受したことを大いなる特権と考えていると言う必要は恐らくないでしょう。二国間の関係の増進のために再び心から協力できるような幸福な日が再び来ることを切に希望します。中国に異動になりますので、二、三日のうちに新しい任地に向けて出発します。令夫人と貴殿に幸せな新年と安全なご帰国の旅を祈念しつつ。敬具　M. 重光。

これに対し、吉田からの手紙は大使館に軟禁状態のグルー夫妻に一二月一七日付で、届くあてもないままに書かれた、より感情のこもったものであった。

親愛なるグルー御夫妻へ　近年不幸な出来事が数多く起りましたが、私たちの長期にわたる友好関係が、このような悲劇に終ろうとは、何人も予測できなかったことと存じます。私たち両国の友好を促進することこそ、あなた方御夫妻の生涯の御仕事であると、御夫妻がつねに私に語られたことをよく覚えております。またワシントンにおける会談の破局を阻止するため、御夫妻が最後の瞬間までも、どれほど尽力されたかをよく存じております。御夫妻の疲れを知らない御努力さえ、平和を救うことができなかったことは、まことに悲しみに堪えません。しかし、わが国と私たちに対する御夫妻の友情を私たちが決して忘れないことを信じて頂きたいのです。私の手紙を終える前に、私は一つだけつけ加えておかなければなりません。ワシントンでの会談の進捗状況をこの夏病床にあった妻に語りました時、いつでも妻は一言も聞きもらすまいと、衰弱した神経を必死になって緊張させておりました。生きている間に、私たちのよい関係がこのように断絶するのを彼女が知らないですんだことは、せめてもの幸福だったと思います。私と私の家族とに対する御夫妻の個人的な友情と御親切とに対し、心から感謝仕る次第です。敬具

（『評伝吉田茂』）

グルーは早速吉田に対し翌日、即ち一九四二年元旦に返事を書いている。

親愛なる吉田さんへ　十二月十七日付の御手紙はさいわい昨日私の手許に届きました。私は深く感動し、取り急ぎお返事申し上げます。但し私の手がふるえましてペンを使えませんので、タイプライターを用いることを御許し下さい。この悲劇的な状況全体に対する私の反応は言葉では表現できません。余りに激烈なものだからです。事態がすでに――私は当時存じませんでしたが――致命的な破局へと進行していました時、あなたの御手紙の一つにあった表現に任せることにしましょう。あなたは書かれました。〝私がどんな気持でいるか、おわかりいただけると存じます。私はあなたの御気持をお察し申し上げます〟と。そういう相互の理解があれば、それ以上申し上げるべきことは何もございません。日本での記念すべき九年間の数多い幸福な思い出のなかで、吉田夫人とあなたとあなたの御家族との友情が生き生きとしてきわだっています。こういう結びつきを私たちは決して忘れられるものではありません。いつまでも気心のあった楽しい思い出として残ることでしょ

う。平和を維持するための、あなたの不屈の御努力を私はまたつねにおぼえています。私たちはまた牧野伯爵と、そのやさしくてしかも元気づけて下さる御人柄、および伯爵が守ろうとされたものを、決して、決して忘れません。

（『評伝吉田茂』）

これ以降、外務省担当者ということで、誰何されることなく大使館を訪れることの出来る加瀬に吉田は、食料品など託したそうで、感激家のアリスは時に泣いて喜んだという。加瀬の回想によれば、「開戦後はグルー大使夫妻は憲兵の厳重な監視下に、大使館構内に窮屈な抑留生活を送っていたが、さわらぬ神に祟りなし、で日本人は知らん顔をしていた。吉田さんだけは別で、クリスマス、正月、グ夫人誕生日というような折りには、精肉や香料・石鹸・花束などを豊富に贈った」（加瀬『吉田茂の遺言』）。グルーたちが抑留されていたのは一二月の開戦から、交換船で帰国する翌年の六月までであり、加瀬がグルーを初めて訪問したのは一九四一年の大晦日であるため「クリスマス」がめぐってくるはずもなく、それは筆のすべりだろうが、それにしても憲兵などに睨まれるのを意に介さなかった吉田の人となりが偲ばれる。このように不自由しているグルー夫妻に食料などを届けさせたのは吉田だけではなく、例えば、クリスマスには西春彦外務次官の家族から七面鳥とリンゴ二箱が届けられたという。また、グルーの交換船での帰国が決まると、松平恒雄元駐英大使の娘で、樺山家とも近い秩父宮妃は、父親の松平恒雄の外務省の後輩ということで加瀬に頼んで、長年の親交の証としてメッセージと宝石箱を届けさせた。これにはグルー夫妻は、用向きを加瀬から聞かされると、衣服を改めて再度現れ、メッセージと宝石箱を受け取ると、「歔欷し、暫し面を挙げ得ず、日本皇室の処遇に対し心から感謝する趣きを述べ」（『細川日記』）たという。

グルーたちは軟禁状態にあったが、まったく外に出られなかったかというとそうではなく、例えば、一九四二年一月二四日にオランダ公使パブストが死去し、二九日に聖路加国際病院礼拝堂で葬儀が行われると、グルーは警官付き添いの上参列が認められている。また、通院は比較的緩やかに認められようで、警官を伴ってではあるが館員はしばしば敷地の外に出ている。例えば、フィアリー秘書が目を患うと、グルーは自分がかかっていた赤坂の井上眼科医院を紹介した。この井上眼科であるが、牧野伸顕の次女の夫である武見太郎の紹介で、実際に大使館員の治療にも活躍したが、グルーが戦時中牧野と密会するのにも用いられた。牧野は開戦前、娘の雪子が臥せっていたおり、アリス夫人が毎日スープを届けてくれたことに対して一言お礼が言いたかったと秘密の面会を設定したのだった。

三月二七日、グルーのゴルフ仲間の一人であった岸信介の手配によって、グルーに、グルーとドゥーマンとあと一人二人に、東京のコースでゴルフをする許可があると、デンマーク公使夫人のティリッシュからアリス夫人に宛てた手紙で知らせてきた。岸自ら共にプレーしたいとの希望があるとのことであった。大使館の敷地に軟禁されてから四カ月近くがたち、外でゴルフできるというのは願ってもない話であったが、グルーは熟慮の末、断ることに決め、ティリッシュ夫人にすぐに手紙を書いた。「岸は日本において私が最も尊重する友人の一人で、彼に対する私の個人的友情と愛情は、何物もこれを変えることがありません。まったくこの感情は何が起こったにせよ、また将来起こるにせよ、永遠に持続するものであります。彼がゴルフの手配をこころみた思いやりと親切は、他人に役立とうという彼の絶え間なき望みの典型的なもので、彼を知った一〇年間に、私ぐらいこれをうれしく思っている者は他にありません。私は将来いつか、もっと幸福な環境で彼にあい、前と同じ友情を継続することを希望しています」と岸に対する感謝を綴った上で、断る理由を書いている。一つにはゴルフ倶楽部に迷惑がかかるというものであったが、より重要な理由として、もしグルーが招待に応じれば、おそらく日本の情報局はプレーしている姿を撮影するだろうし、そうすればこれまで国際慣例に背く抑留経験を耐えているのにもかかわらず、一度ゴルフに応じたことで、全抑留期間を通じて「思いやりのある取扱い」を日本側がしたという宣伝に使われるのは我慢ならないからだと述べている。このような誘いに対し、連合国外交官の中には受けたものもいたが、英国大使も断ったという。

ドゥーリトル爆撃隊

四月一八日、午前一一時頃、空襲警報のサイレンが聞こえた。防空演習はよくあるので誰も気に留めなかった。スイス公使が来訪し、一一時半頃に立ち去ろうとしていた頃、グルーは頭上に飛行機の爆音を聞いた。はじめグルーは演習かとばかり思っていた。スミス＝ハットン海軍武官は、部下と演習の見物でもしようと屋上に上った。いつもの演習では何機もの飛行機が飛んでいるものだったが、この日は、北の方に一機が低空飛行しているのが見えるだけであった。銃撃音が聞こえたような気がしたが確かではなく、はっきりしないままその機は西の方へ消えていった。しばらくすると別の飛行機が飛んでいった。スミス＝ハットン夫人はクロッカー書記官とそれを見て、米軍機のマークが見えたと言った。また、陸軍武官クレスウェルは「米軍機だ」と叫んだ。フィアリー秘書と陸軍武官補スタントン・バブコックは敷地内でゴルフをしていたときに爆発音を聞いた。見ると大きな軍用機がゆっくりと国会上空を飛んでいった。対空砲火がなされ、その煙で飛行機はよく見えなくなった。バブコックはアメリカの爆撃機だといったが、どうやって飛んできたのかわからなかった。おそらくは空母からだが、そんなに大きな飛行機を発進できる空母をだれも知らなかった。フィアリーとバブコックはクラブを置いて、よく見えるように公邸のほうへ走っていくと、そこにはグルーがスイス公使に別れの挨拶をしていた。沢山の飛行機が煙の合間に垣間見えた。そして沢山の煙とともに異なった方角から火が燃えるのを見た。あたりにはサイレンと砲撃の音が鳴り渡っていた。爆撃の後グルーは日本人職員に「東京は本格的な大空襲に見舞われるときが来る。家に帰る日が来たら、必ず地下壕の用意をしなさい」（『白頭鷲と桜の木』）と語った。その日の夕刊は九機が日本各地で打ち落とされたと報じ、何枚かの写真を掲載したが、よく調べると、写真は墜落した一機をいろいろな角度から撮ったものだった。後にスイス公使からそれがドゥーリトル爆撃隊だと知らされた。

最終報告書

話は数カ月戻るが、一九四一年一二月後半になって、グルーはハルへの最終報告書を書き始めた。初めはドゥーマンのコメントを得ながら、そして書き進めるにつれクロッカーやボーレンからも助言を得ながら書いた。報告書は機密扱いで、ハルと大統領のみに宛てられた。毎日午前中、グルーは公邸の書斎で報告書に取り組んだ。三月にはフィアリーにも写しを渡してコメントを求めた。一九三二年の着任から書き起こしたもので、流れを変えようとする近衛の提案を重視し、大使館に戦争を止める機会はあったと論じるものであった。

スイスとスペインの政府を仲介して、交換船の日取りが六月一八日と決まり、五月二九日にグルーは帰国日が決まった旨、皆に発表した。グルー夫妻が収集した大量の美術品や家財は地下に梱包して置かれることになった。これらは、戦後、マッカーサーの先遣隊によって無残に開封されることになるが、それを知ったマッカーサー本人の指示で、グルーに送り返されることになる。交換船交渉が予想以上に長引いたのは、交換船の条件について日米で話し合っていたからであり、日本政府が引き延ばしたわけではないことがわかった。また、身の回りの品しかもって帰れないことになったが、それは日本側の要求ではなく、実はアメリカ側の事情で、フィリピンの捕虜のための物資にスペースを空けておきたかったからであった。

帰国日が近づくにつれて、グルーは精魂こめて書いた報告書をどうやって持ち帰るかに心を砕いた。国際法上は人と持ち物は調べられないはずであったが、日本がそれを守るかどうかは確かではなかった。それで六十枚に及ぶ原稿の写しを七部作り、荷物よりは調べられないだろうということで、グルー、ドゥーマン、ボーレン、フィアリー、その他が直接持つことになった。分厚すぎてうまく折り曲がらなかったので、ポケットにいれると異様に出っ張ることがわかった。それで端に穴を開けて紐を通し、それを首から背中に向けてつるすことになった。幸い荷物検査や身体検査はまったく行われなかった。スミス＝ハットン海軍武官などは、自身の抑留中の日記だけでなく、抑留中の『ジャパン・タイムズ』紙や『東京日日新聞』を大量に持ち込んでいる。乗船すると報告書はグルーのもとに集められ、グルーは自分の船室の金庫に入れて施錠した。

3　交換船での帰国

日本出発へ

六月一七日、総勢六〇人ほどの大使館員が帰国のため勢ぞろいし、グルーは日本人職員に、「おそらく皆さんは辛い困難な日々を過ごすことになるでしょう。それを思うと忍びないが、どうぞ希望をもって生きてください」「時計の振り子が戻るように、平和は必ず訪れます」（『白頭鷲と桜の木』）などと挨拶した。グルー夫妻と背中を痛めているドゥーマン参事官は車で横浜港へ向かった。グルー夫妻は共に循環器系に疾患があり、特にアリス夫人は寝込んでいたため、大使館から浅間丸までの旅程には、外務省に特に頼んで車が用意されたのであった。それというのも、ペットは連れて帰れないということで、アリスがかつて雨の中で保護したサーシャとミッキーという二匹の犬は注射で安楽死させるしかなく、アリスはショックで倒れこんでしまいそれ以来寝込んでしまっていたのだった。最後のご馳走が与えられたとき二匹とも食べなかったという。グルー夫妻には聖路加国際病院の日野原重明医師が同行した。残りの面々はチャーターされたタクシーで警察官に同伴されて特別列車の停車している東京駅へ向かった。そこから川崎経由で直接波止場に行った。その間、検査などはなかった。浅間丸に乗船すると日本国中から集められたアメリカ人と合流した。皆が一同に会すると、新聞記者はスパイとみなされ水攻めなどひどい拷問にあった人もいたということがわかった。グルー夫妻が浅間丸に乗船すると、日野原医師は夫妻に同行して乗船し、特別室で航海中の服薬の指導をするとともに、不安を訴える夫人の求めに応じてビタミン注射をして気持ちを静めた。夕刻になり、三人に日本国内の食糧難を感じさせないビーフステーキを初めとするコース料理が出された。デザートを食べていると船が動き出すのが感じられた。慌てた日野原医師は、船長に引き返すよう求めたが、聞き入れられず、ボートを呼んでなんとか横浜港へ引き返すことができたという。浅間丸は防波堤を出たところで投錨した。出発が遅れるという噂が流れた。次の日も少しだけ進んで投錨し、一週間くらいそのあたりに停泊していた。抑留期間中ずっと一人で拘束され拷問を受けていたAP通信のマックス・ヒルは、出発しないなら自殺するといっていた。彼は数年後実際に自殺することになる。

話は少し戻るが、ある日、「アリスが記念に桜の木を植えたいと言っている。私も同感です」(『白頭鷲と桜の木』)とグルー大使が執事の船山貞吉に告げた。船山は、虎ノ門の金比羅神社の植木市で桜の苗木を入手した。交換船での出発も押し迫った六月一〇日、大使公邸の庭にグルー夫妻が桜の木を植樹している。そしてグルーは「この桜が咲くとき、平和は必ず訪れます」(『白頭鷲と桜の木』)と述べたという。この後大使館は、スイス大使館の管理下におかれ、戦後マッカーサーが公邸として使用するまで閉鎖されることになる。

交換船

六月二四日から二五日にかけての真夜中に、ボートから大勢のクルーが浅間丸に乗船してきた。近くの軍艦からはライトが照らされ、警官が別れを告げていた。錨が揚がり船は動き始めた。大きな白十字の布が船の舳先に掲げられた。戦時海域を行く乗員乗客の命はこの布が敵味方に尊重されるかどうかにかかっていた。後にボーレンは元ドイツ軍潜水艦士官と会ったとき、インド洋で霧の深い夜に、はじめ白十字が見えず、すんでのところで交換船に魚雷を打ち込むところだったとの話をされた。極めて危うい航海だったのである。

六月二七日台湾西岸を通過。二隻の日本軍の潜水艦が浮上してしばらく併走した。二九日には香港に投錨し、米国の香港総領事など約百人が乗船した。総領事は拘禁生活で二五キロ近くやせてしまい、哀れなほど服がぶかぶかだった。それで計八百人ほどになった。サイゴンで新たに百五〇人が乗ってきた。ロックハート上海総領事らを乗せたもう一隻の交換船コンテヴェルデ号に追いつかせるためインドシナの沿岸をゆっくり進んだ。七月三日サイゴンから一〇マイルまでに迫って投錨すると、地元の人々が小船でうじゃうじゃやってきて、小銭を求めたり果物を売ったりしてきた。何人かはコニャックのラベルが貼られたボトルにだまされた。買ってみるとアルコールとバニラエッセンスや川の水を混ぜたひどいしろものだったのである。七月四日シンガポールへ向けて出発したが、機雷をさけて進まなければならなかった。七月六日、コンテヴェルデ号の近くに投錨した。皆シンガポールだと思っていたが五〇マイルほど北のマレー半島の東岸沖だった。七月一一日、スンダ海峡目指して進んだ。

ロレンソマルケスでの交換

七月二二日朝、アフリカの海岸が見えた。コンテヴェルデ号が目的地であるポルトガル領東アフリカのロレンソマルケスまで二〇マイルの地点まで進み、浅間丸も数分遅れで続いた。グルー夫人とフィアリーはデッキに立って前にいる白い船がグリップスホルム号か見極めようとした。側面に大きな黒文字が見えた。グルーも加わり、乗船してきた海務監督に会った。

監督は接岸次第上陸したければ直ぐそうしてよいと言った。コンテヴェルデ号を従えて浅間丸はグリップスホルム号の正面に停泊した。日本人との交換は翌日七月二三日の朝九時に行われることになった。二三日朝八時には交換のため整列した。フィアリーと国務省のミュアが、グルー夫妻が野村や来栖と鉢合わせしないようにアレンジした。グルーらがまずそろって降り、グリップスホルム号に乗り込んだ。フィアリーが報告書の入った施錠された箱を運んだ。浅間丸にはグリップスホルム号をおり浅間丸に乗り込む日本人の長い列ができた。グリップスホルム号に乗り込んだグルーらは喫煙室で船室が清掃されるのを待った。それからすばらしいバイキングスタイルのランチを食べ、ロレンソマルケスの通貨であるエスクードを買って上陸に備えた。

ロレンソマルケスでは、素晴らしいニュースがグルーを待っていた。グルーがハーバードの同窓会長に選ばれたという話と、一九四一年に断腸の思いで断った名誉法学博士号がもちこされ、一九四三年に授与予定だということだった。その年に授与予定の名誉学位はグルーのもののみだった。グルーは懐かしい母校の緑のキャンパス、ハーバードヤードに思いをはせるのであった。

七月二四日、グルー、ウィリアムズ、クロッカーらはゴルフがしたくてうずうずしていたので、タクシーでアメリカ領事館に行って、プレストン領事が皆をポロナ・ゴルフコースに案内した。

日本からの船中でグルーがずっと心配していたことがあった。ロレンソマルケスにおいて野村大使と会ったらどういう態度をとるべきなのかということについてであった。通常なら野村大使は友人であり、歓談したいところであったが、いまや敵国の大使である。歓談している写真が流布されると困るので、グルーは会っても話さないことに決めていた。船の乗り換えのときは、グルー夫妻が野村・来栖両大使に会わないようアレンジされ、それがうまくいった。ところが滞在中、野村が話すため会いたいというメッセージをよこした。グルーは考えた。もしそれに同意したなら、感想戦にしかならないだろうし、両国のマスコミがどのように取り上げるかは明らかだった。野村大使に対する拒絶はなんら剣突を食らわす意図はなかった。旧友にノーというのはつらいことだが、彼の招待を受けることは百害あって一利なしであった。ところが、一週間近くも停泊し、その間頻繁に上陸などもしたために、ある日町からの帰りに、波止場で野村と来栖とすれ違ってしまった。野村大使はおおっぴらに笑顔で近づいてきて握手のために手を伸ばしてきた。グルーは当初の考えどおり、歩くペースを変えずに帽子をとって会釈しただけで立ち去った。このことをグルーは後々まで心の痛みとしたという。ほかにどうしようもなかったのである。グルーにとっては二人とも旧知の仲で尊敬していた。特にアメリカで低く評価されていた来栖には気の毒に思っていた。

交換船上のグルー

野村大使はアメリカの真の友で戦争反対とみなされていたが、来栖はそうではなかった。真珠湾攻撃で激した世論の中で、来栖は真珠湾攻撃を成功させるまでの目くらましとしてアメリカに来たと信じられていた。

その説には私は常に反対してきた。長年彼のことは知っている。交渉もしたし、ゴルフもポーカーもした。彼と、彼のアメリカ人の妻、そしていまやアメリカ陸軍のウィリアム・マドック中尉と結婚している魅力的な娘ジェイは、しばしば東京の我が家に滞在した。そのような親密な付き合いは人を評価する助けとなる。私は来栖を知的に正直な男と見てきたし今でもそうだ。……交渉を成功に導くために全力で取り組む態度を明らかにした。彼をよく知りその晩彼の話を聞いたものは彼は誠実以外の何者でもないと信じることができた……来栖自身も知らないうちに日本政府が目くらましのために彼を送ったという説にも反対だ。極端な軍国主義者は別にして、多くの日本の高位にある人々は日米交渉の成功に希望をもっていた。しかし、そのような態度や英語力をしても来栖はワシントンで無力であり、野村も展開を報告し、指示に従うしかできなかった。

ロレンソマルケス出航

七月二八日午後三時、グリップスホルム号はアメリカへ向けて出航した。船は喜望峰を経由して大西洋を横断した。娘のエルシーに会いにチリのサンチアゴに行くためアリス夫人はリオデジャネイロで下船した。リオからニューヨークまでの船旅は二週間ほどで快適だった。

この頃グルーは日米開戦に向かう過程において、自分が正しくワシントンが間違っていたということを示すために幾分過激な書簡をルーズベルト宛にしたためている。それには抑留中にグルーが真珠湾攻撃の数週間前の自身の観察をまとめた「日米戦争勃発をもたらす東京における最終的事態の展開に関する報告書」が添えられた。それの報告書は一言で言って、大使館の立場を弁護するものであった。大統領宛の書簡において、グルーはその報告書を大統領に対して読み上げたいと書いた。なぜならそれは未来の歴史家たちに対日戦争が避けられたかどうかという問題に関する同時代の証拠になるからであった。グルーは、戦争は不必要だったと確信していたし、太平洋戦争を起こさないではないにせよ先延ばしにする最後の大慌ての手段が政府によって取られなかったと主張した。すなわち大使が政府を失敗させたのではなく、政府が大使を失敗させ、世界を失敗させたということを後世は知るだろうと考えた。しかし、とりあえず信念にまかせて書いてはみたものの、大統領宛に発送するかどうかについては迷うグルーであった。

グルーはニューヨークに着き次第、鉄道でワシントンに行くつもりであった。いつも部下のことを心配し、東京を引き払うときには、大使館に勤めるすべての日本人のその後を心配し、他の中立国の外交官などに頼んだり、国務省に彼らはよく働いたと連絡したりと気を配ったグルーは、このときも大使付きの秘書でグルーが大使を免官してしまうと解雇することになる私設秘書のフィアリーのことを心配し、ショー次官補に国務省での仕事の斡旋を頼まねばと思うのであった。

第七章　天皇存置に向けて

1　帰朝報告から全米講演へ

帰朝報告

八月二五日、船はいよいよマンハッタン島の対岸ジャージーシティの港に到着した。アメリカに着いてみると、グルーは、アメリカ人が日本について誤解しているの驚いた。日本などたやすくやっつけられると思っているのである。しかし、多くの国民が考えているよりも日本軍は強い。グルーはこの点について人々を教化しないといけないと考えた。直ぐに国務省などの役人やマスコミで船はあふれかえり、そのほとんどがグルーをめがけてきた。CBSラジオからはまだ船がドックにいるときに即興でラジオ演説をするように頼まれた。その後、全国を講演してまわったときに皆そのラジオの話に触れるので多くの人が聞いたのだと思った。その後、グルーはリムジンで駅へ、そして鉄道でワシントンへ向かった。ワシントンのユニオン駅ではグルーの運転手と車が待っており、ワシントンの彼の家へ向かった。荷解きをしたり電話をしたりしていると玄関のベルがなった。フォレスタルやホプキンスなどの旧友がやってきたのであった。

翌二六日朝、グルーは例の報告書のオリジナルをもって、秘書のフィアリーを伴い国務省へ出頭した。フィアリーによると、ハルのオフィスへ行く途中には一〇人ほどの記者がいて質問を浴びせかけ、フラッシュをたいた。ウエルズ次官は留守だった。二五分くらいして、ハルのかん高い怒ったテネシー訛の怒声がオーク材のドア越しに聞こえてきた。すぐにドアが開いて動揺した様子のグルーが出てきた。ハルは入り口からは見えなかった。まだお昼までには時間があったがグルーはメトロポリタンクラブまで二ブロック歩いて昼飯にしようと言った。フィアリーが何があったか聞くとグルーは次のように説明した。まずグルーはハルに報告書を提出して、それは大使館の主要スタッフのコメントや提案を参考にしており、彼らもこれに同意しているが、責任は自分だけにあるといった。そしてグルーは大使館の一九四一年後半の情勢分析とアメリカのとるべき道についての進言は、本省では受け入れられなかったと述べた。たしかにグルーが東京では知ることができない事実がワシントンにはあったのかもしれない。しかし、そのような要因は大使館に伝えられなかったし、ほとんどの本省宛のメッセージに返事はなかった。それでグルーは抑留期間に東京で利用可能な記録を見直し、長官や大統領や省のファイルのために、真珠湾攻撃直前の何カ月かの交渉について自分の率直な評価を書き上げることが自分の義務だと感じたからこの報告書を書いたのであり、これは正直な秘密報告書で、写しを誰にも渡していないし、長官の許可なしにはそうするつもりもないなどとハルに述べたという。

ハル長官は報告書をめくり始めた。それにつれて顔がこわばり赤らんだ。しばらくして彼は報告書を机越しにつき返し、言った。「大使殿、この報告書と所持しているかも知れない総ての写しを破棄すると約束するか、もしくは、出版して、どっちが正しくてどちらが間違っていたか決めるためにアメリカ国民にゆだねるかだ」。グルーは面食らって、これはワシントンの上司のための正直で秘密の報告書であり、正直言って破棄に同意することはできないと言った。かといって、国の統一が不可欠の戦時に、出版して公の討論を引き起こすこともできなかった。長官の許可があればだが、アメリカ国民に日本の軍事力と、長く最終的には紛れもなく勝利する太平洋戦争について知らせるために、国中を広範な演説旅行にのりだすことが自分にできるもっとも有意義なことだろうと決意していた。長官の答えは、「大使殿、明日朝一〇時にまた来て、そして私が提示した選択肢のどちらが君の答えか聞かせてくれ」だった。

このハル長官の取り乱した態度の原因は、おそらくグルーら東京の大使館の警告を国務省が無視したために戦争が起こったという見方が、ワシントンでも有力であったことによると思われる。それを匂わせる記述がキャッスル日記にある。「ワシントン周辺では、グルーが国務省に日本の面子を保つよう要請し、国務省が拒否したという話が流布して、グルーの評価が高まっている。日本が戦うか、重要な国で居るのをやめるかどちらかにしなければならない立場に仕組まれて追い込まれたというのが一致した見方だ。しかし、それが警告なしの真珠湾攻撃を正当化することにはならないが」。グルーにはもちろん長官をまずい立場に追い込もうする意図などなく、ただ、自分が正しく仕事を行ったことを長官に認めてもらいたかっただけだと思われる。また、グルーにも、この微妙な時期に帰国したばかりの日本大使と国務長官がもめるわけにはいかないということもわかっていた。

翌二七日朝、グルーは再びフィアリーをつれてハルのオフィスへ出かけた。今度はオフィスの周りは静かで記者もカメラマンもいなかった。グルーはすぐに長官のオフィスに招き入れられた。ドアの外で待っていたフィアリーによると今度は部屋からは何の音も聞こえてこず、三十分ほどで二人は微笑みながら友好的な感じで部屋から出てきたという。前日同様グルーはメトロポリタンクラブまでフィアリーと歩いて行って昼食をとった。

講演旅行

この日ハルはグルーに好意的であった。グルーが驚いたことにハルは報告書には一切ふれず、アメリカ国民に日本について知らしめるためのグルーの全米講演旅行の構想に最大限の援助を約束した。一月ほど経った九月二五日にグルーは再びハルと面談した。ハルは、グルーに講演の肩書きを与えた。ハルはグルーに、肩書きなしでは不便だろうということで国務長官顧問の肩書きを与えた。

題目と日程は、戦時情報局の指示に従うよう伝えた。恐らくグルーの個人的アイディアであった講演旅行について知った戦時情報局が、利用する価値が高いと判断したものと思われる。元日本大使グルーは、アメリカで数少ない日本通として聞こえた存在であり、その話に国民は耳をかたむけるであろうから、それを利用して国民に伝えたい形で日本に対する啓発を行うことができるとみられたと考えられる。この後、首都ワシントンのジョージタウン大学の北に位置するロック・クリーク公園の一角にある優雅な邸宅に基盤を置きつつも、全国遊説する二年間の生活が始まった。それは戦時情報局によるものや、招待にグルー自身が応じた場合もあった。労組、大学、陸海軍関係、協会、企業、市民団体など様々な集団に向けてしゃべった。ナッシュビルでは二日で七回しゃべったこともあった。最も人が集まったのはサンフランシスコの公会堂に一万人というものであった。アメリカ国内を東奔西走し、カナダも含めて帰国後一年で二百五〇回という途方もない数の演説をこなすことになる。

交換船で帰国した人々の中でもグルーにだけは注目が集まり、長官からも労いの言葉もあったが、ドゥーマン参事官にはお褒めの言葉もなくひっそりとした帰任であった。ドゥーマンは久しぶりの本省で対日政策について書かれた数々の書類をみた。彼が興味を引かれたのはホーンベックによる覚書や、東京からの電報に付された彼のメモであった。それらは東京の人々に対する他愛のない軽蔑で満ちていた。その後ほどなくして一〇月にドゥーマンはモスクワへ赴任となる。彼がアメリカの対日政策の最前線へ復帰するのは、一九四三年四月にワシントンへ戻り、翌四四年にグルーが国務省の対日政策の中心である極東局長に復帰した後、グルーによってその年の夏に日本の戦後政策策定部署へ異動となるのを待たねばならない。

さて、初めグルーの演説は、日本軍指導者がいかに残虐で狡猾かということを述べて、アメリカ国民の戦闘意欲の増進に努めるとともに、日本軍の力を過小評価する世論を戒めるべく、日本軍がいかに恐るべき存在かを述べることが中心であった。一九四二年八月三〇日に放送された「日本人は手ごわい」と題するラジオ演説では、まず開戦から交換船での帰国までの半年の間に、一部のアメリカ人が水攻めなどの過酷な拷問にあったことから話し始める。そして、最終的勝利に疑問の余地はないものの、相手にしているのは度重なる敗北や経済的困難さによっても戦意のなえることなく、天皇や国のために命を投げ出すことをいとわない恐るべき戦闘マシーンであると注意を促すのであった。この日本軍を過小評価しないように警告するという傾向は、一九四二年に出版されたこの時期のグルーの演説の一部抜粋からなる『東京報告――アメリカ国民へのメッセージ』によく表れている。「私はドイツを知っている。そこに一〇年近く住んでいた。一九一八年にドイツは倒れた。戦況が彼らにとって悪くなれば、そしてきっとそうなるだろうが、彼らはまた倒れると固く信じてきたし、いまも信じている。私は日本を知っている。そこに一〇年住んでいたからだ。日本人を親しく知っている。日本人は倒れない。来るべき敗北が目の前に迫ろうとも、彼らは道徳的にも心理的にも経済的にも倒れない。彼らはベルトの穴を一つきつく締めなおして、食事を米一杯から半杯に減らし、最後の最後まで戦うだろう。完全なる物理的破壊もしくは人的物質的資源の完全なる枯渇によってしか、彼らは打ち負かされない」。グルーの演説の骨子は「敵を知れ」であるが、それはまさに米陸軍省が有名映画監督フランク・キャプラをして作成させたプロパガンダ映画のタイトルと同じであった。ただ、日本軍を痛罵する演説に対して、ドゥーリトル隊の東京爆撃の際、皇居をも爆撃しておけばよかったのにという一聴衆からの書簡に対しては、一般の日本人の多くがアメリカを憎んでいるわけではなく、それにそのような挙に出れば日本人を団結させてしまうといちいち返事を書いて戒めるのだった。

交換船での航海の最終局面で書いた大統領宛の過激な書簡についてこの頃グルーは送るのをやめることにした。詳しい経緯はわからないが、一九四三年一月一〇日付のコメントによれば、その理由として、ワシントンに戻ると東京の大使館では見ることのできなかった様々な証拠を見たし、最も重要だったのは解読された日本側の暗号電文だったとある。しかし、それでもグルーは自分の立場を正当化しようとする努力をやめたわけではなかった。戦争中で国が一つにならなければならないときに、政権を攻撃するのではなく、回顧録の執筆という形で後世の歴史家にその判断を委ねることにした。

講演旅行の合間を縫って、グルーは日本大使時代の日記の抜粋からなる書物『滞日十年』を準備していた。それは日本が軍国主義者のみからなる残忍な国ではなく、信頼できるリベラルな人々もおり、国民の大半は軍部に操られているだけであるという主張を裏付けるとともに、国務省ではなく、自分の見方が正しく、自分の進言にワシントンが従っていれば日米開戦は避けられたという考えを証明するためのものであった。それには機密指定されている外交電文の引用がどうしても必要であった。一九四三年三月二六日に、グルーは、ルーズベルト大統領と近衛首相の会談についての東京からの本省宛電文の一部を使用する許可を国務省、すなわちハルに求めた。そのような会談は成功しただろうという考えを述べ、電文の引用なしには論証が不完全になると主張した。国務省は出版に反対はしなかったが、それらのやりとりにおいて、グルーが東京の大使館の限定された視点に注意を向け、自分の見解を大統領とハルのより広い見地からの見解との対比に注意を向けたことをグルーに思い出させようとした。ハル長官は指摘した。ワシントンでわかっていた事実は、漠然とした一般論に日本が口先だけいいことをいっていた一方で、長期におよんで中国の広範囲において大規模な軍隊を駐留させるという権利を主張することをやめるつもりはなかったことを示していたし、太平洋全域において一般的侵略と支配のプログラムを実行する目的を諦めるつもりもないとわかっていた。ルーズベルトとハルは共に、基本的問題の幾つかに関する一般原則についての事前合意のない会談は、意味がないと考えていたと告げられた。自分の仕事が政策決定に無意味であったと考えるグルーに、ハルは如何に最終段階のアメリカの対日政策の策定にグルーの進言が影響を与えたのかをなんとか説得しようとした。例えば、日本に対して強硬になるべき最後で最良のときであるとする一九四一年三月三〇日付の大使館からの電報を引用した。ハルには、国務省がグルーの政策進言を誠実に受け止めていたのは明らかに思え、なぜグルーが不機嫌なのか理解できなかった。また、近衛の日記を見たハルにしてみれば、近衛会談が少なくとも害をなさなかっただろうというグルーの議論は正しいにしても、利点もなかったろうというのも確かであるとしか思えなかった。グルーにとってこの事実は、近衛日記がアメリカの手に落ちたと知ってからも信じられなかった。グルーにしてみれば、近衛がいい加減な時間稼ぎで譲歩のつもりもなく首脳会談を持ち出したとは信じられなかったし、そもそも熱狂的軍国主義者に奪われることも考えていた近衛は日記に本心を記していなかったのではとまで考えられるのであった。グルーは終生、アメリカ大統領に面と向かえば近衛は譲歩しただろうと信じていた。そして、自分は国務省によって平和構築者としての歴史的役割を奪われたとの確信を失うことはなかった。

この年の初め、突然の訃報がグルー一家に届いた。娘ライラの夫で、国務省の後輩でもあるジェイ・モファットがカナダ大使としての任地のオタワで急死したのである。静脈の炎症から血栓ができ、それが心臓などに達し、医者の見立てでは命が危ういと言われていた。それでグルーがボストンの専門医をオタワに急派して、緊急手術を行い、成功し危機は去ったと思われた。数週間ベッドにいたのち、次の月曜から勤務に復帰しようという日曜日のことであった。夫が遅い朝食をとっていたとき、朝食をすでに終えたライラは二階にいて、夫の叫びを聞いた。すぐに医師が呼ばれ、切開術が行われ、血栓が取り除かれた。ほっとした彼が深く息をすると肺が破裂しすぐに亡くなった。まだ四七歳であった。

名誉学位授与

一九四三年五月二七日、ハーバード大学の卒業式と同窓会総会がマサチューセッツ州ケンブリッジ市のハーバード大学で行われた。ガウンを着たユニバーシティ・マーシャルである一九〇六年卒のレジナルド・フィッツから、正装したグルーに名誉博士号が壇上で授与された。これをグルーは「人生において最も高位の名誉」と後に記している。また、同窓会の会長として、卒業式の午後の同窓会総会をつかさどり、六年の任期を務める理事選の結果を読み上げることになった。自分の名前が最大得票で現れた。理事選の結果については事前に知らされていたが、一万五千人を前にあらかじめ知っていたと気取って言う勇気はなかったので、封をして、群集の前で開封し、驚いた振りをして名前と票数を読み上げた。それから同窓会でスピーチをした。最もむずかしく、また最も胸躍るようなスピーチだった。同窓生たちが国の自由のために戦っている戦時の母校の卒業式において皆の奮起を願ったのである。そのアメリカ人を奮起させるこのスピーチにおいてもグルーは自説を織り込むことを忘れなかった。彼は、日本国民はもともと残忍で残酷であるのではなく、軍部がそうさせているということ、そして、彼らは上官に逆らうことは天皇に逆らうことと同じと教えられているだけであると論じた。スピーチの最後に、ミッドウェイ海戦以来行方不明になっている米軍の若いパイロットが書いた手紙を引用した。「アメリカの若者について厳しいことが言われているのを聞いたとき、それらがすべて間違いであると知るでしょう。友人の多くは今や死にました……もし国がそれらの犠牲に無関心であるなら、世にそれほど残酷な忘恩はないでしょう。あなたが力の限り他の人々が信念を守り通すのを助けることを私は知っています。私の幸運はそれほど長くは続かないでしょう。しかし、炎は引き継がれます。そしてそれこそが大事なのです」。そして、スピーチを次のように締めくくった。「皆さん、ハーバードとこの組織［同窓会］は、『炎が引き継がれる』のを見るでしょう、そして、勝利へと導く中で、その炎が世界を照らし、真理の探究において人間を自由にするのを見るでしょう」。

講演内容の変化

日本の軍部批判を中心とする講演の内容は、一九四三年夏から変化を見せることになる。戦況は既に圧倒的に日本に不利になっており、問題はいかにして日本に勝つかではなく、どのようにして戦争を終わらせるかに移っていた。これに応じてグルーの講演のテーマも戦争から和平へと移っていったのである。八月二八日の平和機構研究委員会による「このために我々は戦っている」と題する演説で、グルーは初めて対日講和条件について語った。日本人が再び世界の平和を乱さないように再教育は必要としつつも、講和条件は復讐的であってはならないと、ローマ帝国によるカルタゴ滅亡の例を出して強調した。グルーは日本の軍国主義者と一般市民を峻別して、悪いのは軍国主義者であるとした。また、駐日大使時代に樺山や吉田ら自由主義者によって繰り返しグルーに告げられてきた、振り子論を持ち出し、日本社会は軍国主義と平和主義の間で揺れてきており、日本社会が常に軍国主義であったわけではないとして、振り子がまた平和主義に向かうことを示唆した。そして次のように述べるのであった。「もし一本の古木が根こそぎにされ作り直されるなら、その木は死んでしまうでしょう。しかし、健全な幹と根が残っていれば、枝や葉は注意深くされれば、再生することができます。日本の政治体制の中になんであれ健全なものが見つけられるなら保存しておくべきです。腐った枝は無慈悲に切り落とされなければなりませんが」。

この演説はNBC放送によってラジオ放送され多くの人の耳に入ることとなった。このグルーの主張に賛成の者も反対の者も、日本における「健全な」ものは何かということを考えるのであった。

一二月半ばのインフルエンザから回復したグルーは、年末二九日にシカゴで有名になる演説を行う。それはイリノイ教育協会での演説で、夏の演説で触れた「健全なもの」が何を意味するのかが見えてくる。その「極東における戦争と戦後問題」と題した演説において、グルーはまず、日本に対して戦後、寛容とステーツマンシップをもって望むことを訴えた。そして、平和的な指導者に恵まれれば神道は日本国民にとって「負債」どころか「財産」にすらなると述べ、また、「天皇は最高司令部に米英との戦争をやめさせようと最善を尽くした。彼は戦争を望んでいなかった。よく知っているのでそれがわかる」と述べた。また、イギリスの日本研究の権威ジョージ・サンソム卿の言葉をもちいて「近代的で民主的な立憲君主制」を日本が戦後発展させたとしても驚かないと結んだ。日本の「健全な」部分を皇室にあると示唆したのであった。グルーはこの演説で天皇について具体的に踏み込んだ発言をするつもりであった。そのような内容の段落を含む今回の演説のテキストは、事前に戦時情報局や陸軍省などの関連機関に送られていた。実際の演説では、そのような天皇に対する踏み込んだ言及がないなか、神道について詳細に語られているというやや不自然さがのこる形になっているのは、おそらく事前にテキストを読んだいずれかの機関からストップがかかったためと考えられる。実際グルーはイリノイ教育協会の渉外責任者であるB・I・グリフィスに電報を送り原稿からの天皇に関する箇所の削除を求めている。演説前日の二八日のことであった。

グルーは演説のたびに、「自分は自分のために発言しており、政府の官吏ではあるが、如何なる点においても政府の公式見解を反映していないものと考えます」と但し書き的な発言をしていたし、また、天皇に対する具体的な段落を削除されてもいた。それでもこの演説は過激なものとアメリカ人の目に映ったようである。この演説は、全米の有力紙だけでなく、AP通信やロイターを通じて世界に配信され、多くのアメリカのマスコミは批判的に論じた。一九四四年一月二日付の『ニューヨーク・タイムズ』は、グルーが演説で日本にとっての「財産」となりうるとした「神道」が、「ナチズムのように八紘一宇の原理の下拡大の教義となり、それは日本の天皇の下、世界全体の『統合』をもとめるものであった」と批判した。そして、「現時点で、日本の天皇を攻撃するような宣伝が何の役にも立たないというグルー氏の意見には同意するが、神道や日本の天皇の擁護に少しでも似ているようなことは、我々が太平洋で彼らが象徴としている総てのものと戦っている時に、場違いであると思える」と結論付けた。国務省の立場に比較的好意的な東部の有力紙のこのような批判は致命的だった。

ハルはグルーに演説を控えるように命令せざるをえなくなった。グルーは早速既に引受けていた幾つかの講演を断り、新たな依頼には現状の公的任務を考慮すると引受けかねるとして断ることにした。対日政策に影響を与えうる唯一の手段であった演説の機会さえ失ったグルーは落胆した。

グルーは、インタビューに答えて、日本の天皇について戦後残すべきとか廃位すべきとか具体的に述べたことは公的にも私的にも一切ないと釈明した。また、日本軍の犯した非道について強調した。ただ、一般の日本国民はそのような残虐行為を知らされていないだろうと付け足すのも忘れなかった。また、日本に対して弱腰もしくは日本の支配層と通じていると見られるのを避けるため、二月九日には上院軍事委員会に現れ、日本の軍国主義を廃絶させるためには、圧倒的な力を示すしかないとして、戦争期間中のストを抑制したり、国民に戦争協力をもとめる国家戦争奉仕法を支持する旨証言した。

ただ、日本の軍国主義者と一般の国民を峻別して考え、天皇制を擁護するグルーの立場は、グルーが意図したようになんとか日本の指導部にも伝わっていた。グルーの演説は日本語訳の抜粋がアメリカ側の宣伝文書の一部に使われ、アジア各地で航空機から散布されていたが、その一部を一九四四年二月二三日に細川護貞が外務大臣官邸で見ている。それはタイで回収された『軍陣新聞』と題するアメリカのプロパガンダで、その中に「此の戦争は日本の国民も、否、御上も欲せられ給はざりし戦争にて、唯陸軍及び戦争挑発者が仕組みたる戦争なり」（『細川日記』）との記述がグルーの演説の一部として引用されていた。また、日本民族は「平和愛好民族」であり、大和魂が「好戦的精神」として考えられているのは誤りと書かれていた。このようにグルーが必死に訴えた演説が日本政府中枢に届いていたのである。

2　国務省内の変化

ホーンベックの失脚

演説がマスコミから非難され、国務長官からも演説中止を命じられたこの一九四四年一月というまさに同じ時期、国務省内で予想外の事態が発生し、グルーが本省の幹部に返り咲くことになる。その予想外の事態とは、一〇年以上にわたって米国務省の極東政策の中心であり続けたホーンベックの失脚であった。

ホーンベックとグルーを初めとする東京の大使館などの日本専門家ともいうべき人々との間の確執はよく指摘されるが、ホーンベックの失脚を招いたのは、日本専門家らによるものではなく、ほかならぬ中国専門家を含む本省の彼の周りにいる部下たちの不満であった。

ホーンベックに対する省内の不満は高まっていた。国民党が次の中国を担っていくと信じて疑わないホーンベックは、蔣介石の国民党の脆弱性を訴える大使館からの電文を無視したり、国務長官の目に触れないようにした。そのような態度を本省に戻っていたジョン・カーター・ヴィンセントは怒りをもってみていた。ヴィンセントにしてみれば、ホーンベックやハミルトンは中国という現場から一〇年以上離れており、現実がわかっていないとしか思えなかった。しかも、頭の固いホーンベックは一度確信すると考えを変えようとはしなかった。ホーンベックを孤立させたのはそのような政策面における固執だけではなかった。「厳しい叱責、無神経さ、スタッフの感情と感受性をないがしろにすること」は日常的に行われた。また、細かいことに異常にうるさく、自分の官僚的やり方を押し付けようとする余り、公文書において、「とりわけ」と「特に」や、「に関して」と「について」などの細かい違いを徹底させようとした。真珠湾攻撃の一月後に国務長官のハルに対してすら「四ページの最後の行の『総て』という単語と五ページの一四行目の『それ故』という単語の使用法についてお伺いしているのです」と食い下がっているくらいなので、部下に対する細かいことに対するこだわりと強要は容易に想像できる。ある部下は、「些細な口出しが書類仕事の量を増加させ……率先してやろうという気を……なくさせるのです」と不平をもらしていた。もっとも不満をつのらせたのが、極東部長補佐のローレンス・ソールズベリーとエドウィン・スタントンであった。組織改変で新しく組織される極東局がホーンベックに任されると聞くと、二人は長官に訴え出ることに決めた。それまで極東政策の責任者としてホーンベックが就いていた極東問題に関する国務省顧問があり、極東部内の管理に関して責任を持つものとして極東部長のポストがあったが、この組織改変ではそれらを統合してより強力な極東局長のポストを作るというものであった。そのような強力なポストにホーンベックに就かれては終わりだと考えて、次官のステティニアスに宛てた覚書で二人はホーンベックを「強情」で「主張が強くて高慢」であり、「重要な情報を省の最高幹部の目に触れないようにしている」と批判した。そして二人はそれぞれ日本課長と中国課長への就任を断った。理由は「受け入れることは、ホーンベック体制の永続化を意味し……それは事実と、在外及び本省の職員の見解に基づく知的な政策の策定と実施を妨げるから」とした。ヴィンセントは、中国課長就任を断り、次官補のハウランド・ショーと極東部長のジョセフ・バランタインに、「ソールズベリーとスタントンの見解に共感する」と書いた。一月一九日、二人の覚書とヴィンセントの手紙が国務長官に上げられた。翌二〇日バランタインが長官の反応を反乱者たちに伝えてきた。ホーンベックに対する反乱が省全体を辱めることになるのを恐れて、ある提案がなされた。極東政策についてはバランタインが「主たる顧問」となる一方、ホーンベックは現在のオフィスと肩書きを維持するというものだった。二人はそれを拒絶し、ホーンベックが極東関係部署から追い出されるまでは、部内に効率もやる気もないと返事した上で、バランタインに引き続き長官と交渉してくれるよう促した。

五日間、ハルからは何も言ってこなかった。ホーンベックは極東局長に任命された状態のままであった。二五日の午後、ホーンベックからバランタイン宛のいらいらしたメモをソールズベリーは受け取った。三日後、ホーンベックは、極東政策にはなんら関係ない長官補佐になるとバランタインが伝えてきた。任命は直ちに行われた。一月後、バランタインが極東局長代理になってホーンベックの一五年にわたる極東部支配がついに終わった。この人事についてほとんどのマスコミは公式発表通り受けとめ、ホーンベックの昇任によるものと伝えている。もっとも、ドゥーマンはうまくいくかどうかわからないと考えていた。なぜなら、極東についての問題が持ち上がるとまずもってハル長官はホーンベックに助言を求めることは確かだったからである。しかし、この問題もハル長官の病気による辞任によって解決されることになる。短期間に二度も暴力的な覚書を書いたことで良心の呵責に悩んだローレンス・ソールズベリーは辞任した。ホーンベックに可愛がられていたマックスウェル・ハミルトンはモスクワの大使館へ転出した。二月初旬、ヴィンセントはバランタインに請われて、結局中国課長に就任した。これまで散々ホーンベックに煮え湯を飲まされてきたドゥーマンの妻は、「ご主人が国務省から追い出されたら奥さんはどうなるのかしら……ホーンベック夫人は、外交儀礼や、他の省内の女性に対する自分の正しい位置の維持に熱心だから」と言って溜飲を下げたという。

ドゥーマンから後にホーンベックが書いた典型的な戦前の「秘」扱いの覚書を見せられたキャッスルは、それはすべての点において間違いだらけで、東京の大使館に対して疑念を抱かせる内容で悪意をもって偏っていたと記している。その中でホーンベックは、在日米国大使館の日本を支持する議論について、「[日本の] 外務省よりも熱心」と論じていた。それは大使館が主張した、近衛とルーズベルトとの会談についてのものだが、ホーンベックはそれは百害あって一利なく、危機が起こるまではそのような動きは抑えるべきと談じていた。しかし、一九四一年一〇月の時点で一つの危機も許容できないとドゥーマンはコメントした。ホーンベックは、自分が極東部で勤務し始めた一九二八年以来在日米国大使館はずっと国務省に誤った情報を与えてきたと主張しており、キャッスルは、ホーンベックのコメントよりも大使館により注意が払われてきたなら、戦争は避けられたかもしれないと述べ、ドゥーマンも同意した。

三月九日、キャッスルはグルーと昼食を共にした。この頃までにグルーはざわついた場所では補聴器が必要になっていた。五月一日付でドゥーマンを主要な補佐として伴って極東局長になることになったとグルーは告げた。ホーンベックに楯突いた反乱者たちの覚書は勇気付けられるものであり、必要だったとグルーは自分の考えを述べた。また、この件に関し、当初ハルは責任を逃れようとしたが、ハウランドがそれは無理であり、覚書の内容はもっともだとハルを説得したらしい、とグルーは内部情報を明かしている。また、グルーは、ホーンベックが、体面を重んじる人間であり、また他に生活の糧がないから少なくとも直ぐには国務省を辞めないと思うとの予想を述べた。

対日占領政策

ホーンベックが極東政策の第一線から退き、それにとってかわることでグルーが対日占領政策に大きく関与できる環境が整った。対日戦争初期の段階からそれまでの間に、国務省内では対日占領政策案の検討が進められていた。早くも一九四二年一一月一九日にホーンベック国務省顧問による極東部宛覚書は、「われわれの戦争遂行努力の進展にともない、わが国政府が、日本国天皇に関してとるべき方針の問題を集中的に検討されたい」（加藤『象徴天皇制の起源』）と要請している。もちろん、グルーも交換船で帰国後は、講演旅行の傍ら、なんとかそのプロセスに関わろうと試みてはいた。世論には天皇懲罰論が強い中、特に天皇制を存置させる寛大な占領をと望んでいた。国務省内にもそのような意見は存在し、カボット・コヴィルは、日本人は「他人から寛大にされたり丁重な扱いを受けたりすると異常なほど感激する性質」だから、天皇を寛大に取り扱えば戦後占領が楽になり、「天皇制を存続させることは、国内の安定を促進する上でも、日本の政策を連合国側の望む方向に変えていく上でも、きわめて功利性のあることである」から、「天皇の名で、天皇の権威の下に」改革を推進した方が、効果が上がるなどと述べている。一九四三年九月三〇日付でグルーも必死にホーンベックにメモを送り、天皇制は廃止されるべきでなく、「過去にそうであったように健全で平和的な日本の成長の基石となり得べき象徴」として役立つと主張した。グルーの考えは、「侵略主義的軍国主義が破綻した後、日本人は必然的にこれを放棄し、再び社会を建設するように連合国側と協力していくであろう」(『日米戦争』)というものであった。極東局長という国務省における対日占領政策策定の中心に復帰することで、これらの考えを実際に政策に織り込むチャンスがめぐってきたのである。

ハル国務長官は、大戦の終わりも見えてきた一九四四年に入ると、自らが主催する国務省幹部の集まりとして戦後計画委員会を組織していた。その下に特に極東の戦後について検討する極東地域委員会が作られ、ブレークスリーやボートンの指揮下で戦後計画を策定していった。ただ、委員会内には積極的天皇制廃止論も根強く、極東地域委員会内でも全会一致を見ることはできなかった。四月二四日には、ボートンが天皇制の部分的利用の有用性を主張し、ディッコーヴァーの天皇制廃止を支持する意見と衝突した。結局、二六日に投票が行われ、一二対一でボートンの意見が支持された。バランタインもボートンの意見を支持し、「我々の考えでは、日本の軍国主義は天皇制ないしある特定の政治機関に由来しているものではない」「天皇は安定と改革をもたらす根源」となりうるとの意見を述べた。しかし、この極東地域委員会の上部に位置する次官補ら国務省幹部の間では、天皇制を否定する考えが支配的であり、この見解には大いに不満であった。幹部たちは下部組織の決定を覆す命令を出すことも可能であった。しかし、そうしなかった。そこにはグルーの存在があった。五月一日付で極東局長として第一線に復帰することが内定していたグルーは、「天皇制は日本の平和的建設的な発達のため、また米国の安全と両立する方向に日本人が歩んでいくためにも、重要な役割を果たしうるであろう」（入江『日米戦争』）と自説を述べた。グルーが内定してたのは極東局長であり、幹部たちから見ればその職格は彼らの上にあるものではなかったが、国務次官経験もあり、日本大使として一〇年務め、自他共に認める日本専門家であった長老のグルーに対して、幹部たちも正面きって反対するのが躊躇われた。ここに天皇制存置問題をめぐって行き詰まるかと思われたが、アドルフ・バリー次官補が、四月二七日会議終了後に、「軍国主義の排除と民主的過程の強化」を前面にして、天皇制についてはいくつかの案を併記することを提案して、先送りの形となった。

極東局長就任が内定していたグルーは、対日占領計画についての考えを、ハル国務長官に対しても積極的に訴えた。「五月一日付で極東局を率いることになったという事実に鑑み、戦後の対日処理の計画策定に関し幾つかの見解を表明する機会を持てることをうれしく思います」で始まる一一頁に及ぶ長文の覚書がそれである。幾つかの問題について書かれているが、最も紙幅を割いて力を入れて書かれたのが天皇の問題であり、次のようにその擁護を図っている。「日本の天皇に関する今日我が国の偏見は強烈」であるとの前提のもと、日本の知識層は、天皇が神であるということを信じているわけではなく、それはワシントン大統領の様々な伝説をアメリカ人が何も本当のことと考えているわけではないことと同じである。そして、天皇は日本における「非常用錨」のようなもので、ドゥーリトル爆撃隊が、皇居を爆撃しろとの圧力に負けずにそれをしなかったのは好運であったとする。何も昭和天皇個人を助けようというわけではなく、天皇制という制度が大事なのであり、昭和天皇が退位すれば、弟の秩父宮かそうでなければ息子の皇太子が即位するだけのことである。最後に、イリノイ教育協会での神道に重点を置いた演説を引用して、天皇制が平和的国際協力に向けられれば、神道は「負債」でなく「財産」となるとして、「日本人は方針変換の大家である」と結んでいる。

一九四四年五月一五日の『滞日十年』の出版を前に、四月三〇日の『ニューヨーク・タイムズ』紙にグルーの顔写真の入った巨大な広告が掲載された。これはグルーの日本大使時代の日記の抜粋からなる回顧録であった。宣伝も功を奏して発売されるとすぐにベストセラーになった。六月七日の『ニューヨーク・タイムズ』ベストセラーリストでは二位にまでなっている。戦争中であったので、本文中に登場する日本人協力者については、「その信憑性が知られている日本の通報者によると」などというように名前を書くのを避けている。もちろん、当人が戦中の日本で困難な立場に置かれないよう配慮したのである。よりきわどい部分に関しては、『滞日十年』への収録そのものが見送られている。日本の情報に飢えていたアメリカ国民は、日本問題の権威として知られていた大使の著作に飛びついたため、一躍ベストセラーリストに上がったのであった。その中でグルーは、日本人がすべて好戦的というわけではなく、平和を望む信頼に足るリベラルな人々も存在するということを繰り返し主張した。

戦争の終わりが見えてくると、大統領の行政命令によって強制隔離した日系人の処遇が問題となってきていた。一九四四年六月、グルーは、大統領宛ての覚書の中で、日系人強制収容の解除についての考えを述べている。急激な収容解除は望ましくないものの、アメリカに「忠誠」であるとされた収容者を「徐々に」解放するのが望ましい、という主張であった。さらに国際的観点から次のように考えた。日系人の強制収容については、日本政府から抗議があり、そして日本占領地区ではアメリカ人の強制収容が行われ、アメリカ国民の本国送還への妨げになっているので、状況が許す範囲でできるだけ早く強制隔離を解除すべきである、と。

この段階では既に日本よりも先にドイツが屈服することが明らかとなっていた。しかし、対日本占領計画において大いに参照されると考えられる対独占領計画は大いにゆれていた。一九四四年九月に第二回ケベック会議で、ルーズベルトの友人である財務長官モーゲンソーの、ドイツを分割し工業力を完全に破壊し農業国家と化す「モーゲンソー計画」を、ルーズベルトが無理やりチャーチルに認めさせた。それを聞いたスティムソンは慌てて「それは、ドイツがその犠牲者に対して犯そうとしたと同じ犯罪を、われわれ自身が全ドイツ国民に対してなすことを意味する。それは文明そのものに対する犯罪である」（五百旗頭『戦争・占領・講和』）とルーズベルトに敢然と反対を表明し、ルーズベルトもこの計画を棚上げすることになった。

ニミッツ提督を訪問

極東局長として職務に励んでいた九月の末に、グルーのもとに友人から手紙が届いた。送り主はハワイの大実業家であるウォルター・ディリンガムであった。その書簡によれば、太平洋艦隊司令長官としてハワイをベースに最前線で対日戦の指揮をとるチェスター・ニミッツ提督が突然ディリンガムのもとを訪れ、最近出版された『滞日十年』に言及し、実はこの著者のグルー大使にハワイに来て対日戦について相談に乗ってもらいたいと思い、国務省に要請したら、省に必要不可欠として断られたとのことであった。そして提督はこう言った。「彼は君の友人だろう。知っているよ。彼に手紙を書いて君のもとを訪れるよう頼んでくれないか。そうやればうまくいくかもしれない。彼は君に会えて喜ぶだろうし、私も彼の助力が得られる」。グルーとしては、対日戦を最前線で指揮するニミッツ提督に直接会うことは有意義に思え、この件を次官のステティニアスに相談した。結局、提督が海軍省を通して正式に要請するという形をとってこの出張が認められた。グルーは一一月一一日にホノルルの太平洋艦隊司令部に到着した。一週間弱の滞在期間中、グルーはニミッツ本人やその部下たちと意見交換を行った。グルーは現地で会見を行い、会談で多くの教訓を学び、またニミッツが困難な中、決して気を緩めずに素晴らしくその仕事を務めていると述べた。また、国務省を代表して、ステティニアスが、グルーとニミッツの会談によって、今後、国務省と太平洋艦隊の間の連携がより効率的になされるだろうと語った。

ルーズベルト四選へ

七月二〇日の民主党全国大会で四たび大統領候補に指名されたルーズベルトは、前人未到の四選に向けて動き出していた。その一環として、九月二九日付のハル国務長官への覚書で、選挙までに外交政策についての演説原稿を作って欲しいと依頼した。しかし、ハルは体調が思わしくなく、それを押してまで職にとどまるつもりはなかった。それで当初の考え通り、ルーズベルトに辞任を申し出た。突然予想外に辞職を切り出され、ハルに副大統領候補就任を依頼することまで考えていた大統領は信じられないという面持ちだった。しかし、ハルの決意は固く、一〇月二〇日、七三回目の誕生日に国務省と別れを告げた。その後一八日間自宅で静養し、ベセスダの海軍病院へ入院した。ルーズベルト大統領は見舞って、辞任を思いとどまるように説得した。ハルが無理だと答えると、それなら四五年一月二〇日の現在の任期が切れるまでいてくれと説得した。それも無理だと断られると、では選挙の日まではやめないでくれと言った。ハルがそれに同意すると、ルーズベルトはついに辞表を受理して、そのことは大統領選挙後の一一月二七日に発表、一一月三〇日に正式に辞職の運びとなった。

ルーズベルトは早速国務長官の後任選びに入った。上院における名声が高いジェームズ・バーンズが有力だった。しかし、個性の強いバーンズは単なる代弁者に納まるとは思えず、ルーズベルト側近のホプキンスが強く反対した。元国務次官のサムナー・ウエルズは、ルーズベルトとも親しく、ルーズベルトは彼を推したかったが、ウエルズを任命することは、彼と確執のあったハルに対する敵対行為となるだろうし、議会も好まないだろうと考えた。それでエドワード・ステティニアス次官を昇格させることになった。

二度目の国務次官

ステティニアスの長官昇任を知ったグルーは早速、祝辞を言いに行った。祝辞を述べて直ぐに部屋を出ようとすると、ステティニアスは、「ちょっと待てよ。自分の計画について言っておきたい」とグルーを呼び止めた。それで二人はソファに座った。ステティニアスは古い省に新しい血をいれ、もつれをなくすための自分の計画の概略をグルーに話した。彼のチームの次官補は、ディーン・アチソン、ジミー・ダン、ウィル・クレイトン、ネルソン・ロックフェラー、アーチー・マクリーシュ、そして、ジュリアス・ホルムズといった面々となるだろうとのことだった。グルーは熱烈な援助を約束し、再びドアに向かった。するとステティニアスはまた言った。「ちょっと待てよ」。そして「まだ沢山言うことがあるんだ。自分がどこに行くかわかっているのか」とグルーに問うた。グルーが頭の中で遠い外国のポストを思いめぐらしながら、「わからない」と答えると、彼は言った。「君は僕のパートナーとしてここにいるんだ。次官になってもらいたい」。今度はグルーの方が「ちょっと待てよ」と言う番だった。「その仕事は二〇年前にやって、すごい仕事だということは厳しい経験から知っている。その経験をするには年をとりすぎている」とグルーは答えた。それに対して、ステティニアスは、「まったく同じではないだろう。君と僕は机の上をまっさらにして、時間が必要なときには座って考える時間をもてるような、すべてのルーティーンを避ける時間をもつシステムを作るんだ。どちらかが疲れたときは、一週間でも一〇日でも、休みが必要なときはいつでもいなくなる自由がある。僕がここにいるときは、君に自分が何をしているかを告げるだけでなく、何を考えているかも告げよう。そうすれば僕がいないときには、そして、ほとんどいないだろうが、僕のいすに滑り込んで、自分ならそうしただろうことをするんだ。我々の関係をもっとも親密な性格のものにすることを望んでいる」。そこま

グルーとステティニアス

で言われてグルーは引き受けないわけにはいかなかった。こうして、グルーは人生で二度目の国務次官に就任することになった。

グルーは極東局長のときから、局の枠を越えた様々な重要な仕事に関わっていた。ロシアや中国との交渉を含む民間航空に関する条約に関する二国間交渉を仕切ったり、これらの合意を行政協定に済ませたいという行政当局の見解を受け入れたくない上院議員たちの説得に追われたりもした。また、ダンバートンオークス会議の代表団の一員にも任命され、国際連合の拒否権問題にも取り組んだ。グルー個人としては拒否権に反対ではあったが、拒否権なしには上院の承認を得られないと簡単に予想できたので、認めざるをえなかった。その間、ほとんどバランタインが極東局を仕切ってくれていた。そのため、次官になっても、長官の協力さえ得られれば、局全体の仕事をみるのは十分可能であった。ただ、グルーの次官昇任に上院が承認を与えるかはまた別の問題であった。

一一月七日の大統領選挙でルーズベルトが四選を果たすと、一二月一日、ステティニアス体制が正式に発足し、グルーもその中で働き始めたが、グルーの次官昇任を検討する上院では、異議が出されていた。一二月一二日の上院外交委員会ではグルー本人が議員の厳しい攻撃にさらされた。ガッフィー上院議員は「大使殿、戦後裕仁を権力の座につけておくことをあなたが望んでいると新聞が報じているが、その通りですか」と発言した。その記事とは、一二月六日付の『フィラデルフィア・レコード』紙で、「真珠湾と合衆国への帰還以来、グルー氏は戦後裕仁天皇と取引する政策をしばしば唱道してきた。彼によれば、我々は、安定して平和的な政府を構築するよりどころとして、日本の象徴としてミカドを維持しなればならない」と書かれていた。それに対して、グルーは次のように答えている。「その記事は同日付の議会議事録に引用されましたが、それに含まれた事実の捻じ曲げを正す機会を与えてくださった委員会の御厚意に感謝します……議長殿、言わせていただきますと、日本での六カ月の抑留の後米国に帰国して以来、言及された記事にあるような政策を述べたことも唱道したことも一切ありません……戦後日本の天皇が維持されるべきと言ったことは一度もありませんし、取り除かれるべきと主張したことも言ったことも一度もありません。この問題は我々が東京に行くまで、米国の当局や直接関係する連合国当局が事態を把握し、何が目的の達成に一番よく導くかを決めることが出来るまで、流動的にしておくべきと信じます……この制度〔天皇制〕の存在が、日本の軍国主義と侵略を可能にしたと論じられています……他方で、天皇制が安定的影響力を発揮することのできる唯一の政治的要素かもしれません……もし、群れから女王蜂を取り除けば、巣全体が崩壊するでしょう……もし天皇が唯一の安定的勢力のままであるなら、七千万人以上からなる崩壊した共同体を無制限な期間にわたって維持し制御する重荷を自分たちに課すかもしれない筋書きにコミットさせることを望みません……これが私が、戦後日本の天皇の維持も排除もどちらも主張してこなかった理由なのです」。結局、ホワイトハウスからの圧力でなんとか一二月一九日に任命され、翌二〇日、はれてグルーは二度目の国務次官の宣誓を行った。

3　早期和平に向けて

三人委員会組織される

一九四四年一二月一九日、それまで実務レベルで戦争と戦後処理について話し合いをもっていた国務、陸軍、海軍の関係三省は、長官レベルによる会議をもつことにし、この日、第一回の会合がスティムソン陸軍長官のオフィスでもたれた。国務省からはステティニアス長官、海軍省からはフォレスタル長官が参加した。コミティー・オブ・スリー、いわゆる三人委員会である。この日はスティムソンが議事録をとったが、ダン国務次官補、マクロイ陸軍次官補、バード海軍次官らからなる実務レベルの委員会とつながりをもたせる意味もあり、マクロイ陸軍次官補が次回から書記として参加することが決まった。

一九四五年が明けると、昨年末までに相当数に達していた国務省戦後計画委員会の日本の降服と占領に関するメモのいくつかが国務省見解として陸海軍省に回送された。

一九四五年一月一六日三人委員会出席者はスティムソン、フォレスタル、そしてグルーであった。長官が出張等で不在の場合は自動的にナンバーツーの次官が長官代理として省の責任者となる決まりであったが、国際連合創設などの業務に追われて、ステティニアス長官が頻繁に不在のため、長官の不在時には国務長官代理としてグルーがこの三人委員会に出席するようになる。それによって次官であったグルーが、実際の肩書きより大きな影響力をこの三人委員会を通じて発揮するようになる。ま

フォレスタル海軍長官

スティムソン陸軍長官

た、この会議のメンバーであるスティムソンは、グルーが駐日大使に任命されたときの国務長官であり、いわゆる東部エリートで、似た背景をもっていた。また、グルーはフォレスタルとも親交があった。それはグルーにとって大きな力となっていく。この日は主にドイツの無条件降伏について話し合われている。

二月八日の三人委員会には、陸海からはスティムソン、フォレスタル両長官が出席したが、国務省は長官不在でグルーが国務省を代表した。この三人委員会の場を通して、グルーは対日占領政策に関して自分の考えを盛り込んでいく。この日、グルーはホット・スプリングスで開催された太平洋問題調査会のイギリス代表のコメントを、非公式なもので英政府の見解を反映しているわけではないとした上で紹介した。それは非軍事産業と貿易の再開を含む通常の経済活動の再開と日本の安定した状況の早期の確立を望むものであった。それによれば、経済の破綻と不安定は軍部支配の再来をまねくし、日本の安定は共産主義に対する防波堤となるとされていた。

ヤルタ会談

それに対して、スティムソンは、貿易なしには戦後日本は無力だろうと同意した。グルーは日本の人口増加にもふれ、もし日本が貿易を奪われたなら、人口の半分が飢えるだろうとつけ加えた。スティムソンは、日独の農業の可能性を比較すると、日本の方が状況がずっと悪いだろうと述べた。このように有力な陸軍長官のスティムソンが、日本に復興の余地を残そうというグルーの考えに近かったことが、日本とグルーに幸いすることになる。

ヤルタ会談

この頃、一九四五年二月四日から一一日にかけて、ヤルタで首脳会談が開催されていた。極東については、ソ連に対する樺太南部の返還、千島列島の引渡し、ソ連の対日参戦などの重要事項が秘密協定として約束された。これは国務省を通さずにルーズベルトが個人外交として行ったことで、協定文書は、ヤルタに同行していたステティニアス国務長官ではなく、リーヒ統合参謀本部議長がルーズベルトから預かっていた。国務長官にも陸海軍両長官にも知らされていないこの文書についてグルーも知るはずもなく、その存在を知るようになるのは、ルーズベルトの死後、リーヒが文書をトルーマンに見せ、それについてステティニアスを呼びつけて以降のことになる。

ハルゼー提督

日本軍と血みどろの戦争を繰り広げている太平洋戦線の制服組の中には、厳しい日本観をもっているものも多かった。一九四五年三月七日、ハルゼー提督がプレスクラブで講演した。その中で戦後の日本人の処遇についてふれ次のように語った。「日本人は絶滅すべきだが、人々はセンチメンタルなのでそれが無理だとわかっている。無理なら、平和はなく、休戦があるだけで、男性は戦争状態にある国に送られて奴隷として働かされる。給料はなく、なんとか生きていけるだけの食事が与えられる。ちゃんと働かないときは蹴り上げられ、けして報われない。神の子孫だと考えている皇室は、まとめて孤島におくられ自活させる。もし皇室の跡形でも残るなら、もしくは日本人が弱体化されないなら、我々の子孫は何世紀にも渡って自分たちの弱さを命でもってあがなわなければならないだろう。……もし戦争が十分長く続けば、生きた日本人はいなくなるだろう」。この演説を聴いていたキャッスルには、ハルゼーは、もしアメリカ人より日本人の方が一人でも多く殺されるなら、アメリカ人が殺されても気にしていないように見えた。軍制服組幹部の一人であるハルゼー提督のこのような極端な対日占領構想は、グルーの耳にも届いており、グルーは早期戦争終決のための寛大な対日占領案に向けて益々急ぐことになる。

ルーズベルトの死

四月一二日、午後五時四五分ごろ、国務長官と司法長官と海軍長官の三人が一緒にいたとき、国務長官に直ぐホワイトハウスに来るようにと連絡があった。午後五時五〇分、電話で司法長官と海軍長官もホワイトハウスに来るようにと連絡があり、ほぼそれと同時に国務長官が戻り、ルーズベルト大統領が亡くなったと告げた。三人はそろってはホワイトハウスの閣議室へ向かった。そこにはトルーマン副大統領、スティムソン財務長官、モーゲンソー陸軍長官、イッキース内務長官、ウィッカード農務長官、ウォレス商務長官、パーキンス労働長官ら閣僚が顔を揃えていた。午後六時一〇分、トルーマン副大統領が閣議を招集し、次のように述べた。「大統領が五時四八分に亡くなったと報告するのが私の義務です。ルーズベルト夫人が私に伝えてくれました。その中で彼女は、彼は兵士のように死にましたと言いました。……みな閣僚のポストにとどまってほしい。助けをいただけるものとあてにしています」。六時半にトルーマン夫人と令嬢が到着した。その数分後に最高裁長官が到着。六時四五分に最高裁長官が副大統領に宣誓を執り行い、トルーマンは大統領となった。

宣誓を終えると陸海軍総司令官参謀長のリーヒからトルーマンはある書類を渡された。それはヤルタで、ルーズベルトが、陸軍長官や国務長官、副大統領にも告げずに締結したヤルタ秘密協定であった。その内容は、グルーにとっては日本が満州国国境付近まで押し戻していた共産主義を野に放つことにほかならなかった。このルーズベルトの死に対しては、交戦国の日独で大きく反応が分かれた。「史上最大の戦争犯罪人」の死としてヒトラーは狂喜した。一方で鈴木首相は同盟通信の海外放送を通じて「ルーズベルト大統領の指導力が非常に有能で、アメリカの今日の優位な地位にあるはそのためと認めざるを得ません……そのために彼が他界したことがアメリカ国民にとって大いなる喪失であることは容易に理解でき、深い哀悼の念をささげます」と述べ、「ルーズベルト氏の死がアメリカの戦争努力に影響を与えるとは考えていない」とも付け加えた。

「新兵器」

一九四五年五月一日午前九時半、いつものように陸軍長官室で三人委員会が開かれた。出席者は、スティムソン長官、グルー次官、フォレスタル長官。書記代理としてハーベイ・バンディが記録をとった。(1)マヌス島の扱い、(2)オーストリアにおけるロシアの地位、(3)欧州の食糧問題、(4)極東における政治目的、(5)日本の天皇、の五つの問題が話し合われた。この頃ソ連との協調など望まない方がより現実的ではないかという考えが一部の指導者の対日戦争観に影響してきていた。(4)について、フォレスタルは以下の四つの疑問を提起した。一、どれほど完全に日本を打ち負かすことを望むか。二、軍備解体後に日本を国際社会に復帰させるか。三、極東における対ロシア政策はどうするか。四、日本の完全な敗北にむけて米国がどこまでやるか、すなわち、すばやくコストのかかる攻撃か、それとも長期にわたる包囲作戦か。この問題の背後には、いまや連合国はソ連に対抗するための勢力であるドイツを壊滅させつつあり、その上で、アジアにおけるソ連の影響の防波堤を日本にするか中国にするか決めなければならないから、米国は早くソ連に対抗するために日本の軍事力を温存しておくべきではないかという考えがあった。(5)の天皇については、グルーは天皇に関する自らの考えを展開した。グルーは自分の考えが誤解されていると主張し、軍事占領実施時こそ我々が天皇が財産なのか負債なのか決定しうるべきときであり、軍事占領を実施するまで天皇の問題に関する決定を単に先送りすることを望んでいると述べた。天皇制存置論者ととられることが自分の政策実施において大いにマイナスになると考えたグルーは、アメリカ人の生命を最大限に救うという誰も争えない大目標を第一に考えていると強調することでなんとか目標を達成しようとした。ある意味それは偽りなきグルーの考えでもあり、どちらが先に論じられるかといった話であった。天皇制に関しては、この委員会でグルーの天皇保持の考えを聞き、フォレスタルはそこに太平洋での平和の可能性を見て、その考えを追求することになる。

フォレスタル日記など従来明らかにされてきた資料においてはこの日の委員会についてはそこまでの内容しか記されていないが、この日の委員会には、いわゆる「新兵器」の推定される効果の軍事作戦への影響もまた含まれていた。これまで先行研究では、グルーが原子爆弾についてはじめて知ったのは、五月八日の三人委員会の主要議題終了後で、スティムソンがグルーとフォレスタル以外を退出させた上でその事実を明かしたのが最初としてきた。しかし、二〇〇五年にようやく機密解除された三人委員会の公式議事録を確認すると、既に少なくともこの五月一日の時点で「新兵器」について言及がある。その部分を引用すると以下のようになる。「対日戦争の性質について、追及されるべき目的とそれらの目的を実現する手段について議論された。そこには、日本における天皇の立場から生じる問題や、軍事作戦に対する新兵器の想定される効果も含まれていた」。「新兵器」は「new weapons」と複数形で記されているが、それは五月八日の委員会の議事録においてもまったく同じ形で表記されているため、同じもの、すなわち原爆を指していると考えてよいだろう。この五月一日の時点では既にグルーは原爆の存在を知っていたのである。たしかに、五月八日の記録にある「他の人々を退席させて」スティムソンがおもむろに明かしたというのは研究者にとってとても誘惑的な表現であるが、この五月八日にスティムソンがグルーとフォレスタルに明らかにしたのは、原爆についてバーンズを委員長としたいわゆるマンハッタン委員会が組織されつつあり、誰がその委員会の主要メンバーになるかという点が主眼であったと考えるのが自然ではないだろうか。ただ、五月一日の議事録の記述もあっさりしたもので、初めて明かされたという感じではない。四月に既に知らされていた可能性もあるが、先立つ一九四五年四月という時期は、ルーズベルトの死、国連関係、迫るドイツの降伏などでワシントンは混乱を極めており、いまだにそれに関する資料を発見するに至っていない。いずれにせよ、原爆の存在とヤルタ協定の存在を知ったグルーは、日本のおかれたひどい状況にますます突き動かされたはずである。

ドイツの降伏を目前にして、五月三日、作戦班が日本の無条件降伏は「日本を破局におとし入れた軍国主義者の勢力を抹殺」することであって、「日本国民を根絶したり奴隷化したりすること」ではないという内容の大統領声明文を起草した。七日にドイツが降伏すると早速八日にトルーマンはその対日降伏勧告声明を発表した。しかし日本は、英米の「非望に対しあくまでも之を破砕しもって東亜の安定を確保せんことを期す」と拒否した。

トルーマンが対日声明を発した五月八日は三人委員会の日であった。出席者はグルー、スティムソン、フォレスタル、ゲイツ航空担当海軍次官補、コレア少佐、ハーベイ・バンディ書記代理であった。主要議題は三つ。第一が、ド=ゴールが米国からの援助がなければ欧州は共産化すると予言した件。第二が、フィリピンの基地の件。グルーはフィリピンの基地について質問し、フォレスタルはそのための委員会を作る理由は見当たらないと答えた。理由は、ほしい場所のリストを軍が作り次第大統領はオスメニャ亡命政府大統領と直接交渉するつもりがあるからということであった。最も重要なのが三番目のマンハッタン委員会についてであった。これについては、スティムソンはグルーとフォレスタルを除いて人払いをした。スティムソンはグルーとフォレスタルに、バーンズを委員長とし、ジェームズ・コナント、カール・コンプトン、ヴァネヴァー・ブッシュからなる原爆に関する暫定委員会を組織しつつあるといった。スティムソンは、グルーとフォレスタルに、バードが海軍を代表し、クレイトンが国務省を代表していいか、それぞれ了承を求めた。二人は了承した。また、新兵器の幾つかの側面ならびに戦争中並びに戦後世界において推定される影響についても議論がなされた。暫定委員会が組織されることとその主要構成が新たにスティムソンからグルーとフォレスタルに伝えられたのがこの日の新事実であり、五月一日の議事録とあわせて読むとこの会合で核兵器についてグルーが初めて知ったと読むのは不自然であろう。五月一〇日から一一日にかけての原爆投下標的委員会は、京都、広島、横浜、小倉の四都市を選択している。

ソ連の脅威

一方で、ソ連に対する懸念はグルー周辺で高まっていた。グルーもこの時期、ソ連の野心がヤルタ協定以上にならないようスターリンの約束を取り付けておくべきとのメモをスティムソンに渡している。また、五月一一日の海軍関係者との会合で、ハリマン駐ソ大使が、ソ連は米国が日本と単独講和をすることを恐れていることや、米国は強い中国を望むか弱い中国を望むか早く決めないといけないことなどについて発言したのもその線に沿ったものである。

五月一二日午前一〇時から帰国中のハリマン大使を交えて、国務省で会議が開催された。出席者は、グルー、ハリマン、フォレスタル、マクロイ、ボーレンらであった。ハリマンが、ソ連に戻る前に以下の点について明確なアメリカの方針を知りたいと言った。(1)ロシアが一部を破っていることと欧州での戦争が終結したということから、ヤルタ協定を見直すべきか。(2)ソ連の対日参戦はどれくらい直ぐに必要なのか。(3)大連や南樺太、千島列島などのソ連への割譲などのヤルタ協定の規定について。(4)日本占領にロシアは参加すべきか。(5)朝鮮半島について。ヤルタでルーズベルトが信託統治を提案したら、スターリンは彼ら自身が政府を作れるのならなぜ信託統治がいるのかと答えた。その政府とは共産主義によるものだろうというのがハリマンの見解であった。(6)香港について。英国を追い出すべきか。中国と何らかの合意をするよう説得すべきか。(7)インドシナについて。軍事的権利を望むか。フランスに好きにさせるか。(8)日本の将来に関する我々の目的について。破壊か、パワーの保持か。日本の対中、対ソ関係はどうすべきか。ハリマンとボーレンとの間で、これらの点について大統領との討論のための覚書をつくることとなった。ソ連の対日参戦の必要性については参謀本部の見解を求めることになった。

ルーズベルトの死後、ヤルタ協定の内容について知ったグルーには、果たして極東の地図を変えてまでソ連に参戦を求めなければならないのか疑問だった。ソ連の野心がヤルタ協定の範囲を超えないようにスターリンの言質をとるべきという提案だけでは気が済まず、ヤルタ協定再考まで含めた疑問を五月一二日付でスティムソンとフォレスタルに投げかけた。

「ソ連の太平洋戦争参戦の政治的影響とこの問題についてのヤルタ協定との関係に関して、極東の合衆国政府の政策を決定するために、陸軍省（フォレスタル宛には「海軍省」）の次に問題に関する見解を受領できれば感謝いたします」。そうして三点が列記されていた。(1)できるだけ早い時期のソ連の参戦は、参戦前に極東の政治的目的に対するソ連の合意を得るための米国の試みを排除するほどの米国の重要利益か。(2)極東におけるソ連の希望に関するヤルタでの決定は再考されるべきか、それとも実行されるべきか。(3)日本列島へのソ連の占領参加への要求はもしなされたら認められるべきか、それとも日本の将来の長期的取り扱いに悪い影響を与えるか。またグルーは同じ書簡の中で以下の点についてソ連の言質を得るべきとも主張した。(1)蔣介石の政府による統一を援助する米国の試みを助けるようにソ連は中国共産党への影響力を使うことに同意すべきこと。(2)満州の中国主権の回復と朝鮮半島の将来に関するカイロ宣言の厳守。(3)朝鮮半島の即時解放と米英中ソによる信託統治。(4)クリル諸島の併合を最終的に認める前に商業航空機の緊急着陸権を認めさせること。

これに対して、スティムソンはこのグルーのソ連に関する問題提起を喜びつつも、五月一五日の三人委員会では、より検討が必要として結論を先送りした。この三人委員会は、開始は午前九時半、出席者は、スティムソン、フォレスタル、グルー、グルーの提案でハリマン、フィリップス、フォレスタルの提案で海軍のコレア少佐も参加し、書記はマクロイであった。議題の中心はソ連であった。ソ連の対日参戦に関してヤルタ協定への米国の態度に関して書かれた五月一二日付のグルーの陸海相宛書簡について話し合われた。ハリマンが、ソ連が解放地域、捕虜の輸送、海洋州の基地、その他について交した約束は、対日参戦以外すべて破られたと述べた。しかし、ヤルタ協定の原本も写しもホワイトハウスにしかなく、加えて、口頭での合意もあって、朝鮮半島は列強による信託統治とされたが、スターリンは「必要に応じて」と付け加えていた。ハリマンは当然のことに、モスクワに帰る前にアメリカ政府の政策をとても知りたがっていた。スティムソンは、グルーの三点についてより検討が必要だから、ハリマンは帰任を延ばすべきと述べ、それがこの委員会の総意となった。ソ連の脅威を重視するグルーは、その後もそれについて考え、特に五月一九日には一晩中眠れず、ソ連がいかに危険であるかについて私的覚書をしたためるほどであった。

この三人委員会では先延ばしにされたグルーがスティムソンに提案したヤルタ協定見直しについては、五月二一日付でスティムソンからグルーへの返書が届いた。要点は次の三点であった。⑴ロシアの対日参戦はロシアが決める問題である。⑵ヤルタにおいて譲歩したもののほとんどはロシアの軍事能力の範囲内である。⑶ロシアの参戦はアメリカ軍の負担を軽減するが、米軍による独占的占領が望ましいかは時期が来たら政治的に判断されるべき。要するにより上のレベルでの高度に政治的判断となるので、現段階ではヤルタ協定見直しには触れられないというグルーにとっては厳しい返事であった。対日戦へのソ連の参戦を含むヤルタ協定を変更できないとなると、ソ連による日本侵攻を避けるには、グルーにはソ連参戦前に日本を降服させるしか道は残されていなかった。

4　対日声明に天皇制を

戦没者記念日の対日声明案

五月二六日土曜午後、グルーは帰宅しようとしているドゥーマンを次官室に呼んだ。そして、週末をつぶして悪いが、三〇日の戦没者記念日に大統領が演説するような対日声明も盛り込みたいと考えていると告げた。そしてその草稿を月曜朝までに書いてもらえないかと依頼した。「なぜ今ですか」とドゥーマンは尋ねた。グルーは三度目の東京空襲を挙げた。確かにこの空襲ではこれまで被害のなかった山の手も爆撃され、皇居の宮殿も焼失している。ただ、日本専門家のドゥーマンには対日声明の理由として腑に落ちなかった。ただ、長年の外交官として、自分が知ることが許されないことがあるのもわかっていた。一方、頼むグルーにしても本当の理由である原爆とヤルタ秘密協定についてはドゥーマンに明かすわけにはいかないのがつらいところであった。

時、日本が降伏を受け入れたとき、我々が日本に対して何をして何をしないかを告げるような対日声

ドゥーマンは週末をかけて急ぎ演説案を起草し、週明けに直ちにグルーに提出した。グルーは受け取り一読すると直ぐに朝九時、国務省幹部会にかけた。その声明案はもちろん、天皇制存置を認める文言を含むものであった。グルーとしては国務省幹部会の同意を得て国務省の案として大統領に提出するつもりであった。ところが、アーチボルト・マクリーシュとディーン・アチソンの二人の次官補が天皇制の存続を保証する無条件降伏に激しく反対し、結局、意見はまとまらなかった。議会担当の

アチソンには、対日世論厳しい中、そのようなことを認めることはできなかった。文化・広報担当のマクリーシュは無条件降伏に条件をつけることに反対した。

国務省幹部会の同意は得られなかったものの、長官不在時における国務省の責任者という立場を利用して、グルーは強引にその日の昼一二時三五分に、トルーマン大統領に直接働きかけた。内容について事前に聞かされていた大統領特別顧問のサミュエル・ローゼンマン判事が同席した。大統領に対しグルーは、日本が再び世界の平和を脅かすことができないようにすることが達成すべき主目的であることを前提とした上で、アメリカ人の生命の損失が最低限ですむようにすることが重要であるので、それらの前提が損なわれない範囲で日本が無条件降伏を受け入れやすくすることを考えるべきと説いた。その上で、日本が無条件降伏を受け入れがたくしている最も重要な点が、天皇制や天皇の排除が無条件降伏には含まれるという考えであるから、完全に打ち負かされ、二度と戦争ができないようにされれば、将来の政治形態は自分たちで決定できるということが知らされれば面子が立って日本人も受け入れ可能になる。そのような内容を含んだ声明が東京が破壊された直後になされれば心理的影響は非常に大きいものがあるとして、宣言に天皇制の存続は日本人が決めてよいという内容を盛り込むように進言した。すなわち日本人に面子を与えれば米兵の命が救われるということであった。

この天皇制を存続させることが道理にかなっていることを、日本をよく知らないトルーマンに納得させるためグルーは次々と理由を挙げていった。アメリカが日本を永久に占領しておけない以上、占領が終われば日本人は直ぐに天皇制を復活させるであろうから、天皇制の廃止は健全とは言えず、長期的観点からすれば、望みうる最善の策は、立憲君主制の発展である。また、日本の歴史についても語った。過去八百年にわたって天皇は権力の座におらず、朝鮮や中国を支配しようとしたのは天皇ではなく豊臣秀吉であり、明治維新によって軍国主義的将軍は廃されて、天皇が日本を平和的進路に戻したのであると説明した。また、現在の戦争は、軍部の過激な一派が起こしたことで天皇は望んではおらず、すなわち、天皇がいなくても日本は軍国主義的になるし、また天皇がいるから軍国主義になったわけではないと天皇の平和的性格を強調した。長々と論じた後で、グルーは大統領に、第一二条として「前項の諸目的が達成され、日本国民を代表するようなもちろん平和的で、責任ある政府が創設されると即座に連合国による占領軍は日本から撤退する。そのような政府が日本における侵略的軍国主義の将来的発展を不可能ならしめるような平和的政策に従うと平和愛好諸国が信じることが出来るなら、現在の皇室による立憲君主制が含まれるかもしれない」という条項を含む対日声明文の草稿を手渡した。

トルーマンは、同じような線で自分も考えていたとして関心を示し、陸海軍長官、マーシャル将軍、キング提督らがグルーとこの問題を話し合うための会合をもち、その話し合いの後、ホワイトハウスに皆で来て自分と話して欲しいと述べた。グルーは翌日午前にそのような会合を召集する旨をトルーマンに伝え、実際その会合は、翌二九日午前一一時にペンタゴンのスティムソンのオフィスでもたれることが決まった。

五月二九日午前一一時の会議の出席者は、スティムソン、フォレスタル、マーシャル陸軍参謀総長、それにグルーが連れて行ったローゼンマン判事、エルマー・デイヴィス陸軍情報部長、ドゥーマン、マクロイらで、キング提督は欠席した。ドゥーマンの回想によれば加えて陸軍の将官や海軍の提督ら制服組幹部が出席していたという。声明案が配られ、しばらく読むための時間がもたれた。次に戦況についての議会へのメッセージで何を言うべきかに関して軍関係者から意見を聴取するようにという大統領からの指示に基づいて開催したとグルーが召集の目的を説明した。来るべき大統領の対日声明において、アメリカ人に将来の日本の政治構造を決定する意思はなく、その決定は日本人自身にゆだねられるという内容を含めるかどうかを話し合うことと述べた。そしてそのような声明が、日本人が天皇のために死に物狂いで戦い続ける代わりに、無条件降伏を受け入れやすくすると述べた。

この会議の開催にあたっては、重要な要因となる原爆について知らされていない者が含まれ、それをめぐっての議論ができないためスティムソンを初め一部の人々は躊躇したが、結局実施されることになったものであった。スティムソンが議論を主導し、日本にもちゃんとした政治家はいるとして、「浜口、若槻、幣原」の名を出して賛成した。フォレスタルも賛同した。デイヴィスを除くと基本的に他の人々も賛成した。ただ最後に意見を述べたマーシャルが、賛同するものの、この声明の発表はある軍事的理由から「時期尚早」といい、スティムソンもそれに同意した。この軍事的理由は説明されていない。これは原爆のことを指していた。原爆がいまだに使用可能でない時点で声明を出し、日本が拒絶した場合に原爆使用で応えることができないというものであった。この会議の出席者の中には原爆の存在を知る立場にない者も含まれていたので、直接その理由が明示されることはなかった。原爆について知らされていなかった者の中にこの声明案を作成したドゥーマンも含まれていた。ドゥーマンはグルーと共に国務省に戻ると、グルーに、「あれが延期されることは何たる残念でしょう。マーシャル将軍は本土上陸作戦の準備に差し障ることは何も望まないんだと思います」と述べた。「ある軍事的理由」を日本本土上陸作戦だと推測したのである。真の理由を明かせないグルーは、残念だということに同意するのみであったという。いずれにせよ、対日声明は「原則において同意された。しかし、明らかにされないある軍事的理由から、大統領が今ただちにこの声明を行うことは好ましくない」という結論を、グルーは失意のうちにトルーマンに伝えなければならなかった。結局、翌三〇日の戦没者記念日にはトルーマンは声明を出す代わりに、親しい人々と自らのヨット、ポトマック号でポトマック川を下り、ポーカーに興じるなど充実した休日を過ごすのであった。

フーバー元大統領

大統領に向かって正面突破を図ったものの失敗し、これで万策尽きたかに思われたが、グルーは他にも考えうる限りの手段をとっていた。一つが、駐米英国大使館のサンソムに、日本に対する軍政官による直接統治という厳しい内容の「日本打倒後の初期対日方針」の原案を示すことで、英国政府側からの働きかけを期待することであった。これは三人委員会の下の次官補クラスの三省調整委員会の下部組織である極東小委員会が作成したものであった。グルーはサンソムが天皇制に対して自分と似た考えをもっていることを知っていたため、自分の立場を補強するような代案がイギリス側からもたらされるのを期待したのである。しかし、イギリス側から代案が伝えられてくるのは八月になってからでこの思惑ははずれた。もう一つは、彼とこの問題について似た考えをもち、ソ連の影響力拡大を懸念するフーバー元大統領の存在である。同様の考えをもつグルー、スティムソン、フォレスタルらの後押しで、五月二八日、戦後ヨーロッパの食料問題について助言をするという形でフーバーとトルーマンとの会談がホワイトハウスでもたれた。一九二〇年代に第一次世界大戦後の食糧問題を取り仕切ったフーバーからそのような問題について大統領が助言を得るのは時宜にかなったものと思われた。この機会を利用してフーバーは、対日講和問題について進言することになる。大統領は興味を示し、フーバーに対日問題について考えを書面で提出するように求めた。フーバーはすぐさまそれに応じ、五月三〇日付でトルーマンに覚書を提出した。その中でフーバーは、ソ連のアジアでの影響力拡大がなぜ米国に不利益かを説明し、鈴木内閣は穏健なので米英中で対日共同宣言して早期講話を目指すべしと説くとともに、その宣言の中味は、無条件降伏を求めるものとするが、ただし、天皇制の廃止ではないと示す必要があると論じるものであった。グルーの目論見通り、大統領はグルーにフーバー覚書に対しコメントするように求め、六月一二日、大統領の求めに応じて、グルー、スティムソン、フォレスタルによる三者協議がもたれることになった。

日本側の動き

一九四五年になると、日本でも和平に向けた積極的動きが見られるようになるが、その中では国務省中枢にグルーが返り咲いた事実が重視されていた。そもそもワシントンの動きは日本国内にまったく伝えられていないわけではなかった。例えば、グルーが極東局長に就任したときも、『東京朝日新聞』や『読売新聞』が「グルー東亜部長に」と報じている。一九四五年二月一六日近衛が参内し、力尽きる前に外交によって戦争を終結しないと赤化の危険が高まる旨奏上した折には、天皇からは「米国は我皇室を抹殺せんと云ひ居る由なるも其の点如何」と質問があり、近衛は「グルー及び米国首脳部の考え方を見るに、其処迄は行かぬ様思います」と答えたという。それを聞いた天皇も、アメリカが「皇室抹殺論をゆるめ」ないのでという理由で梅津が「徹底抗戦」を主張するが、「其の点には疑問を持って居る」と答えている（『細川日記』）。四月七日には鈴木貫太郎内閣が成立する。鈴木は二・二六事件の前夜、アメリカ大使館での映画の会に招待されているなど、グルーとは旧知の間柄であった。これは日本が和平に向けて動き出したサインのように思われた。鈴木は六月九日の衆議院での演説で次のように述べ、和平への希望をできうる限りにじませた。「私は嘗て大正七年、練習艦隊司令官として米国西岸に航海致しました折、『サンフランシスコ』に於ける歓迎会の席上、日米戦争観に付て一場の演説を致したことがあります、其の要旨は、日本人は決して好戦国民にあらず、世界中で最も平和を愛する国民なることを、歴史の事実を挙げて説明し、日米戦争の理由なきこと、若し戦へば必ず終局なき長期戦に陥り、洵に愚なる結果を招来すべきことを説きまして、太平洋は名の如く平和の洋にして、日米交易の為に天の与へたる恩恵なり、若し之を軍隊輸送の為に用ふるが如きことあらば、必ずや両国共に天罰を受くべしと警告したのであります」（武田『天皇観の相剋』）。

アメリカ側が鈴木貫太郎による組閣を和平にむけたサインと見た一方で、日本側にもグルーの国務次官就任をそのような動きと見る向きもあった。六月外務省政務局が「議会秘密会に於ける大臣の説明資料」対日処分計画において軍閥の徹底的払拭は中心的課題であるが、皇室の取り扱いに関しては、「日本の侵略的行為は単に軍閥の責任に止まらず、其の根源は皇室を中心とする日本の国体全体に求められるべきであるとの主張と、天皇は軍閥の侵略主義に寧ろ反対の立場をとられたるもの」であるという主張が対立しているとの観察、同時に後者の主張を代表するグルー前大使が国務次官に就任したことを重視した。南原繁や高木八尺ら東京帝大法学部教授による和平への動きも秘密裡に行われていたが、そこでも、グルーが国務次官に就任し、対日講和において重要な役割を果たすようになったため、対日方針がより緩やかになったとの認識がもたれていた。

日本はアメリカを通しての和平を求めるべきで、それにはグルーが鍵になるという考えは、広くもたれていたようで、六月はじめ、在スイス公使加瀬俊一（開戦時にグルーを訪問した外務省本省の人物とは同姓同名の別人）に、ダレス工作で仲介の労をとった、バーゼルにある国際決済銀行のスウェーデン人ヤコブソンは、日本はソ連参戦前に対米英和平をはかるべきだと繰り返し勧告していた。そうすればドイツのような苦しみを味わわずにすむし、二五年くらいで完全に回復できるだろうという予測に基づいていた。そして彼は、日本がグルー国務次官のような「友人」をアメリカにもっていることは「この上もなき幸福」であり、ダレスもグルーと密接に連絡していると断言した。

日本国内では近衛の上奏に絡んで、グルーと戦前関係が密だった人々が、東京憲兵隊や陸軍兵務局などの監視下におかれ、中には逮捕取調べを受けるものもあった。一九四五年五月には東京憲兵隊による大きな捜索があった。牧野伸顕や樺山愛輔など爵位を持つ人々はさすがに逮捕まではされなかったが、原田男爵は自宅で取調べを受け、樺山愛輔も家宅捜索を受けている。吉田茂は、殖田俊吉、馬場恒吾、岩淵辰雄らとともに逮捕された。吉田は、近衛の上奏についてしつこく聞かれるとともに、グルーとの交際に関して取調べを受けた。特に開戦後、グルーが吉田に宛てた書簡について詰問されている。特に問題となったのは、グルーが交換船で帰国することが決まってから吉田が出した書簡の別れの挨拶で、慣用句としてもちいた「Some better days」という表現であった。これを憲兵隊は密約の証拠として、いつ会う約束があるのか執拗に尋問するのであった。吉田が「これはいつか機会があったらまたお目にかかりましょうということだ」と説明しても「それがすなわち密会の約束だ」といって埒が明かない。「英語で書くとそうなるが、日本語の単なるサヨナラという意味だ。密会などとそんな大げさなものではない」と説明したが聞き入れられずうんざりしたようである（吉田『回想十年』）。

多忙なグルー

実質的に国務省を取り仕切るグルーは、対日問題にのみ関わっておればよいのではなく、日々多忙を極めていた。例えば、六月五日の三人委員会の主な議題はフランスやイタリアの情勢についてであり、フランス軍と米軍が衝突しかねない問題など一刻の猶予もならないものばかりであった。この日の会議は午後四時半から陸軍長官室でもたれ、グルー、スティムソン、フォレスタル、マクロイ、マーシャルが会合した。グルーが、大統領とチャーチル首相の北西イタリアに関する記者発表の概略をチャーチルへ説明するメモの草稿を報告した。これにはフランス人の非妥協的な一連の行動が列挙された、ド＝ゴールに対して厳しいもので、彼の国内における立場、そして最終的にはその職を保てるかについて影響を与えるものであった。グルーは、このメッセージはマーシャルによって起草され、バーンズとデイヴィスと話し合ったリーヒ提督によって大統領に届けられたものである旨説明した。これに対して、スティムソンとフォレスタルは、政策決定における軍の危険な介入だとマーシャルに言った。マーシャルは、そのような意図はなく、むしろ逆、つまり、米国によって武装され食べさせてもらっているフランス軍と米軍がいまにも衝突しかねないと感じているると答えた。知らされていない米国民が驚く前に、状況を知らせておきたいのだと弁明した。マーシャルはド゠ゴールによって困らされていることの長いリストを読み上げ、彼によって、軍の対日戦への展開が困難になっていると述べた。グルーは、火曜午前にジョルジュ・ビドーに上の不満を列挙し、危険な状況が実際の衝突になるのをフランスが許しているのはアメリカには信じられないと感じていると強い調子のメモを送った。グルーは、大統領がこのメモをチャーチルに送ることを決めたときには、大統領のそばには、グルーとリーヒ提督、デイヴィス、バーンズしかいなかったと言った。陸軍長官が夜通しこれらの文書を研究し、大統領と翌日午前に話し合うこととなった。

六月八日には閣議が開かれた。グルーが、ロシア人が拒否権に関して代表団を引き上げたことなどについて説明した。また、日本に関するスターリンの考えが以下の通り説明された。まず、八月八日に満州国境に軍を展開する予定であること、中国には領土的主張はなく、蔣介石による統一中国を望んでいること、中国を復興できる力があるのは米国だけであるということ。また、スターリンは、日本に対しては無条件件降伏路線を支持しているが、一方で、それが日本を死に物狂いにさせる危険は理解していた。それで彼は、「無条件降伏」という言葉を使わずに、日本が乗ってきたら実質そうするというかにもソ連的なやり方を示唆した。また、スターリンが日本占領には占領ゾーンが欲しいと示唆していることが報告された。

六月一二日の三人委員会では、グルー、スティムソン、フォレスタルによって大統領の指示に基づきフーバーの覚書について話し合われた。スティムソンが日本の扱いに関するフーバーの覚書について話した。フォレスタルは、戦争継続がどのような意味をもつか日本にわからせる警告を出すことは、調整《コーディネーション》協力関係とタイミングの問題と語った。フォレスタルは日本国民と天皇との「幾分神秘的関係」と日本のナショナリズムの宗教的な背景を念頭においていた。スティムソンもこの問題が心を占めていると述べた。結局、議論は「無条件降伏」という用語を継続して使用するかどうかということになった。スティムソンは、日本を本気で軍備解除したいなら日本列島の占領が必要と感じるが、「無条件降伏」という語を使わずにすべての戦略的目的を達成できるならそれを捨て去るに躊躇しないと述べた。グルーもまた占領は必要としながらも、より平和的かつ民主的政策を採用するため日本のよりよい勢力の支持をとりつける可能性を改めて強調した。三人は、無条件降伏が何を意味するのかについて、日本の軍備解体を確かなものにするのが重要であり、なにも日本の永続的服従は望んでいないし、日本国民の奴隷化も望んでいないという点で一致した。

グルーは、いま国務省が戦争目的の明確化と、加えて、天皇の神格化と宗教的神格にまつわる神秘的象徴主義とのジレンマから日本国民を逃れさせる方法について一心不乱に取り組んでいると説明した。

最終的に、委員会は、無条件降伏は天皇制の破壊を意味しないと日本に示す必要性に同意するという点で意見の一致をみた。また、スティムソンはこの点についてマーシャル参謀総長とともに同意見に達していると述べた。グルーはこの機会を利用して、六月一三日付の大統領宛書簡で、天皇制存続を日本に示す重要性を強調した。

大統領も、対日講和について気にしていた。六月一三日、大統領はフォレスタルと会談したが、その中で対日戦について少し話した。大統領はポツダムへ出発する前に、アジアにおけるアメリカの戦争目的を明確化するために国、陸、海統合参謀本部と会議をもちたいと語った。

国務長官の留守を預かる国務長官代理としてグルーはありとあらゆる外交問題に関して頻繁に大統領と会い、大統領と要人との会談に同席していたが、対日声明について大統領と話す機会はなかなかもてずにいた。自分が大統領に重きを置かれていないと感じつつも務めるグルーに、再度その機会がめぐってきた。参謀本部が独自に対日講和のための声明案を提出してきたためで、それをめぐって対日声明に関して大統領と話す機会がグルーに生じた。六月一六日朝九時半、様々な問題に関して大統領に報告する中で、大統領はグルーに、この参謀本部の提案に関して、そのような声明はドイツ降伏時の声明で触れたつもりだが、もし、グルーが今日中に更なる助言を提出するなら、明日の日曜に考えてみることができると述べた。グルーは、すでに大統領に提出済みの進言がすべてであると返答した直後、もし付け加えることがあればすぐにお知らせしますと付け足した。

同日午後六時五〇分、またしてもグルーは様々な案件を報告するため大統領と会った。その中にはステティニアス長官が大統領宛に送ったポツダム会談への国務省からの随行員のリストを大統領が承認するかどうかという案件も含まれていたが、大統領はまだ見ていないと言って、机の上の書類の山を指差す始末であった。大統領としてはこのとき既に国務長官の首を挿し替えてバーンズを随行させることに決めていたのであろう。いずれにせよ、グルーは大統領に対日声明早期実施を促す文書を渡し、この件ついては大統領の法律顧問のローゼンマン判事と既に話し合った旨述べ、「非常に注意深く検討」されることを望むと述べた。大統領は明日の日曜にはローゼンマン判事とポトマック川を下る予定なので、その時に検討してみる旨答えた。

グルーはもちろんローゼンマン判事にも書簡を送り更に説得を続けていた。

親愛なる判事へ　遠くない将来沖縄戦は終わりそうであり、その終結の宣言と共に、再び日本に降伏を求めるある種の声明をなすのに適当な機会が提供されるか否か考えています。太平洋で我々が戦争の果実を手にしつつあるときに、三巨頭会談までそのような行動を思いとどまる理由があるとは納得できません。私の考えでは、最終的降伏についての日本人の考えを出来るだけ早く知る方が、よりよいでしょうし、より多くのアメリカ人の命が最終的に救われるでしょう……大統領は既にこのこと［無条件降伏］が絶滅や奴隷化を意味しないと述べていますが、平和運動が日本で始められるのを――もし厳密に声明されるなら――より一層たやすくするのに更に二つの点があります。そして、今日の日本に戦争を継続することですべてを失いえるものはなにもないと明確に理解している人々がいると考えることに疑問の余地はありません。……私が考えている二点とは、第一に、一旦我々が日本が再び軍備を作り出すことが出来なくし、彼らが国際的義務を果たし、共通の平和と安全の増進のため協力する意志があると我々を説得させたなら、日本人は自身の将来の政治的構造を自ら決めることが許されるだろうということ。……第二点とは……飢餓を防ぎ、徐々に国際社会に復帰できるために、日本人から妥当な平時経済を奪う意思は我々にはないということ。……提案された一般方針にそった声明が無期限に延期されることの利点を見出すことは私には出来ません。敬具　ジョセフ・C・グルー。

グルーは追伸で、軍部がそれに同意していること、日本本土上陸作戦による多大な米軍の死傷者をなくすことができることを書き加えて、なんとか説得しようとしている。軍部の同意もとりつけ、ローゼンマン判事の同意も得たグルーであったが、アメリカの場合、一人の人間、つまりトルーマン大統領を説得できなければ何の意味もなかった。グルーは、決死の覚悟で大統領との面談に望んだ。

六月一八日朝九時半、グルーは大統領に面会した。まず大統領は、グルーが提出した沖縄陥落時に出すための声明文の草稿を注意深く検討したと述べた。そしてそのアイディアについては気に入ったものの、そのような声明は三巨頭会談まで出さないことにしたとあっさり述べた。グルーは必死で食い下がった。日本における平和的動きを促進するかもしれないあらゆる手段を考慮しただけであり、そのような声明がなされても、得るものはあれ、失うものはなく、早ければ早いに越したことはないと懇願した。そして、日本が将来において平和を脅かすことがないようにするという我々の目的を一インチたりとて妥協しない範囲内で、何千ものアメリカ兵の命を少しでも救うための如何なる勧告をも削除しないでおくことで、良心の咎めがないようにしたいだけだと述べた。しかし、大統領はその考えには同意しなかった。大統領はこの問題を三巨頭会談の議事に入れるよう指示し、グルーはそのように取り計らうよう部下に指示した。グルーは大いに意気消沈したが、国務省を代表する彼に悲嘆にくれている暇はなかった。この日も、日本問題に続いて大統領は次々と異なる案件を提示してきた。それらはポーランド元首からの電文やドイツからの米軍の撤退、ポツダム会談への国務省関係随行員の選定などいずれも重要案件であった。

ポツダム宣言草案へ向けて

同一八日午後三時半からホワイトハウスで軍関係者と大統領との間で戦略会議がもたれた。マーシャル、キング、リーヒといった制服組の錚々たる面々が中心であった。文官で出席したのは、スティムソン、フォレスタル、マクロイだけであった。グルーに対しては数日前にトルーマンからこの会議への出席要請があったようだが、結局、国務省からは誰も招かれなかった。マーシャルを中心に陸軍主張の一一月一日開始予定のオリンピック作戦（南九州上陸作戦）の正当性を述べ、大統領の承認を受けた。グルーはこの会議には出席させてもらえなかったが、グルーに近い考えをスティムソン、リーヒ、マクロイらが同様の考えを主張した。リーヒ提督は、「無条件降伏を得られない限り戦争は失敗だった」と言っている者があるが、それには合意できず、無条件降伏を強制できなくとも予測できる将来には日本からの恐れるような脅威はないとの考えを述べた。リーヒは、むしろ、日本人によって本土攻撃が無条件降伏にわれわれがこだわっている証拠と解され、日本人のすべてが軍事的敗北を受け入れるよりも戦って死ぬことをのぞむようになることを恐れると語った。スティムソンは、軍の徹底抗戦の立場に反対の影響力を行使しうるリベラル勢力が日本にいるといまだに感じているとと述べた。それに続いてマクロイは、すべての努力をすべきであり、日本におけるそれらの勢力が効果的な政治的影響力を発揮する精力を与える手段を見つけるよう注意を払うべきと述べた。それに対してトルーマンは、そのような考えのもと、無条件降伏に関する適切な行動に関しては議会に対していつもオープンにしてあるが、世論の観点から今は行動を起こせるときとは思わないと述べた。結局、七月に連合国が会合するときにも宣言をする機会があるだろうから、準備しておくべきとなった。

翌六月一九日は三人委員会の日であった。フォレスタルは欠席して、ゲイツ次官が代理で出席した。まず、スティムソンが口火をきって日本問題を持ち出した。洞穴ごとに日本人を探し出す日米共に損害の多い仕事が待っていると述べた。日本人とアメリカ人にとって破壊的でないやり方で戦略的目標を達成するのが問題であると述べた。日本には西洋と協力することを望んでいる確固たる勢力がおり、満州事変と同時期の大恐慌で駄目になったが、戦前の穏健勢力による努力がまがい物でないと経験から知っていると述べた。グルーは次のように述べた。いったん米軍が上陸すると、当然のこととして日本人の善良な分子も日本列島防衛のために立ち上がり戦うことを支持するだろうと考える。我々は無条件降伏政策を維持すべきと感じる。東京を占領しなければならないだろう。いかなる妥協の平和も許容できない。しかし、と同時に、日本に対して軍国主義を完全に排除する一方で、どのような降伏条件が提示されるのか、特に自分たちの形態の政府や宗教制度を維持することが許されるのかどうかについて、非常に近い将来日本人に示すために何かしなければならない。日本には最後まで戦うことで得るものは何もないと感じている分子がいると信じている。いったん更なる敵対行為を不能にした上で、軍事的分子を入れない限りにおいて、日本人自身が望む政体を決めることができるとアメリカ側が意図していると日本人に知らせることがグルーの提案であった。またグルーは次のようにも述べた。この線に沿って声明が必要であると感じている。考慮されているいかなる戦術的計画も遅らせる必要はない。大事なのは、もっと近くでとっつかみあいの戦いをする前に声明がなされるべきということである。グルーはその声明に次の三つを含めるべきといった。(1)言論と信教の自由。(2)不快な法や差別の撤廃と個人の人権の保障。(3)現在の生活水準を下げることになろうとも生きるための合理的な経済的基盤。グルーは、この点における彼の見解が必ずしも国務省全体に支持されているわけではないと言わなければならなかった。グルーは、ローゼンマン判事に送った手紙の草稿を提出し、写しは出席している委員に配布された。グルーの提案に、スティムソンはきわめて力強く賛成した。そのような動きはなされるべきで、有効であるためには、日本本土が攻撃される前になさなければならないと二人は強い調子で主張した。リーヒ、キング、ニミッツもそのようなアプローチに賛成であるとスティムソンとグルーは述べた。この提案に大統領は不賛成であるとグルーはみなしていたが、スティムソンは、自分の理解はそうではないと述べた。

大統領への影響力を失ったと感じていたグルーはそれでも活動をやめるわけにはいかなかった。六月二五日付でグルーは陸軍長官と海軍長官へ粘り強く書簡を送っている。フォレスタルへの書簡は、日本人に戦いをやめさせるには天皇制を残すしかないと説くものであった。スティムソンへの書簡はより手のこんだもので、六月二二日付のスタンレー・ウォッシュバーン大佐の手紙を同封したものであった。ウォッシュバーンは、日露戦争時の特派員で、日本での長年の経験のあるエピスコパル派の監督との会話を軸に、この戦争において日本に何らかの「出口」を与えてやらねばならないという内容であった。この手紙をもとにグルーはスティムソンに対して、ウォッシュバーンは「無条件降伏は現在及び将来において日本の軍事力の完全なる破壊を意味するべきだが、条件はより明確に定義されるべきである」というグルーの意見を支持しているとして、今一度無条件降伏の内容を日本に提示すべきと書くのであった。

六月二六日、三人委員会が開催され、グルーは国務長官代理として出席した。陸海軍からは長官が出席した。マクロイは書記として、委員会の招待でコレア少佐も出席した。六月一八日の大統領の指示で準備しておくことになった対日声明文について話し合われた。実際の作成はサブコミティーへ任されることとなり、陸軍はマクロイ、国務はドゥーマンとバランタイン、海軍はコレアが指名された。声明が日本本土進攻が始まる前になされるべきと出席者全員が賛成した。それは米大統領単独、もしくは英露の首脳を加えてなされるべきと全員合意した。また、ポツダム会談がよい演壇となるかもしれないと示唆された。グルーの考えに近かった国務、陸軍、海軍の三省のメンバーによって声明文が起草されることになり、グルーは少しほっとした。

ほっとしたのもつかの間、別の横槍が入った。グルーが次官室に戻るとモーゲンソー財務長官から電話が入った。いやな予感がした。日米開戦前の禁輸措置に関する提案や、ドイツを農業国化しようというわゆる「モーゲンソー計画」をみるまでもなく、モーゲンソーが日独に関してきわめて厳しい懲罰的和平を望んでいるのは有名であった。ルーズベルトとの緊密な関係を政治力のてことしていたモーゲンソーに以前のような力はなかったものの、現役の財務長官であり油断はならなかった。電話口でモーゲンソーは、財務省は対日指令文書に「真の関心」を抱いており、できればその件について いくつか質問させてもらえないかと告げた。グルーは指令文書は「最終形態」に至っておらず、まだ修正がなされるだろうと告げ、かわそうとして「財政的観点」があるのかと聞いた。しかし、老獪なモーゲンソーは粘って「すべてのことに財政的な観点が存在する」と答えた。グルーもがんばって「誰かに見せる前に国務省幹部会を通さなければならない」と苦しい答えを返すと、モーゲンソーも負けずと「遅すぎるようになる前に見たい」と告げた。グルーはまだ「具体化していない」と最初の言い訳に戻り、最後にはちゃんと見せるからと言ってなんとか電話を切ることができた。

国務長官の交代

この重要な時期に来てグルーにとって大きな痛手となったのは、ステティニアス国務長官がついに辞任したことであった。任命権者の大統領の交代で、辞任は時間の問題と見られていたがついにであった。七月三日には後任にバーンズが就任することが決まった。グルーが次官でありながら、国務省を代表する長官然として振舞うことができたのは、長官が国際連盟関連でサンフランシスコに出張しがちでワシントンを不在にしていたこともさりながら、やはりステティニアスからの大いなる信頼があればこそであった。新長官のバーンズはかなり個性の強い人物で、外交を自らの手で運営したがっていた。そのためグルーの影響力は大きくそがれることになった。

また、バーンズは外交には素人で、あらゆる外交問題を国内政治の観点から捉える傾向にあった。そのため国内世論を考慮して天皇存置に反対することが予想された。この時期のアメリカの世論はこの対日声明案の発表、特に天皇制存置の部分に関しては逆風であった。六月二九日の『ワシントン・ポスト』紙一面に報じられたギャラップ社の調査によれば、三三%が天皇の処刑を支持、三七%が天皇を裁判にかけるか、終身禁固あるいは流罪にすべきと考えていた。天皇には手をふれないもしくは傀儡として利用支持するは七%であった。

七月一日の日曜日午後六時、グルーは国務省関連の一連の項目について報告するためにホワイトハウスに大統領を訪ねた。このときの報告事項は、ド＝ゴールに関するものやハリマン大使に関するものからアルゼンチンの情勢に関するものまで九項目にわたった。そして、最後に一〇項目として自らの去就について切り出した。バーンズ新長官は自分の次官を選びたいだろうし、自分も政府のために働いてきて四一年にもなり定年年齢を超えているのでいつでもよろこんでやめる覚悟であると大統領に告げた。トルーマンは、バーンズが自分の助言をきくなら、次官に変更はないだろうと述べた。グルーは、大統領に感謝の意を述べ、大統領に対しては大いに称賛し、個人的にも親愛の情をもっているのでどこにでもついていく覚悟であるが、バーンズ氏についてはよく知らず、またその政策ややり方も知らないと述べた。しかし、バーンズ新長官が、一時的にでもグルーが次官として残ることを求めるなら喜んでそうする旨を伝えた。大統領はバーンズの長官指名は上院で承認されるだろうかと訪ね、グルーはきわめて短時間で承認されるだろうと答えてホワイトハウスを後にした。国務長官の交代でグルーにとって残されている時間がわずかなのは明らかであった。

七月二日午前一一時、スティムソンは、マクロイ、バランタイン、ドゥーマンらによるポツダム宣言のもとになる覚書を大統領に手渡した。この覚書には、受諾の可能性を増すために、対日声明文に「現皇室の下での立憲君主制も排除しない」という文言も含まれていた。もし日本上陸作戦が実施されればその激しさはドイツの比ではなく、なんらかの警告をなして降伏を促すべきであると、警告の望ましさが記されていた。また、日本には復興を任せるにたる十分な「リベラルな指導者」が存在することなども盛り込まれていた。会見の最後に、スティムソンは自分をポツダムに随行させないのは高齢で旅程に堪えられないと思うからかとトルーマンに問うた。トルーマンは笑ってそうだと答えた。そして、スティムソンを疲労困憊させたくない旨述べた。スティムソンはなんとか参加を認めてもらおうと、軍医総監が自分の健康状態に保障を与えてくれていることを伝え、ポツダムにおいて陸軍省の長官レベルの文官から助言を得られるようにしておくべきと考えると述べた。大統領はその件は、翌三日二時四五分に予定されている会議のときに話し合おうと答えた。翌三日午前、バーンズ国務長官の就任式が華々しく挙行され、ホワイトハウスは参加したがる関係者でごった返していた。スティムソンと大統領の会議は予定が押して結局三〇分遅れで始まった。会議の最後に大統領は、ポツダム会議では近くにいて助けてもらえるようにしてほしいとスティムソンに参加を求めた。スティムソンはマックロイの同行を求め、それもすぐさま許可された。

バーンズはポツダムに向けて出発する直前、スティムソンがトルーマンに提出した対日声明案について元長官のハルに電話で相談している。バーンズは、その声明はポツダム会議において米英ソによってなされるもので、日本が和平を望んだ場合天皇制が存続されるという内容を含んでおり、国陸海の三省も承認していると告げた。ハルは、文書で詳細に返答したかったが、バーンズの出発が迫っていたためそれは不可能で、掻い摘んで電話口で返事した。ハルは、それではあまりに日本に対する宥和に見え、天皇のみならず天皇の下での封建的特権階級の存続をも認めるととられかねないとした上で、天皇と支配階級はすべての特権を剝奪されて平等な法の下に置かれるべきとバーンズに自らの考えを伝えた。

七月六日夕刻、グルーはフォレスタルと会った際、無条件降伏の内容をより具体的にした声明案を形にできて満足している旨を語った。ただ、ポツダムへの随行を認められていないグルーは、この声明案の一部が大統領の周りにいる人々によって削除されてしまうのではないかと危惧していた。特にグルーは、ソ連参戦前に対日講和条件を明確化する余裕はないという考えのボーレンあたりがそれをやるのではないかと心配していた。この日はポツダムへ向けて大統領一行が出発する日であった。国務省を代表して新長官のバーンズが同行することになっていた。大統領は午後九時四〇分、ホワイトハウスを車で出発して特別列車の待つユニオン駅へと向かった。車は一〇分ほどで駅に到着し、大統領は列車へと乗り込んだ。バーンズは遅れていた。大統領に同行できずに、まだ省内にいた。それをグルーはなんとか廊下で捕まえて天皇制存置条項をポツダム宣言草案に入れるためのメモを手渡すことができた。バーンズはそれをポケットにねじ込むと、特別列車の待つユニオン駅への車へと急いだ。

先行研究の中には特別機の待つ飛行場へと急ぐバーンズを捕まえてといった記述もあるが、向かった先は駅であった。この時同行を許されなかったグルーですらバーンズが飛行場へと向かったと信じており、戦後そのように書き残しているためそうなったのであろう。しかし、実際は、国務省と目と鼻の先の駅へ車で行こうとするバーンズに渡したのであった。バーンズがユニオン駅で一行に合流したのは午後一〇時一五分。その後列車は午後一一時ちょうどに出発し、巡洋艦オーガスタの停泊しているバージニア州ニューポートビーチの陸軍第六埠頭に早朝五時五〇分に到着した。その場所はルーズベルトがかつてクリミアやテヘランへと向かったときと同じ乗り換えポイントであった。関係者の出迎えを受け六時一分に乗船し、午前七時ちょうどにベルギーのアントワープへ向けて出航した。その後、グルーは天皇制存置に関する条項を含んだ宣言の草案をバーンズに手渡せたことを、ポツダムへと向かうマクロイに伝え、スティムソンにもその旨伝言してくれるよう頼んだ。こうしてグルーは二人に後を託したのであった。

次官補たちの抵抗

グルーが天皇制存置に関する条項を含んだ宣言案をバーンズに手渡した一方、それに反対するマクリーシュは、そのような宣言案に国務省全体が賛成しているわけではないという内容の覚書を出して対抗した。このバーンズ宛七月六日付覚書においてマクリーシュは、どの議論がバーンズの琴線に触れるかわからないため、様々な理由を挙げて、天皇制存置が好ましくないことを訴えている。「もしも我々が公表された無条件降伏方式を新しい降伏方式に変更しようとしているのであれば、アメリカ国民はそのことを知る権利がある」と述べた上で、日本の政治制度をドイツのそれよりも寛大に扱うことに米国世論は反対だと主張した。また、同じく天皇制存置に反対の国務次官補アチソンの言葉を借りて、天皇制は「時代遅れの、封建的制度であり、日本国内の時代遅れで封建的考えの集団のあやつりや操作に完璧に適している。この制度を無傷でおいておくことは、過去においてそうであったように将来用いられるという重大な危険を冒すことになる」とその危険性を主張した。そして、最後に「この件に関して国務省の政策が決定する真の機会があるまで、いかなる公的な声明もなされないよう強く勧告する」と強い調子で長官に迫った。

天皇制存置に反対するマクリーシュやアチソンが、ワシントンでこの電報の次になすべきことは、国務省幹部会において、天皇制存置反対で国務省の意見をまとめることではなく、この件について国務省内でいかなる合意も得られないという一段ハードルの低いものになったのである。翌七月七日に国務省幹部会議が開催されると、まずマクリーシュが前日に長官に提出された声明案について、自説を展開した。それに対して国務長官代理として議長を務めるグルーは、その声明案は大統領の指示の下、陸海軍省長官と共同して作成したものであること、長官の出発に間に合ったこと、そして、スティムソン長官、フォレスタル長官、キング提督、おそらくはマーシャル将軍の同意を得ていることを説明し、声明案を読み上げた。また、グルーは、戦争に責任があるのは軍部であって天皇ではなく、破壊すべきは軍と財閥であると述べた。そして、この声明は無条件降伏の条件の修正と解釈されることはできないと重ねて強調した。それに対して、マクリーシュとアチソンの二人の次官補が反論した。マクリーシュは、天皇制こそが、軍が日本国民を支配するのに便利であった制度であると自説を述べた。アチソンは、もし日本が戦争をする上での能力において天皇に重要性がないならば、どうして日本の軍部が天皇の存置にこだわるのか理解できないと述べた。中立的なダン国務次官補は、中間をとって、平和的な政府を構成することを日本人は許されるということではいけないのかと発言した。これを受けて、ハックワース国務省顧問は、以下の二点を提案した。(1)我々は日本の軍による支配を除去すること。(2)日本国民に自らが選ぶ政府を作る機会を与えること。グルーはその二点を次回の委員会に提出するよう要請した。しかし最終的に、アチソンが、提案された声明案を当委員会が承認したということを示すことを委員会の記録に一切残さないことを希望すると述べ、グルーはそのような記録はなく、七月六日に長官に提出されたメモについていかなる形でも当委員会は関知も責任もないと認めざるをえなかった。

七月一〇日には、グルーは、大統領の許可を得ずに、弱腰なことにアメリカ政府が日本からの条件付和平を検討しているという噂を否定する声明を記者発表している。ともすれば日本寄りと見られかねないグルーであったため、殊更強い調子でその噂を否定した。そのような噂こそが敵の心理戦であり、動じてはならず、アメリカ政府の「政策は大統領が定義したような形での無条件降伏であったし、現在もそうであり、将来においてもそうである」と述べた。ただ、無条件降伏が、日本国民の根絶や奴隷化を意味するものではないと付け加えるのも忘れなかった。翌一一日にも、ラジオ演説を行い、無条件降伏が日本国民の根絶でも奴隷化でもないということを痛切に呼びかけるのだった。これでグルーができることはなくなったかに見え、あとは大統領の近くにいるスティムソンに期待するしかなくなった。

一方、グルーに対しては既に終戦後を見越して対日占領に対する協力要請がなされていた。七月十六日、沖縄から戻ったばかりのウィリアム・クリスト准将がマッカーサーの要請を受けてグルーを訪問した。内容は占領時における日本を熟知した政治、経済、金融の専門家の推薦と、グルー自身の政治顧問就任の依頼であった。グルーはちょっと意地悪に、そのような人材は陸軍自身がまさにそのために沢山養成しているではないかと言った。それに対して准将は、それらの人材はトップの顧問にはならずその下で働くと告げた。グルーは、そのような顧問には現地に相当期間住んだ経験が必要と述べた上で、自身の就任については「自分に関しては、十年大使として勤め、日本の人々をよく知るものとして……いかなる状況下にあっても、支配者として日本に帰るつもりはない」と述べた。その上で、政治顧問には、ドゥーマンを、経済顧問にはミシシッピのフランク・ウィリアムズを、そして、金融顧問にはナショナル・シティ・バンクのジョン・カーティスを推薦した。

5 ポツダム宣言から終戦へ

ポツダムにて

さて、天皇制存続を認める表現をポツダム宣言に盛り込むかどうかの鬩ぎ合いであるが、もとより戦時動員局の責任者としてマンハッタン計画への資源の供給に携わったバーンズは、原爆投下に積極的であり、日本が早期に降伏する可能性のある天皇存置条件を示しての宣言には反対であった（トルーマンは四月の大統領就任直後、しばらくは事態を掌握できず、国務長官代理のグルーの意見に耳を傾けざるをえなかった。トルーマンが大統領として自分の思い通りにことを動かすのに一月以上かかっていることを考えると、もしルーズベルトの死がポツダム会談の直前であれば、グルーが国務省を代表して随行した可能性が高い。そうなると対日講和は違った形になっていたかも知れない）。陸軍の方は一転し、スティムソン長官やマクロイ次官補の影響で、天皇制存続を明言することで終戦が早まるならそうしようということになり、統合参謀本部内には原案をさらに明確にして「日本国民は天皇を立憲君主として存続させるか否かを決定する自由を持っている」という一文を挿入すべきとする動きまで出た。ただ、アメリカ側に傍受され解読された七月一七日付佐藤大使宛東郷外相電報は、連合国が無条件降伏に固執するなら徹底抗戦だから、ソ連に終戦交渉の仲介をさせるために急げという内容であった。これをアメリカ側は、日本は無条件降伏せず徹底抗戦の趣旨と解釈し、日本が徹底抗戦といっているときに天皇存置を認める宣言を出すことはかえって弱腰に見えるという判断を招くことになった。

ポツダムのバーンズのもとには、ハルからの電報が届いていた。バーンズのワシントン出発直前の電話会談では不十分と考えたハルは、ポツダムでの対日声明案について、自分の考えを詳細に文書でしたためた。それは、天皇と天皇制は連合国が勝利した折に保持されると「今」宣言することに関する部分であった。これを支持する人々は、この条項を盛り込むことで戦争がより早く終了し、アメリカ人の命が多く救われると主張するが、ハルは、そのような宣言の効果は不明で、もし、そのような宣言が失敗したら、日本人を勇気付け、アメリカ国内ではとんでもない反響を生じるだろうから、そのような声明は、連合国の爆撃がクライマックスを迎え、ソ連が対日参戦するまで待つほうが良いのではないかと書いた。それはグルーにとって致命的な内容であったが、引退したハルは自ら国務省を通じて機密電を打電することはできないため、その仕事をグルーに依頼している。グルーはこの電文は出来ることなら送信したくなかったに違いない。しかし、現役長官から助言を求められた元長官からの助言を送信しないわけにはいかない。どのような思いでこの電文を作成したのだろうか。バーンズは、そのような声明は延期されるべきであり、それが出されるときには、天皇に関する条項は削除されるべきと考えるとハルに返事している。

ポツダム会談

ポツダムでは、七月一八日にはトルーマンとチャーチルに対し、スターリンは日本が仲介を懇願してきたことを自慢げに伝えていた。ハルの同意を受けて意を強くしたバーンズが反対し続けたこともあり、結局、七月一八日、「日本国民は自らの政治形態を選択する自由を有する」という表現にかえて、改正案がトルーマンに手渡された。宣言には天皇存置に関してそれ以上踏み込んだ文言はなかったので、日本側はポツダム宣言を広義に解釈する必要があった。

七月一六日、原爆実験成功の知らせがポツダムに届き、一八日には日本に対する原爆投下が決定されていた。二一日には追ってその破壊力が想定以上の大成功であったことを伝えてきた。これによって無理を言ってポツダム会談に随行してきたスティムソンは、七月二一日に原爆実験成功の電報をトルーマンに聞かせることができた。感謝の念を示すトルーマンにスティムソンは二つのお願いをした。その二つとは、京都を原爆目標から除外することと、天皇制について日本に配慮を与えることであった。その一については、聞き入れられ、二三日に目標都市が広島、小倉、新潟と決定した。軍としては作戦成功の可能性を少しでも高めるため京都も候補地に残すことを強く主張していたが、京都を破壊することで日本人の心に残る対米悪感情を懸念するスティムソンが頑強に反対し、ポツダム宣言から天皇存置に関する文言を削除したことをスティムソンに対して申し訳なく思っていたであろうトルーマンが後押ししたため、京都は候補から削除されたのであった。その二については、実現は難しかった。もとより宣言文に天皇制存置条項が残る唯一の条件としては、原爆実験が失敗し、ソ連が対日参戦を渋るという二つの条件が共に満たされることが必要だったが、それは二つとも満たされなかった。ソ連に原爆の威力を見せ付ける機会を確保するためにも日本の早期降伏は困るのであった。七月二四日、スティムソンは、天皇制についての条項の削除は遺憾とトルーマンに伝え、最後に一粘りして、もし天皇制存続が不明である故をもって日本人が戦い続けたならば、大統領が外交チャネルを通じてなんらかの形で保証を日本側に与えることを考慮してもらいたいと伝えた。トルーマンはそれには同意した。

黙殺から受諾へ

七月二五日には原爆の投下命令が出された。ついで七月二六日にポツダム宣言が伝えられた。しかし日本側からは、二八日に鈴木首相の「ただ黙殺するだけである」とのコメントが出され、これで原爆投下回避の可能性はなくなった。最後の望みは絶たれたのである。これについてグルーは後に「鈴木首相が七月二八日にポツダム最後通牒を『政府の注目に値しない』と拒絶したことは最も悲しむべきことであった」(『象徴天皇制への道』)と記している。八月六日に広島に、九日長崎に原爆が投下された。河原田稼吉元内相から近衛周辺に伝えられた「去る六日、敵が広島に新型爆弾を投下し、一切の通信――内務省得意の無電も――杜絶し居り、六里程離れたる処の者が負傷したることが、漸く判明したのみである」との情報がその凄まじさを物語っていた。また、八日にはソ連が対日参戦した。

一方、ワシントンでは、この最終段階においてもグルーはできうる範囲で、日本の早期降伏を促すための努力を続けていた。天皇を戦争犯罪人とすべしとする動きが重慶であるのをつかむと、八月七日、グルーはバーンズに覚書を送り、そのようなことがなされると、日本での無条件降伏に向けての動きをつぶしてしまい、日本人を最後まで戦うように仕向けてしまうと必死に説いた。また、自分だけの意見ではバーンズに軽く扱われることはわかっていたので、ワシントンにいないのでこの件についてスティムソンやフォレスタルと話せないが、彼らもこれまでの彼らの考え方からこのグルーの意見に同意すると信じると書き加え、なんとかバーンズの注意をひくようにと必死の努力をするのであった。

東京では原爆の投下とソ連の参戦を受けて、九日、天皇が木戸を召した。九日午前一一時頃始まった最高戦争指導者会議は陸軍の反対で紛糾し、同日午後一一時五〇分に宮中の御前において再び最高戦争指導者会議が開催された。東郷外相が国体護持を条件としてポツダム宣言を受け入れるべきと述べたが、阿南陸相が最後まで戦うことを主張して反対して、意見の一致をみることはできなかった。一〇日午前二時になって鈴木首相が「御聖断を仰ぎ」、天皇が、「明治天皇の三国干渉の際の御心持を偲び奉り自分は涙を飲んで原案に賛成する」と、外相に賛成の意を述べて皆が従った。連合国への返答は「宣言は天皇の国家統治の大権を変更するの要求を包含しおらざることの了解のもとに受諾す」とされた。ポツダム宣言に天皇制存続が明示されていなかったため、文言を広義に解釈した上でこのような但し書きが必要になったのである。この返答は、一〇日午前九時外務省からスイス政府とスウェーデン政府に向けて発せられた。スイス政府経由でこれがワシントンに伝えられることになる。

受諾とみなすか

アメリカ東部時間一〇日早朝、日本政府からの正式な電文到着以前に、暗号解読でその内容を知ったアメリカ政府は即座に対応を協議した。大統領は九時前に、スティムソン、フォレスタル、バーンズ、リーヒをホワイトハウスに招集した。スティムソンは日本が天皇制を維持できると読める返事を出すことを望んだが、バーンズは世論を理由に躊躇した。国務省は、英中政府と話し合う必要もあった。それで、正式な電文が到着するまで会議は延期され、その間に各省が返電の草案を作成することになった。陸軍省に戻ったスティムソンは、マーシャルらと協議した。マクロイは、日本に民主政府の要素を持ち込む良いチャンスと進言したが、ソ連の影響力が増す中、はやく終戦させたいスティムソンは、できるだけ単純にすべきとしてその進言を却下した。

一方、国務省では、バーンズがコーヘン特別補佐官の草案を下に議論していた。バーンズは当初、日本側の返事を原文のまま受け入れるつもりでいたようである。ところが日本側電文を見たバランタインが、国体護持を含める電文をそのまま認めてしまうと、国体護持はすべてに関係してくるので、日本人と際限なくこれから争うことになる可能性を、グルーとドゥーマンに指摘した。グルーはそれで慌ててバーンズに会いに行った。バーンズは、「いやいや、我々は受け入れることになるよ。そのままの形で受け入れないといけない。陸海軍は戦うのにうんざりしているし、大統領は降伏を出来るだけ早くやってしまいたいからだ」と相手にしてくれない。グルーは戻ってきてバランタインとドゥーマンと話すと、またバーンズのところに戻り、今度は一五分で出てきて、「長官はあなたがたに会いたいそうだ」と告げた。その結果、「天皇の大権は、連合軍最高司令官が降伏条件を履行するのに一切介入しない」との条件が書き入れられ、天皇大権の無条件受け入れを降伏の基礎とすることが防がれた。もう一つ問題があった。コーヘンの草案では降伏文書には天皇が自ら調印することとなっていた。グルーはそれはまずいと修正を求めたが、バーンズから相手にされず、修正されないままイギリスと中国に打電された。すぐさまイギリスから大筋同意するが、天皇が降伏文書に直接署名する慣例はないから、その点だけ修正すべしとの返電が寄せられた。バーンズは不承不承修正に同意した。

さて日本側の返信を受け入れるかについての会議が、トルーマン大統領によって再開された。参加

日本のポツダム宣言受諾を発表するトルーマン
前列左からリーヒ，バーンズ，トルーマン，ハル。

できたのはバーンズ、スティムソン、フォレスタル、リーヒであった。陸軍省案よりもよいということで国務省案が原案となることにスティムソンは同意した。実はスティムソンはその場にいないはずであった。すでに八〇歳近くとなっていたスティムソンは、八月八日にトルーマンに辞表を提出していたのである。ただ、トルーマンがそれを慰留していたためスティムソンも参加できた。スティムソンの存在はきわめて大きな意味をもった。会議での重要な論点は、果たして天皇制存置を前提とするこの返答をポツダム宣言の受諾とみなせるかという点であった。これはこれまで繰り返されてきた論点の蒸し返しであった。ただ、今回は二つの点で大きく異なっていた。既に原爆は投下されており、ソ連も参戦していた。ソ連の南下を一刻も早くとめるには日本の降伏しかない。バーンズは最初反対したが、のちに軟化した。その理由はわからないが、自身が関わっていた原爆が既に投下されたためか、もしくはトルーマンから妥協するよう示唆があったためかのいずれかであろう。もし後者であるなら、トルーマンは、ポツダム宣言から天皇存置に関する文言をはずす際に、日本が天皇制の問題で宣言受諾に踏み切れないときは外交ルートでその保証を与えるという、スティムソンに対する七月二四日の約束を果たしたことになる。いずれにせよ「降伏の瞬間から天皇と日本政府の統治権は、降伏条件を実施するのに必要と思われる手段をとる連合国軍最高司令官に従属する」「日本政府の最終的な形態は、ポツダム宣言の通り、日本国民の自由な意志の表明によって確立されなければならない」といったかなり穏当な内容を含む返書が、八月一一日正午にバーンズ長官の名でスイスに向けて打電された。この電文が東京に届くには一日近くかかることになるが、ラジオ放送もされたため、日本政府は一二日未明にはその内容を把握していた。この返書について一三日、一四日と最高戦争指導者会議が開かれた。返書は「天皇が……従属する（subject to）」といった表現を、「制限の下に置かれる」と比較的受け入れやすい表現に訳されていた。それでも阿南陸相が、アメリカの返信では天皇存置が保証されていないと食い下がったが、最後に天皇が、「阿南よ。余には確信がある」と述べた。かくして終戦の詔書に皆が署名し、一四日午後一一時、天皇がポツダム宣言受諾との詔書を発した旨、電報がスイスへ向けて打電された。

第八章　辞任後

1　私人に戻って

グルー辞任

八月一五日、グルーは辞表を提出した。トルーマン大統領に宛てた手紙は以下のようであった。「大統領閣下、ルーズベルト大統領とステティニアス国務長官に、昨年九月に国務次官になるよう求められたとき、私は感謝の気持ちをもって、戦争の期間だけならと引き受けました。戦争はいまや終結しましたので、閣下が大統領となられたときに提出しました辞表が受理されることを謹んでお願い申し上げます。政府に四一年間勤め、外交官の退職年齢を過ぎ、公務員としての責務をおえる適切な時期が来たと感じます。大統領閣下、私に対して信頼を置いてくださったことに対する永続する感謝、国務長官代理として常に近しく働く特権を頂いたことに対する深い満足、そして、外交関係において難しい時期に下さった素晴らしい支持への十全たる感謝を表明することをお許し下さい。尊敬と称賛と共に。敬具　ジョセフ・C・グルー」。バーンズは体裁を整えるため、外相会談から戻るまでグルーに次官でいて欲しいと言ったが、一九二〇年代にケロッグ長官の下で長官に必要とされない次官の悲哀を味わっていたグルーとしては、政治的に無力な状態で二カ月ほど余計に次官でいて、それから馘首されるくらいなら、今自分からやめたいと述べて、辞表は即座に受理された。と同時に、バーンズに、マッカーサーの顧問として東京に行かないかといわれたが、断っている。七月にマッカーサーの側近から誘いがあったときに断った理由である「支配者として日本に帰るつもりはない」という気持ちに加えて、バーンズは本気で誘っているわけではなく、もし仮に引き受けたとしても、国務省から一切サポートは得られないことは目に見えていたからであった。辞表に対して大統領と長官からそれぞれ労をねぎらう書簡がグルーに送られた。大統領からは「親愛なるジョー、十五日のあなたの書簡に答えて、次官辞任を求める願いを遺憾ながらお受けします。四十年以上の公務の後で、政府の責任から逃れて幾分休む権利が確かにあります。しかしながら、助言や相談、そして国務長官が必要とする如何なる勤めにも、あなたは応じると長官に請け負われたことをうれしく思います。国に代わって、すべての年月にわたるあなたの長く誠実で効率的な奉仕に個人的感謝の言葉を与えさせてください。長い公務のキャリアを大いなる満足とともに思い返されると確信します。過去数カ月の緊密な個人的関係を懐かしく思い出すでしょう。折に触れて会いに来てくれることを期待します。敬具　ハリー・S・トルーマン」。「親愛なるジョー」との書き出しにグルーも少し驚いたようで、エルシー宛の手紙でそのことを強調している。バーンズからは以下のような書簡が届いた。

「グルー殿、貴殿が国務省を離れることをとても残念に思います。貴殿は本省に四十年以上にわたって高位の顕著かつ献身的な奉仕をされてきました。それらの年月において、貴殿は外交政策の形成と外務職員の改善に著しい貢献をされてきました。貴殿は特に極東問題について知識と経験を獲得され、それはクリティカルな戦争の時期において、わが国にとって計り知れない価値をもつものでした。貴殿が現役から退かれて休息をとられることを望み、またそうする権利があると認めます。しかしながら、貴殿から助言と相談を求めても良いといってもらいうれしく思います。それらの助言や相談は私にとって必ずや非常に有益なものになるだろうと確信します……」。辞任後、バーンズがグルーに助言を求めることがなかったことは言うまでもない。

日本派一掃

グルーが辞任し、代わってディーン・アチソン次官補が国務次官に昇格すると、グルーを支えてきた省内の日本専門家たちの立場も大きく変わった。グルーの辞任によってドゥーマンとバランタインは省内で持ちこたえられないのは明らかであった。アチソンとやっていくのは無理で、二人が機能するのは不可能だった。特にドゥーマンは、戦中天皇の扱いをめぐってアチソンと激しくやりあった。ある時などアチソンが会議の席で、ドゥーマンを叱りつけ、「宥和者」と罵倒したこともあった。ドゥーマンはグルーに続いて直ぐに国務省に辞表を提出した。辞表を提出したその足で、極東局長のバランタインの下へ行き、「ジョー、これからひどい目にあうぞ。君の後任にヴィンセントが据えられる流れだと確信している。僕は自分からやめるところだが、君もそうすることを助言する」と述べた。バランタインもそのような居心地の悪い状態で長居するつもりはなかった。バランタインは政策決定からまったく阻害され、やるべきことだけ命令され、意見は求められなくなったのである。長官が交代してからというものアチソンはもとよりヴィンセントまでがいつでも長官に面会できた一方でバランタインは一切会えなかった。しかし、やめようとしたが、間もなく議会でパールハーバーに関する公聴会の件があるのでやめさせてもらえなかった。それで極東局長から外れて国務長官特別顧問にしてくれと言ったらそうなった。かくして国務省極東局はディッコーヴァー以外は中国専門家だけが占めることになった。彼らは、キャッスルに言わせれば、憎む以外日本のことを何も知らなかった。

評価

八月二〇日付『ニューヨーク・タイムズ』は、一外交官の引退にしては異例に大きく紙面を割いて次のように報じた。「真珠湾に先立つ一〇年間東京への大使として、日本人の裏切りの可能性をアメリカ政府に警告しつつ、平和を維持するために雄々しく戦った。日本人の裏切りは現実となり、グルー氏は自分のライフワークが崩れ去るのを感じた。それ故、日本の野心の清算を統括するのを助力できたことは特に満足感のあることであったに違いないし、彼の助言は、天皇の利用を通して太平洋戦争を速やかに終わらせるということに大いに貢献した。真珠湾の以前と以後の両方における彼の助言は時に批判にさらされたが、しかし、もし彼が道を誤ったとしても、それは人道的過ぎてそうなったのだ」。

この日、自らの引退に関するこの記事を読んだグルーは、一通の書簡を書き始めた。それはノースウエスタン大学の政治学者で極東問題の専門家として名高いケネス・コールグローブ教授への返事だった。ちょうど一週間前、日本のポツダム宣言受諾に対するバーンズの返信が発信された一三日付の書簡である。恐らくラジオ放送もされたその返信の内容を聞いたのであろう、グルーに出された書簡の中で、コールグローブはグルーの天皇存置にむけた努力を称賛した。「連合国の無条件降伏にむけた最後通牒に日本が付与するよう要求した条件を扱う上でのあなたの政治的手腕に祝意を表するためにこれを書いています。日本の天皇の廃絶を求めるいわゆる極東専門家の要求の嵐にも拘わらず、ほとんどの研究者が、天皇制に関するあなたの立場を支持していると私は信じています。日本の政府と政治を詳しく知るものは誰でも、軍事占領中に連合国にとって天皇がいかに役立つかを認識しています。あなたがアメリカ政府のみならず、英露中の政府にもその見解を印象付けたのをうれしく思います。敬具　ケネス・コールグローブ」。この著名な極東専門家による的を射た書簡はグルーにとって何にも代えがたい報酬といってよかった。これまで幾多の反対に押しつぶされそうになりながら努力してきたことを的確にわかってもらえていたのである。「あなたの手紙は私を大いに感動させました。そしてそのことを心より御礼申し上げます。日本軍は勅書以下のものには耳を傾けないので、日本との戦争を終わらせることの出来る唯一の人物が天皇であるという私のとってきた方針に対するあなたの支持を特に感謝します。今後は日本国内それ自体の展開に導かれていくしかないでしょう。そしてそれはやがて、誤った方向に導かれてきたその国においてなされなければならない完全な再建の過程で財産となるか負債となるかを示すことでしょう。敬具　ジョセフ・C・グルー」。コールグローブが、グルーの天皇存置を支持していたということは、単に一人の学者がグルーと同じ意見をもっていたということだけを意味してはいなかった。まもなくコールグローブはマッカーサーの政治顧問として東京に渡ることになるからである。

八月二二日には、マッカーサー宛に書簡を書いている。自らの顧問就任は以前断ったものの、対日占領に自分と似た考えをもつ日本専門家がほとんどいないのを憂慮し、「親愛なるわが将軍へ」で書き始められた書簡で、日本専門家としてドゥーマンを推薦した。しかし、バーンズ国務長官は、日本の民主化には日本専門家は必要ないとして、国務省の中国専門家で、日本のことを何も知らないジョージ・アチソンを任命した。ちなみにジョージ・アチソンは沈没時のパネー号にも乗船していた。

放談

晴れてお役御免となったグルーは、自由な立場から自分の仕事をやや自賛しつつ振り返ったり、国務省についてコメントしたりするようになった。八月一七日、グルーはフォレスタルと昼食を共にし、これまでの様々なことを振り返った。グルーは、日本についての自分の意見を国務省全体やハル長官へ伝えなかった責任はホーンベックにあるとの考えを述べ、しかも、ホーンベックは見誤って日本は戦争に踏み切らないだろうと硬く信じていたと述べた。ホーンベックは希望的観測が強すぎて、グルーが送った戦争に対する警告電文の多くをハルが見たか疑わしいと語った。

九月二四日、グルーはキャッスル、ドゥーマンと昼食を共にした。キャッスルによれば、このときのグルーとドゥーマンは、公務を離れてとても幸せそうだったという。特にグルーは、それまでは政府に対する批判にはとても敏感でそれを気にしていたのに、私人となった今は、政府の批判を気にしないどころか、批判に加わるのであった。また、気心の知れた面々との会話で興にのったのか、話題はどんどん広がっていった。まず、それまで公務で仕えた人々について自由に意見を開陳した。ルーズベルトは個人的に好きであったこと。トルーマンは直截的で助言に耳を傾け好ましい人物であったが、今後正しい方向に進むかはわからず、とにかく、政治的人物であったということ。バーンズについては、知るほど長く共にいなかったからとして、グルーははっきりとは言わなかったが、好きではなかったのはいた人間には明らかであった。グルーとしてはバーンズと腹を割って話し合いたかったが、バーンズは三人の側近とのみ協議するのが常で、グルーが長官室にいっても常にそのいずれかと同席しており、グルーは遠慮していたと語った。そして、暗にその側近とバーンズの無能さを示すエピソードとして、対日降伏文書に対して天皇本人の署名を求めることに固執した話を披露した。グルーは、彼らはこれから苦い経験から学んでいくしかないと突き放して少し意地悪く語るのであった。

それから話は国務省から日本専門家がどんどん追い出され、中国専門家に置き換えられていくという話になり、対日講和に関する問題を検討する委員会ですら、日本をよく知らない人々で占められていると嘆いた。日本滞在十年で自他共に認める日本専門家であるグルーには、日本をよく知らない人々が日本について専門家然として助言するのが我慢ならないとも語り、中国専門家であり、日本に住んだ経験なしに日本について多くを政権に対して助言するラティモアに偶然出会ったときに、「一度前から聞いてみたかったことがある。日本に住んだことがあるのかね」と尋ねたエピソードを語るのであった。

このような退職後の自由な国務省批判は書簡でも繰り広げられた。一九四五年九月三〇日付のエルシーと夫のセシル・ライオン夫妻宛の書簡で、グルーは自分が退職した後の国務省を観察して、自分の在任中と比較しつつ現体制を批判し、また、自分を含めた「日本派」が排除された後の国務省が作成してバーンズがマッカーサーに送った日本統治案が、「日本派」が計画していたよりもずっと穏健であったと皮肉混じりに書いている。「古き国務省が、ステティニアス体制のときほどよく組織立っていたことはかつてなかったし、これからもおそらくそうなることはないだろう。私たちが去って以来、国務省幹部会の会合は一度も開かれていないと聞いている。けれど十人の幹部から構成されていたその委員会は、我々が在職中は毎朝開かれ、すべての重要問題を話し合い、すべての活動を調整していた。そのため皆がお互い何をしているかを知っていた……別のおもしろい間接的情報としては、マスコミと世論が省内のいわゆる『日本派』と『軟弱平和派』を除去するように主張しているということだ。これは完璧に達成された。ドゥーマンは辞任し、バランタイン〔極東局長〕はジョン・カーター・ヴィンセントに取って代わられ、アール・ディッコーヴァー〔日本課長〕は在外に出ようとしていると思われる。滑稽なことに日本の戦後の扱いについてのわが国の計画は、バーンズが最終的にマッカーサーに送ったものよりも遙かに過激なものだった。『日本派』や『軟弱平和派』は最終的になされたものよりも遙かに先に行くものを望んでいたのだ……」。また、天皇に関しても、「日本派」は、すべての権限を剝奪された状態で葉山に軟禁すべしと進言していたということもあった。グルーら「日本派」が国務省から追い出されたにもかかわらず、国務省が実際に出した日本統治に関する内容は、グルーらが進言していたものよりはるかにグルーらの望みに添うものになっていたのだ。

終戦直後の日本

一方、ようやく平和が訪れた日本では、戦前グルーと親しく、そのせいで戦中困難な目にもあった人々が社会の前面に出てきていた。九月一七日には吉田茂が外相に就任した。当時は終戦直後でアメリカへの郵便を民間人が自由に発送できるような状態ではなかったが、外相である茂のはからいで和子からの戦争中の家族の無事を知らせる一〇月二四日付のグルー夫妻宛書簡が届けられた。グルーは喜び次のように返事を書いている。「親愛なる和子さん　あなたから十月二十四日付のお手紙をいただいて、妻は喜びに満ちあふれました。あなたと御家族——三人のお子様とお父上、そしてお祖父さん——が皆ご無事お元気であることを知り、妻は嬉しさのあまり泣きました。このつらかった数年間、私たちは皆さまのことを変ることのない親愛の情をもって絶えず思い起しておりました」（吉田茂記念事業財団『人間吉田茂』）。

一〇月九日には幣原内閣が成立した。このような動きに、一九四五年秋の時点でグルーは日本の向かう方向について心配していない旨を書いている。「私は幣原、吉田、その他現内閣の閣僚たちをよく知っている……［彼らは］軍国主義や軍国主義のやったことに徹底して反対していた。共産主義者が権力を握らない限り、日本の将来について心配していない」。

ただ、グルーは財閥解体や実業家のパージなどによって、天皇制のもとで穏健な人々が権力をもつという自分が思い描いたイメージから日本が外れていくことを殊更心配していた。そのような懸念を増大させるような実際の賠償試案やパージなどが発表されるとグルーはすぐさま行動を起こした。経済担当国務次官補ウイリアム・クレイトンに次のように書き送って警告した。財閥解体は「いささか金をもっているからというだけで、すべての日本人実業家に刑を課す形で」なされるべきでなく、もしそのようなことをすれば「それは共産主義への道を直接に開くことになるし、国を経済的に自立させるうえで個人の自主性を発揮できなくする」。そして、日本人は「命令や人為的につくられた苦難によって民主化されることはない。もしそうした政策がとられたならば、意図したものとはまったく逆の結果となるだろう。そして日本を……ソ連の衛星国に突き進ませることになろう」とグルーは結論付けた。この書簡にグルーは同様の論調の『ニューヨーク・タイムズ』紙の記事の写しを同封している。「日本の親連合国グループがより冷淡になっている」というこの記事は、ポーレー特使の賠償試案や最近発表されたパージによって、日本の指導層の中の親米親英の人々がアメリカの占領に失望しつつあるとして、戦争責任の有無に関係なく富裕層を罰する現在のやり方に疑問を呈している。

2　パールハーバー公聴会から東京裁判まで

公聴会

一九四五年一一月後半から一二月初旬にかけて、連邦議会で、真珠湾攻撃に関する合同調査委員会の公聴会が開かれた。グルーも召喚され、ハル元国務長官の証言に続いて、一一月二六日、証言席に座った。質問者の中でも共和党員たちは、民主党政権の「あら」捜しのため、次々と質問した。ペルー公使から一九四一年一月に聞いた例の真珠湾攻撃の噂に関する質問から始まり、一一月二九日まで四日間にわたって尋問が続いた。特に彼らが関心を抱いたのはグルーの日記で

公聴会で証言するグルー

あった。グルーが駐日大使時代詳細な日記をつけていたことは広く知られており、それを見ると素晴らしい情報が得られると考えた共和党関係者たちは、何とかそれを提出させようと迫った。例えば、共和党のオーエン・ブルースター上院議員は、日記が個人的なものであると理解を示しつつも、「これ以上に深い国家の関心事も恐らくないことを理解されると思います」と何とか提出させようと迫った。しかし、グルーはあくまで「私の日記は私用の個人的文書であります。私はそれを自分の考えを整理するためのある種のスケッチブックとして用いました。それは日々のぞんざいななぐり書きであり、多くの文章が不正確であり、誤りを導きかねないものなのです」などと頑なに提出を拒んだ。同じく共和党のホーマー・ファーグソン上院議員も、それではこの調査においてどのような文書が依拠されるべきかとの質問には、使われるべきは公的文書であるとして頑として応じなかった。そのため、ファーグソン議員も、交換船で帰国したときに大統領と国務長官に面会したときの記録はあるのかと、だんだん話がそれていった。それに対してグルーはそのような記録はとっていないと答え、では長官はその記録をとっているかとの問いには、「それは知らない」と答え、一向にかみ合わなかった。結局、自身確固たる共和党員であったが、仕えたルーズベルト政権を一貫して支持するグルーへの質問は、共和党議員たちに実りのないまま終了した。

交流の再開

一九四六年三月二三日付の書簡で、間もなくGHQによる調査に携わるため東京に出発するとコールグローブから知らされたグルーは、コールグローブの紹介状を大使時代の旧知の人物たちに急ぎ書いて同封している。それは樺山愛輔、幣原喜重郎、牧野伸顕の三人に宛てられたものであった。幣原に対するものは、コールグローブをよろしくということと、戦争中の大変さを気遣う内容であった。牧野に対してはそれに加えて孫娘和子からの手紙を妻アリスが最近受け取り喜んだことなども加えられていた。この二通がタイプ打ちのものであったのに対し、樺山愛輔宛のものだけはグルーにしては珍しく手書きであった。戦後初めて樺山宛に手紙を書ける機会であったのだろう、コールグローブを紹介する段落に続いて、思いのたけがつづられている。少し長いが一部引用してみたい。

一月七日付のあなたからの手紙がクライマン大尉から数日前に届けられ、再びあなたから手紙をもらう大いなる喜びを妻と私にもたらしました。東京にいる友人たちからあなたの消息を求めてきましたが、困難な年月をあなたが穏やかに過ごされたと知って我々はとても幸せな気持ちになりました……もっと長く書きたいのですが、コールグローブ博士は明日の午前早くに出発なので、これを他の彼宛の手紙と共に今夜中に送らねばなりません。私たちはあなたや東京での古い友情についてしばしば思い返してきましたし、常に感謝してきました。ご存知のように我々の側の友情はこれからもずっとそのままです。そして、折に触れてあなたの良い知らせを聞きたいと望んでいます。アリスは不幸なことにこの冬はずっと具合が悪く、ここ四カ月ずっと床の中です。しかし、良くなりつつあり、完全に回復すると望んでいます。私は、四一年間のご奉公の後いまや引退し、ついに公務から離れて幸せです。正子によろしく……。

グルーの紹介状を胸に日本に着いたコールグローブは、その紹介状をもってグルーの友人たちをまわった。中でも牧野は高齢であったが、車で二時間もかけて疎開先の千葉までやってきたコールグローブを歓待し、グルーがいかに戦中、日本に対して厳しい講和を望む人々と戦い、特に天皇存置に向けて活躍したかを聞きたがるのであった。そのくだりを東京に戻ったのちコールグローブは掻い摘んで書簡にしたため伝えたところ、牧野は次のように返事を送っている。「それ［グルーの活躍を書いた手紙］は、価値ある歴史的文書であると考えますので、いずれは陛下に奉ることになるでしょう。グルー氏が我々の大義のためになした大いなる助けをご存知になると大いに喜ばれると思います。私は個人的に、陛下がグルー氏の人となりと見解を常に高く評価されていたことを知っています」。グルーがこれを読んだら感激しただろう。

ところが牧野は昭和天皇の側近中の側近であるだけに、話はこれでは終わらなかった。一九四六年七月初めにコールグローブがマッカーサーの許可を受けて天皇に拝謁したところ、天皇はコールグローブにグルーへのメッセージを託したのであった。まず、両国が戦争となったことに遺憾の意と、グルーが平和の維持に努力したことへの満足を表した。ついで、グルーが出国するときに丁重な扱いがなされなかったことへの遺憾の意と、帰国後の日本に対する慈悲深い政策に感謝の意を表した。ついで吉田首相から天皇皇后両陛下からのグルーへの贈り物がコールクローブに言付けられた。マッカーサーは公表しないことを条件に受け取りを許可した。天皇からグルーに送られたのは漆塗りの文机で、皇后からアリス夫人には金銀細工の漆塗りの箱であった。それらは封印され、総司令部から陸軍省に送られる手はずとなり、ワシントン到着後はマッコイ将軍の金庫に保管されることになった。加えて、吉田首相は、アリス夫人にと絹を用意し、牧野、吉田、樺山、松平、来栖各氏からも書簡やカードが寄せられた。グルーは初め天皇皇后からの贈り物に当惑し、辞退すべきかと考えたが、断ることはかえって非礼と考え、また、既に引退して私人となっていることから受け取りを決めている。

東京裁判　一九四六年四月、ポツダム宣言と降伏文書に基づいて、極東国際軍事裁判が東京で始まった。起訴された中には、グルーが大使時代の親交を深め、日本を戦争へと向かわせたとは考えられない者も含まれていた。それでグルーは、一〇月三〇日付で弁護側の証拠として次のような宣誓供述書を作成した。「私、ジョセフ・シー・グルーは先づ宣誓を為したる上次の如く供述致します。私は昭和七年より昭和十六年迄駐日米国大使としての十カ年に亘る勤務期間中戦争犯罪人として起訴された三名の日本人即ち平沼騏一郎、広田弘毅及び重光葵と公私に亘り時折親密に接触しました。斯くの如く公私に亘る接触に基き又私が評価し得る立場にありましたその態度、行動に基いて私の知るところから判断すれば之等三名は他の日本人の政策行動殊に日本を合衆国及び其の他の国際連合諸国との戦争に突入せしめた陸海軍の極端論者の政策行動には根本的に反対していたと云ふ事を確信致します。のみならず私は時折之等三名が日本の武力侵略に依る領土拡張運動を阻止しようと努力していたのを認めるのであります……前記三名は全く戦争には反対であり之を避けようと努力したものと私は思って居ります……」。一九四六年一一月八日、極東国際軍事裁判所は、グルーとスティムソンの召喚を認めない決定をした。

グルーは米国から裁判の様子を注意深くモニターしていた。国務省の日本関係者からはバランタインが、一九四六年一一月一八日から二五日まで証言した。その後、帰国帰宅してバランタインがグルーに電話して、「会いに行きたい」と言ったら「何のために」とやけに冷たい。なんとか聞きただすと、国務省ではだれも私の報告書に注意を払っていなかったと証言したそうじゃないかとグルーはその不機嫌の理由を明かした。バランタインが慌てて「まったく逆で、記録も持っている」と反論し、グルーの情報源を質すと、フランス人の特派員とのことであった。バランタインがその社のワシントン特派員と会い、真実を伝え、それを本社に電報で送ってもらい、そのコピーをグルーに見せることで、友情が復活した。グルーがいかにまじめで、自分の仕事に誇りをもっていたかを示している。同様のエピソードに次のようなものもある。

『ハーバーズ・マガジン』一九四七年二月号にスティムソン元陸軍長官の「なぜ我々が核爆弾を使用したのか説明する」という論説が掲載された。同誌は大手出版社のハーバーズが出版する有力月刊誌で、表紙に大々的にその論説のタイトルとスティムソンの名前が掲載されるという大きな扱いであった。中味は、ポツダム宣言作成に果たした自らの大きな役割を記したもので、グルーについては補足的に触れられているに過ぎなかった。しかし、ポツダム宣言草案作成にはグルーとドゥーマンが大きく関わっており、ほとんど修正されないまま実際の宣言となっている。スティムソンは、日本が既にソ連などを通じて和平を求めていたことを知っていたことについて言及せず、核爆弾投下の必要性を強調していた。自分が天皇制存置を働きかけたおかげで日本が和平に同意し、もし、政権が自分の助言をもっと早く聞いていたら戦争終結はもっと早まったと確信しているグルーは、大いに不満で、すぐさまスティムソンに抗議の手紙を書いている。それによれば自分は五月の段階から天皇制存置の声明を日本に対してすべきと大統領に進言していたし、ポツダム宣言も自分のそのような考えにそって作成されたものであるというものであった。

グルーが提出した平沼騏一郎、重光葵、広田弘毅の三人のための宣誓供述書は、一九四七年九月二四日に極東国際軍事裁判所によって却下された。弁護側は証拠として『滞日十年』の抜粋も提出したが、そのほとんどが却下、もしくは部分却下であった。

3　余生

桜の花

当初は過激な方向へいくと思われた日本占領が、グルーの思惑通りに方向を変えつつあった一九四八年春、グルー夫妻が日本を去る直前に大使公邸敷地内に植えたあの桜が初めて花開いた。グルーに仕えた大使館日本人執事の船山貞吉からその桜についてのいきさつを聞かされたマッカーサーは、「一九四二年六月一〇日、ジョセフ・C・グルー夫人植樹」と書かれたプレートを作らせ根元にはめ込むよう命じた。また船山は、咲いた桜の花弁をグルー宛に送っている。グルーは喜び、アリス夫人が、その花弁をきれいに自宅の壁に飾ったという。

反共の闘士

一九四八年六月二八日、グルーはニューヨークのハーバードクラブで、キャッスルと共に米国対日評議会の名誉会長になるべく会合の中心に腰掛けていた。この組織はドゥーマンらによる日本問題に関する保守的なロビー団体であった。冷戦の激化、中国国民党の崩壊、占領コストの増大、改革への日本の官僚のひそかな反対などが、ワシントンの政策決定者に、穏健派に率いられ、立憲君主制のもとでの日本の強力な資本主義の復活を支持する彼らの考えを支持させた。ワシントンからの命令に反して、連合軍最高指令官であるマッカーサーが急進的経済改革プログラムを実行したとき、グルーのもとにあったジャパン・ロビーは、反マッカーサーの組織へとなった。グルーたちは、保守の論客であるはずのマッカーサーとの対立に最初当惑したが、敢然とマッカーサーに宣伝戦を仕掛けるとともに、陸軍内にもウィリアム・ドレイパー次官といった味方を増やし、日本を反共の砦とすべく活動した。具体的には財閥解体をなんとか押しとどめようとし、公職追放者の復帰を急がせた。一九五〇年春には、同評議会が資金を出して元東京市長の尾崎行雄をアメリカに招待した。五月二四日には歓迎夕食会がニューヨークのウォルドーフアストリアホテルで開催され、キャッスルとグルーが尾崎をはさんで着席した。グルーは尾崎を「最も偉大なリベラルの一人」と称え、尾崎は中国が共産化した今、「アメリカとの平和条約なしに、日本の将来の安全保障はない」と演説した。

日本において占領の逆コースが確定していくと、次にグルーが目を向けたのが鉄のカーテンが下ろされ、共産化の危機に喘ぐヨーロッパであった。ヨーロッパ共産化の危機を回避すべく一九四九年三月十七日、ニューヨークで全米自由ヨーロッパ委員会が設立された。ヨーロッパにおけるソ連の影響力を殺ぎ、アメリカの影響力を増すことを目的とした反共主義団体であった。この委員会は、ヨーロッパでアメリカの主張を宣伝する自由ヨーロッパ・ラジオを運営し、また、そこに共産主義政権の成立によって母国を追われた民主主義を信奉する亡命者を雇用するという役割を果たした。公的組織であるとその内容や予算において様々な制約があるため民間組織として設立され、その予算はＣＩＡの工作費と民間からの援助によっていた。アレン・ダレス、アイゼンハワー、ヘンリー・ルースらが名を連ね、グルーは理事長として募金活動に携わった。一九五〇年の独立記念日、七月四日に初放送をし、七月一四日から通常放送を開始した。

グルー基金

一九四八年一〇月、グルーの駐日大使時代の記録をもとにアメリカでベストセラーとなっていた『滞日十年』の日本語版が毎日新聞社から出版された。戦後の物資不足の中、粗末な紙に印刷されていたが、一年半で七万五千部が売れた。物流が整っていない戦後間もないことを考えると非常な売れ行きといえた。一九四九年七月一五日には『滞日十年』の印税を日米親善に役立つ教育・慈善事業に寄付したいとのグルーからの申し出が樺山愛輔にあった。グルーが念頭においていたのは、グルー自らがアメリカ側募金委員長を務める国際基督教大学設立計画、故エドガー・バンクロフト駐日大使を記念したバンクロフト奨学金、そして占領軍と日本人女性を親とする子供たちのための施設エリザベス・サンダース・ホームなどであった。寄付金をどこに振り分けるかの助言を求められた。樺山は、「グルー基金」の設立を提案した。それは『滞日十年』の印税を元に、残りを日本側の募金で補い基金とし、それを原資として利子で優秀な日本人の高校生をアメリカの大学へ、中でも樺山が学んだアマースト大学などのリベラルアーツ系大学へと送ろうというものであった。

グルー自身は、全米自由ヨーロッパ委員会の理事長としてアメリカでの募金活動の中心となっているので、手伝えないとの丁重な連絡があったが、幣原喜重郎衆議院議長、吉田茂首相兼外相、一万田尚登日銀総裁らは、募金に対する支援を快諾した。中でも吉田茂は強く支援した。一九五〇年一一月二九日夕刻、首相官邸で財界などの有力者二百名ほどをお茶の会に招き寄付援助を求めた。そこでは樺山愛輔からグルー基金についての説明と経過報告がなされた。吉田はグルーに祝電を送り、グルーは直ぐに返電で謝意を伝えている。こうして樺山を中心として、多くの有力者に支えられた募金活動は、戦争の惨禍がまだ生々しい日本で、なんと基金の基礎とされていた印税の一〇倍もの額を日本人の寄付で集められ大成功であった。一九五三年夏には第一期生四人をアメリカへ送り出した。

占領の終了

一九五一年四月マッカーサーが突如解任され、官邸の主がマシュー・リッジウェイ将軍に代わった。それまでグルー時代も、そしてマッカーサーが主のときですら、誰でも使用が許された官邸のプールが、リッジウェイ夫妻専用となったことや、リッジウェイ夫人がパーティの折には薔薇を口にくわえて階段から降りて喝采を期待するのが常であったなど、あまりにグルーの頃のやり方と違うことに戸惑う日本人執事船山貞吉には、解雇が言い渡された。それをアメリカで聞いたグルーは早速、次の駐日大使となるマーフィー大使に推薦状を送った。それによって船山は再雇用され、次のアリソン大使、元帥の甥のマッカーサー大使と戦後三人の大使につかえることになった。

一九五一年八月、吉田茂は日本の国際社会復帰に向けてサンフランシスコに向かうことになっていた。吉田はこの気乗りしない旅に向けて特別な旅支度はしないよう指示していた。ただ、グルーへの土産だけには気を遣ったという。翌年、日本の国際社会復帰に伴い戦後初の駐米大使として新木栄吉がワシントンのナショナル空港に降り立つと、握手で出向えたのはほかならぬグルーであった。米国対日評議会は、日本の共産化阻止に向けて積極的に活動していた。戦前からアメリカとのつながりがあった日本人を支援するのもその活動の一つであった。そのとき、一つの基準となったのがグルーと戦前親しかったかというものであった。グルーのようなアメリカ人と同席しているのを見られるのを皆が避けていた戦前において、そのようなことなど気にせずグルーと親しく交際したということが評価された。例えば、岸信介がグルーのゴルフ仲間だったことを、ハリ・カーン、ドゥーマン、コンプトン・パッケナムらは思い出し、一九五三年の追放解除前から岸の世話を焼いた。

『動乱期』の出版

一九五二年一一月、全二巻、千五百ページにわたるグルーの回顧録『動乱期』がホートン・ミフリン社から出版された。『滞日十年』が日記からの抜粋を中心に構成されていたのに対し、これは公文書からの抜粋を中心にした貴重な記録であった。『ニューヨーク・タイムズ』紙は巨大な写真を伴って大きく報じた。この回顧録の中にグルーは帰国直後にハルを激怒させた報告書の骨子を盛り込み、もし自分の意見が政権に聞き入れられていたなら、歴史は大きく変わっていただろうという主張を繰り返した。もし、政権が駐日大使館からのグルーの意見に従っていたなら、日米戦争は回避されていただろうし、開戦後も、自分の言う通りに日本に対して天皇存置の確約を与えていれば、早期の戦争終結が可能となり、米兵の損害はより少ないものとなっていただろうし、原爆投下も避けられただろう。また、それによってソ連参戦は阻止され、共産主義の拡大を事前に食い止めることが可能であっただろうとの主張が底流となっていた。グルーは死ぬまで、外交によって戦争を食い止めた外交官という歴史的役割をワシントンによって奪われたと考えていた。

『動乱期』は、年末、その年に出版された書籍の中から選ばれる『ニューヨーク・タイムズ』紙の「傑出した本」の中の一つに選ばれた。

一九五三年九月に皇太子が訪米し、ボストンを訪れた。その日はあいにく激しい雨であったが、皇太子はボストン美術館で古代ギリシアやエジプトなどの所蔵品を鑑賞した。通常は休館日である月曜であったが特別に開館されたものであった。その後、皇太子は近郊にあるハーバード大学を訪問し、学長著の『ハーバード入門』の特別装丁版を謹呈されている。そしてボストンのジャパン・ソサエティの記念昼食会が催されたが、名誉ある皇太子の隣の席に座ったのはもちろんグルーであった。

日本、トルコ、そして反共の余生

グルーはその後も、反共主義の立場から名誉職的な役割を果たしつつ、時折、過去のつながりからトルコや日本の訪問者を迎える生活を続けた。一九五三年十月に、共産中国を国連に加盟させないよう大統領に請願する請願書に千人の著名人の署名を求める運動が始まると、グルーはフーバー元大統領などと並んで発起人となった。この頃共産中国の国連加盟に反対する百万人委員会は、マンハッタンの四二番街に本部を開設した。同じく一〇月に、いまや日本ビクターの代表となっていた野村吉三郎が出張で訪米し、グルーにも会い、旧交をあたためている。一方で、一〇月二一日には樺山愛輔が病没し、グルーも悲しい思いをしている。

グルーが初めて大使として赴任したトルコも、グルーに対して温かい関係を持ち続けた。グルーがトルコ大使時代に三女のアニタがボスポラス海峡を泳いで横断して、トルコで大いに評判となったことはトルコ人とトルコにゆかりのアメリカ人の記憶に焼きついており、一九五二年九月、今度は駐トルコ米国大使のジョージ・マギー自身が泳いで横断して話題となっている。そのときはもちろん皆グルーのことを思い出すのであった。一九五四年二月には、トルコのジェラル・バヤル大統領が訪米し、コロンビア大学から名誉学位を授与されると、そのパーティの席にグルーも主要な元大使として招待され、スピーチした。一九五七年には駐米トルコ大使が新生トルコが受け入れた最初のアメリカ大使としてグルーを表敬訪問し、歓談した。

最後まで関わったのは反共運動であった。一九五五年五月二二日にはニューヨークの財政政治教育研究所の理事に選出されている。共産主義とアメリカ的生活様式を対照させる分野での活躍を期待されてのことであった。一九五六年には、共産中国の国連加盟に反対する百万人委員会のメンバーとして『侵入警報！』を出版している。表紙全体が赤色というよりも扇情的な紅色のこの本は、この年の大統領選挙の両党の全国大会に間に合うように出版されている。序文によれば本書の目的は、「両党の全国大会において、綱領もしくはいずれかの機会に、国際連合への共産中国の加盟に反対であると公式に意見を述べるよう説得することである」と書かれていた。

一九五九年八月一六日朝に、五日前に心臓発作を起こしてビバリー病院に収容されていたアリス夫人が七五歳で他界すると、グルーはワシントンからマサチューセッツ州のマンチェスター・バイザシーに移り住んだ。大西洋の海岸に面した風光明媚な小さな町である。天気のよい日は、純白のリンネルのスーツを着て海沿いのレストランへ出かけ、ジン・マティーニを食前酒に昼食をとった。すると近所の年配のご婦人方が話しかけてくるのが常であったという。

一九六二年三六人の上院議員と二二三人の下院議員を含む、共産中国の国連加盟に反対する百万人委員会の委員長にアメリカの最初の国連大使で元上院議員のウォーレン・オースティンと共に就任した。これが公的な責務の最後だったようである。

八五歳の誕生日を二日後に控えた一九六五年五月二五日夕刻、グルーはマンチェスターの自宅で息をひきとった。三人の娘、六人の孫、一〇人のひ孫が残った。葬儀はマサチューセッツ州ビバリーファームのセントジョンズ・エピスコパル教会で執り行われた。左側前列は遺族によって占められていたが、右側が空席になっており、そこに日本大使ら日本の外交団が正装で駆けつけ着席した。

五月二七日付『ニューヨーク・タイムズ』紙にはトルコ大使からグルーについての賛辞が掲載された。「ジョセフ・C・グルー大使の他界はトルコ人にとって悲しい出来事です……彼のわが国に対する称賛と土米友好に対する努力はトルコでの勤務にとどまるものではなく深く根ざしたものであると理解しています」。

日本では六月一八日に東京ユニオン教会で追悼式が催された。本来なら真っ先に駆けつけたであろう樺山愛輔は既にこの世にはなかったが、高松宮、椎名悦三郎外相、ライシャワー大使ら百人ほどが参列した。そこには回想録でグルーのことを「『真の日本の友』と言うべき」と記した齢八六の吉田茂の姿もあった。

主要参考文献

国立国会図書館
・牧野伸顕文書
・樺山愛輔文書
米国国立公文書館
・RG59, RG107
イェール大学
・スティムソン文書
・スティムソン日記
コロンビア大学オーラルヒストリーコレクション
・ジョセフ・バランタイン
・ユージン・ドゥーマン
スタンフォード大学
・ドゥーマン文書
・ホーンベック文書
ハーバード大学

・グルー文書
・キャッスル日記
フーバー大統領図書館
・キャッスル文書
・コールグローブ文書
プリンストン大学
・フォレスタル日記

State Department, *Foreign Relations of the United States*
外務省『日本外交文書』

Bernard Bailyn et al., *Glimpses of the Harvard past*. Cambridge: Harvard Unibercity Press, 1986.

Richard Dean Burns & Edward M. Bennett eds., *Diplomats in Crisis: United States-Chinese-Japanese relations, 1919-1941*. Santa Barbara: ABC-Clio, 1974.

Katharine Crane, *Mr. Carr of State: Forty-seven Years in the Department of State*. New York: St. Martin's Press, 1960.

Hugh De Santis, *The Diplomacy of Silence: The American Foreign Service, the Soviet Union, and the Cold War, 1933-1947*. Chicago: The Chicago University Press, 1979.

John W. Dower, *Empire and Aftermath: Yoshida Shigeru and the Japanese, 1878-1954*. Cambridge: Harvard University Press, 1979.［ジョン・ダワー、大窪愿二訳『吉田茂とその時代』上・下（ＴＢＳブリタニ

カ、一九八一年)]

John K. Emmerson, *The Japanese thread : a life in the U. S. Foreign Service*. New York: Holt, Rinehart and Winston, 1978. [ジョン・エマーソン、宮地健次郎訳『嵐のなかの外交官――ジョン・エマーソン回顧録』(朝日新聞社、一九七九年)]

Robert A. Fearey, "My Year with Ambassador Joseph C. Grew, 1941-1942: A Personal Account," *The Journal of American-East Asian Relations* vol. 1 no. 1 (Spring 1992): 99-136.

Herbert. Feis, *Japan Subdued: The Atomic bomb and the end of the war in the Pacific*. Princeton: Princeton University Press, 1961.

James Forrestal, *The Forrestal Diaries*. New York: Viking Press, 1951.

Joseph C. Grew, *Report from Tokyo : amessage to the American people*. New York: Simon and Schuster, 1942. [J・C・グルー、細入藤太郎訳『東京報告』(日本橋書店、一九四六年)]

Joseph C. Grew, "The Japanese are Tough," Washington, D. C.: Office of War Information, 1942.

Joseph C. Grew, *Ten Years in Japan: a contemporary record drawn from the diaries and private and official papers of Joseph C. Grew, 1932-1942*. New York: Simon and Schuster, 1944. [J・C・グルー、石川欣一訳『滞日十年』上・下(毎日新聞社、一九四八年)]

Joseph C. Grew, *Turbulent era: a diplomatic record of forty years, 1904-1945*. New York: Houghton Mifflin, 1952.

Waldo H. Heinrichs, Jr., *American Ambassador: Joseph C. Grew and the development of the United States diplomatic tradition*. Boston: Little, Brown, 1966. [麻田貞雄訳『増補 グルー大使と日米外交』(グルー基金、二〇〇〇年)]

John Hersey, "Joe Grew, Ambassador to Japan: America's top career diplomat knows how to appease the Japanese or be stern with them," *Life* vol. 9 (15 July 1940).

Nancy Harvision Hooker, *The Moffat Papers: Selections from the Diplomatic Journals of Jay Pierrepont Moffat*. Cambridge, MA.: Harvard University Press, 1956.

Cordell Hull, *Memoirs of Cordell Hull*. New York: McMillan Company, 1948.［コーデル・ハル、宮地健次郎訳『ハル回顧録』（中央公論社、二〇〇一年）］

William D. Leahy, *I was there: the personal story of the chief of staff to presidents Roosevelt and Truman based on his notes and diaries made at the time*. New York: Whittlesey House, 1950.

Cecil Lyon. *The Lyon's Share* (New York: Vantage Press, 1973).

Gary May, *China Scapegoat : The Diplomatic Ordeal of John Carter Vincent*. Washington, D. C.: New Republic Books, 1979.

Wyman H. Packard, *A Century of U. S. Naval Intelligence*. Washington, DC: Department of Navy, 1996.

William Phillips, *Ventures in Diplomacy*. London: Wyman and Sons, 1952.

Gordon W. Prange, *At Dawn We slept : the untold story of Pearl Harbor*. New York: McGraw-Hill, 1981.［ゴードン・プランゲ、土門周平・高橋久志訳『真珠湾は眠っていたか』全三巻（講談社、一九八六、八七年）］

Julian Pratt, *Cordell Hull, 1933-1944*. 2 vols. New York: Cooper Square Publishers, 1964.

Howard B. Schonberger. *Aftermath of War: Americans and the Remaking of Japan, 1945-1952*. Kent, Ohio: The Kent State University Press, 1989.［ハワード・ショーンバーガー、宮崎章訳『占領１９４５～１９５２――戦後日本をつくりあげた８人のアメリカ人』（時事通信社、一九九四年）］

Henry L. Stimson *The Far Eastern Crisis: Recollections and Observations*. New York: Harper, 1936.

Henry L. Stimson & McGeorge Bundy, *On Active Services in Peace and War*. New York: Harper, 1948.

Jonathan G. Utley, *Going to War with Japan, 1937-1941*. Knoxville: University of Tennessee Press, 1985.
〔ジョナサン・G・アトリー、五味俊樹訳『アメリカの対日戦略』（朝日出版、一九八九年）〕

Hugh R. Wilson, *Diplomat Between Wars*. New York: Longmans, Green and Co., 1941.

有馬哲夫『アレン・ダレス——原爆・天皇制・終戦をめぐる暗闘』（講談社、二〇〇九年）

五百旗頭真『米国の日本占領政策——戦後日本の設計図』上・下（中央公論社、一九八五年）

五百旗頭真『日米戦争と戦後日本』（大阪書籍、一九八九年）

五百旗頭真『戦争・占領・講和１９４１～１９５５』（中央公論新社、二〇〇一年）

伊藤隆『昭和十年代史断章』（東京大学出版会、一九八一年）

伊藤之雄・川田稔編『二〇世紀日本の天皇と君主制——国際比較の視点から　一八六七～一九四七』（吉川弘文館、二〇〇四年）

井上寿一『危機のなかの協調外交——日中戦争に至る対外政策の形成と展開』（山川出版社、一九九四年）

猪木正道『評伝吉田茂』上・中・下（読売新聞社、一九八〇年）

入江昭『日米戦争』（中央公論社、一九七八年）

加瀬俊一『日本外交史　第23巻　日米交渉』（鹿島研究所出版会、一九七〇年）

加瀬俊一『加瀬俊一回顧録』上・下（山手書房、一九八六年）

加瀬俊一『吉田茂の遺言』（日本文芸社、一九九三年）

加藤哲郎『象徴天皇制の起源——アメリカの心理戦「日本計画」』（平凡社、二〇〇五年）

北康利『吉田茂——ポピュリズムに背を向けて』（講談社、二〇〇九年）

北岡伸一『政党から軍部へ　1924～1941』（中央公論新社、一九九九年）
重光葵『外交回想録』（毎日新聞社、一九七八年）
柴山太『日本再軍備への道──一九四五年～一九五四年』（ミネルヴァ書房、二〇一〇年）
下村海南『終戦秘史』（講談社、一九八五年）
須藤眞志『日米開戦外交の研究──日米交渉の発端からハル・ノートまで』（慶應通信、一九八六年）
須藤眞志『ハル・ノートを書いた男──日米開戦外交と「雪」作戦』（文藝春秋、二〇〇〇年）
武田清子『天皇観の相剋──一九四五年前後』（岩波書店、［一九七八年］二〇〇一年）
秩父宮妃勢津子『銀のボンボニエール』（主婦の友社、一九九一年）
東京裁判資料刊行会編『東京裁判却下未提出弁護側資料』（国書刊行会、一九九五年）
中村政則『象徴天皇制への道──米国大使グルーとその周辺』（岩波新書、一九八九年）
服部龍二『幣原喜重郎と二十世紀の日本──外交と民主主義』（有斐閣、二〇〇六年）
原田熊雄術・近衛泰子筆記『西園寺公と政局』八巻（岩波書店、一九五〇～五六年）
船山喜久彌『白頭鷲と桜の木──日本を愛したジョセフ・グルー大使』（亜紀書房、一九九六年）
細川護貞『細川日記』（中央公論社、一九七八年）
細谷千博・斉藤真・今井清一・蠟山道雄編『日米関係史』1～4（東京大学出版会、一九七一年）
細谷千博監修A50日米戦後史編集委員会編『日本とアメリカ──パートナーシップの50年』（ジャパンタイムズ、二〇〇一年）
丸山真男・福田歓一編『聞き書　南原繁回顧録』（東京大学出版会、一九八九年）
村田晃嗣『米国初代国防長官フォレスタル──冷戦の闘士はなぜ自殺したのか』（中央公論新社、一九九九年）
吉田茂『回想十年』全四巻（新潮社、一九五七、五八年）

吉田茂記念事業財団編『人間吉田茂』（中央公論社、一九九一年）
「グルー基金設立50周年を記念して」（グルー基金、二〇〇〇年）

おわりに

グルー夫妻が東京の住まいとした駐日米国大使公邸であるが、その内部はその時々の主によって大いに趣を異にしてきた。多くの大使夫妻は、母国アメリカの風景を描いた絵画を掛けることを好んだようである。本書執筆中の現在、大使公邸の主はルース大使夫妻であるが、公邸内には、日系、もしくは日本人芸術家たちの現代アートがおかれて、日本に対する心配りが感じられる。グルーが勤務していた当時は、公邸のどの部屋にも日本の風景画が飾られていたという。

中でもグルーが夜遅くまで執務した書斎の暖炉の上には、アリス夫人の母親が描いた富士山の絵が飾られていた。夜にはグルーは愛用のコロナ社製タイプライターでそこで様々な文書を執筆するのであったが、そのときは、「少量のアルコールは脳を活性化し、柔軟な思考を与えてくれる」(「グルー基金設立50周年を記念して」)という考えのグルーに、日本人執事の船山貞吉がジョンヘイグ社のスコッチウィスキーを運ぶのが常であったという。また、正面ホールの螺旋階段の前は日本のきらびやかな金屏風で飾られ、その前にはすばらしい松の盆栽がすえられていた。階段横には美しい仏画などが飾られていた。日本文化を愛するグルー大使とアリス夫人は決して偉ぶらず、どのようなささいなことにも「ありがとう」と言い、アリス夫人は誰に対しても慈愛に満ちた心で接した公邸は温かい雰囲気に包まれていた。

グルーの外交官としての評価にはいろいろなものがある。若干辛口ではあるがハインリクスの次のような評価が的を射ているように思われる。グルーは単一の外交問題に直面し、人的コネクションを使って人間関係から解いていくときにはベストだったが、「万華鏡的」なワシントンにあっては、用心深く、想像力を欠き、前例に固執し、実験を避ける傾向にあった。すなわち、魑魅魍魎がうごめき、ありとあらゆる要因を考慮しなければならない首都ワシントンにおいては、グルーはうまくやれなかった。それは欧州の債務問題への対応や、イランでのアメリカの権威の保護、中南米でのアメリカの警官としての役割の維持、北京議定書への固執などに見て取れる。中国専門家のロジャー・グリーンは「性格は良いが、幾分知的に凡庸な」男とグルーのことを評しているが、そのような側面があったことも事実であろう。ただ、グルーも同時期にグリーンのことを「死体のように青ざめた葬儀屋」のように見えると日記に記しているので、嫌悪は相互的なものかもしれない。一方で、トルコとの条約締結などグルーは単一の外交問題に直面し、人的コネクションを使って人間関係から解いていくときに大いに能力を発揮した。その誠実な人柄によって相手政府の担当者たちの信頼と尊敬を勝ち取り、それを梃子にして問題に取り組むのである。盟友キャッスルがいみじくも見抜いていたように、グルーは本省でなく、現場においてこそ本領を発揮したのである。

日本においても同様に、様々な人々と個人的な信頼関係を構築することで日米関係改善に努めた。

戦後の対日関係におけるグルーの意義を考えると、吉田茂や岸信介といった人々を戦後に繋いだということがまず挙げられる。アメリカの影響力が絶大であった戦後初期において活躍するには、アメリカの承認や支援が不可欠であったが、誰を承認するかを決めるアメリカ人たちは往々にして戦前期においてグルーと良好な関係にあった人々を、信頼できる日本人として支援していったのである。

対日占領政策を立案する重要な時期にグルーが国務省極東局長、そして次官として勤務していたということは、日本に対して懲罰的でない、より寛大な形での講和がなされる上で重要な役割を果たしている。日本の内情に詳しく、日本の皇室に好感をもった人物が国務次官でいたため、寛大な形での対日講和がスムーズに進んだといえる。ステティニアス国務長官の信頼が厚く、長官不在が多かったために、グルーの影響力は国務長官のそれに匹敵した。また、グルーが反共主義者であったため、外交政策が早い段階でソ連警戒型になったことも日本にとっては幸運であったといえる。もし、次官の席に他の人物が座っていたとしたら、対日講和はまったく異なったものになっていた可能性は十分ある。ましてやホーンベックが留任し、彼を頼りにするハル国務長官が健在であれば、対日占領政策は日本に対してより苛烈なものになっていたことは疑いようがない。

本書校正中に東日本大震災が起きた。日ごとに明らかになる震災の甚大さに呆然としていたとき、グルーの言葉を思い出した。戦中グルーは全米で講演をする際、日本人はどれほど困難な戦争を前にしても「道徳的にも心理的にも経済的にも倒れない」、「ベルトの穴を一つきつく締めなおして、食事を米一杯から半杯に減らし、最後の最後まで戦うだろう」と日本人の強靭さを訴えつづけていた。むろん、これは戦争における日本人観である。しかし、グルーが見出した日本の強さは、その軍事力や技術力ではなく、日本国民の精神力であった。震災からの復興というとてつもない大きな戦いを前にして、敵国人にもかかわらず「日本の真の友」であった親日家グルーが最後まで信じ続けた日本人の計り知れない底力がいまこそ発揮されることを、我々日本人自身が信じるべき時がきたのだと私は感じている。

本書を書くにあたっては、伊藤之雄先生、川田稔先生を初めとする「二十世紀と日本研究会」の皆さんから多大なご教示を得た。なかでも、柴山太、井口治夫の両氏は多くのご助言を下さったばかりでなく貴重な関係資料を惜しげもなく閲覧させて下さった。お二人には、お互いがまだ学生であったときからお世話になってきた。ここに改めて謝意を表するところである。博士論文の指導教官であった入江昭先生には、いまだにお世話になっている。本書の執筆に関してもご指導頂くのみならず、グルーに関する未公開史料まで閲覧させていただいた。先生がグルー基金の奨学生第一期生であることも何かの縁であろうと思う。グルー基金第二期生の麻田貞雄先生からは、本書の執筆が決まると同時に、御訳書『増補グルー大使と日米外交』を御恵贈頂き、大変勉強させていただいた。グルー基金は、同じく元駐日大使の名前を冠するバンクロフト奨学金と合併し、グルー・バンクロフト基金となり、二一世紀に入ったいまも、次世代を担う優秀な日本の若者をアメリカの大学へと送り出し続けている。シーラ・ホーンズ氏と矢口祐人氏は、ボストンで初めて出会って以来、筆者を励まし続けてくれている。簑原俊洋氏、服部龍二氏を初めとする五百旗頭真先生の門下生の皆さんには公私に亘り大変お世話になっている。本書の資料収集はハーバード大学客員研究員当時に主になされたが、席を同じくした苅田真司氏、空井護氏、森茂樹氏をはじめとする優秀な皆さんにも大変お世話になった。本務校に関しても大変恵まれていた。本書の執筆を始めた当時の職場である北海道大学、現在の職場である明治大学共に研究環境はすばらしく、そこにいる人々は皆温かい。日々感謝しつつ過ごしている。また明治大学人文科学研究所の支援は本研究の完成に大いに力となった。ミネルヴァ書房の東寿浩氏は、のろのろした筆者を見放すことなく辛抱強く付き合って下さった。最後になるが、常に励まし支えてくれた妻千景と娘葵にこの場を借りて感謝したい。

二〇一一年三月

廣部　泉

グルー略年譜

和暦	西暦	齢	関係事項	一般事項
明治一三	一八八〇	0	5・27ボストンに生まれる。	
二五	一八九二	12	9月グロトン校入学。	
三一	一八九八	18	9月ハーバード大学入学。	
三四	一九〇一	21		9月マッキンレー大統領暗殺され副大統領セオドア・ルーズベルト昇格。
三五	一九〇二	22	6月ハーバード大学卒業。18カ月の世界旅行に出発。	
三六	一九〇三	23	12月帰国。	
三七	一九〇四	24	7月カイロ総領事館書記生。11月カイロ総領事館総領事代理。	
三八	一九〇五	25	10月アリス・ペリーと結婚。	
三九	一九〇六	26	3月メキシコ大使館三等書記官。9月長女イーディス誕生。	
四〇	一九〇七	27	5月ロシア大使館三等書記官。11月次女ライ	11月米大統領選共和党タフト当選。

			ラ誕生。	
四一	一九〇八	28	6月ドイツ大使館二等書記官。	
四二	一九〇九	29	5月三女アニタ誕生。	
四四	一九一一	31	1月オーストリア＝ハンガリー大使館一等書記官。	
四五 大正元	一九一二	32	4月四女エリザベス誕生。9月ドイツ大使館一等書記官。	11・5米大統領選民主党ウィルソン当選。
三	一九一四	34	5月半ば～7月初旬休暇で帰国。	6・28オーストリア皇太子暗殺事件。7・28オーストリア＝ハンガリーがセルビアに宣戦。8・1ドイツがロシアに宣戦。8・3ドイツがフランスに宣戦。8・4イギリスがドイツに宣戦。8・19ウィルソン大統領国民に中立でいるよう布告。
四	一九一五	35		5月ルシタニア号沈没。
五	一九一六	36	9月末～12月後半までドイツ代理大使。11月ドイツ首相と会談。	11月米大統領選ウィルソン再選。
六	一九一七	37	2月初旬ドイツ大使館閉鎖を指揮。2・10ベルリン発。4月初旬オーストリア＝ハンガリー大使館閉鎖を指揮。4・14ウィーン発。17	2月米独外交関係断絶。4・6アメリカ対独宣戦布告。

			年~18年国務省にて西欧部長などを歴任。	
七	一九一八	38	10月ハウス大佐に同行してパリへ。	11・11ドイツ、連合国と休戦協定調印。
八	一九一九	39	1月~12月パリ講和会議米全権団書記官。	1月~5月パリ講和会議。
九	一九二〇	40	5・22デンマーク公使に任命され、パリ出発。5・31コペンハーゲン着。	8・10セーブル条約調印。11・2米大統領選共和党ハーディング当選。
一〇	一九二一	41	8・21「コペンハーゲン事件」。10月スイス公使。	3・4ヒューズ国務長官就任。
一一	一九二二	42	11月~23年7月ローザンヌ会議米代表。	11月~23年7月ローザンヌ会議。
一二	一九二三	43	8・6ローザンヌ条約締結。	8・2ハーディング大統領病没、クーリッジ昇格。
一三	一九二四	44	4・5国務次官に内定しアメリカへ出航。4・12長女イーディス病死。4・16国務次官。7月テヘラン副領事殺害に強く抗議。11月母親他界。	7・1ロジャース法施行。11・4米大統領選共和党クーリッジ当選。
一四	一九二五	45		3・5ケロッグ国務長官就任。
一五 昭和元	一九二六	46	2月大沽事件。グルー、マクマレーに白紙委任。	
二	一九二七	47	2月エドワーズ議員、外交官任命についての情報開示決議提出。3月マスコミも外交官の昇進の偏りを批判。5・19トルコ大使に任命。	

三	一九二八	48	7・27二女ライラ、ジェイ・モファットと結婚。8・1ニューヨーク港を出航。9・22アンカラ着。	2月ホーンベック国務省極東部長に。11・7米大統領選共和党フーバー当選。
四	一九二九	49	米土通商航海条約締結。	3・28ケロッグ長官辞任、後任はスティムソン。10・24ニューヨーク株式市場大暴落。
六	一九三一	51	米土居住営業条約締結。11月駐日大使の打診。	9・18満州事変。
七	一九三二	52	2・29トルコ外務省に別れの挨拶。3・13トルコ出発。5・20サンフランシスコ港出航。6・6横浜港着。6・14天皇謁見。	3・1満州国建国宣言。5・15五・一五事件。5・16犬養内閣総辞職。5・26斎藤実内閣成立。9・15日本満州国承認。11・8米大統領選民主党フランクリン・ルーズベルト勝利。
八	一九三三	53	3・23大使留任を知る。10・7四女エルシーとライオン書記官結婚。11・20ソ連大使と会談。	2・24松岡洋右代表国際連盟総会退場。3・4ルーズベルト、大統領に就任。5・24〜27ワシントンでロンドン経済会議の日米予備交渉。9月内田康哉外相辞任、後任に広田弘毅。11・17米国ソ連を承認。

九	一九三四	54	1・19愛犬サムボー、皇居の堀に落ちる。11・6ベーブ・ルースとゴルフ。	4・17天羽声明。7・3斎藤内閣総辞職。7・8岡田啓介内閣成立。12・3ワシントン条約の単独破棄を通告。
一〇	一九三五	55	7・19休暇でアメリカへ出発。12・17帰任。	10月エチオピア戦争始まる。
一一	一九三六	56	2・25斎藤実、鈴木貫太郎らを大使館に招待。7月ハーバード大学創立三百年式典出席。10月大統領と面談。11・27帰任。	2・26二・二六事件。3・9広田弘毅内閣成立。11・3米大統領選ルーズベルト再選。11・25日独防共協定調印。
一二	一九三七	57	1・31マッカーサー駐日大使館に滞在。4・15ヘレン・ケラー訪日。11・16グルー＝広田会談。12・12パネー号事件。	1・23広田内閣総辞職。6・4第一次近衛文麿内閣成立。7・7盧溝橋事件。10・5ルーズベルト、隔離演説。12・13日本軍、南京を占領。
一三	一九三八	58	11・7グルー＝有田会談。12・26グルー＝有田会談	1・16第一次近衛声明。3・13ドイツ、オーストリア併合。9・29ミュンヘン会談。12・15米中間にトラック・ガソリンと桐油のバーター借款締結。
一四	一九三九	59	1・31グルー「アーマゲドン」の可能性を指摘。5・19〜10・10一時帰国。10・19日米協会で演説。	1・4近衛内閣総辞職。7・26米国務長官、日米通商航海条約の破棄を通告。8・23独ソ不可侵条約締結。9・1第二次世界大戦始まる。11・3米大統領、交戦国への武器輸出を現金・自国船に

一五	一九四〇	60	6・11徳川家達の葬儀に参列。6月四回の有田外相との会談。9・12青信号メッセージを打電。秋任務終了を予感し、書類を分別する。	限り認める。1・26日米通商航海条約失効。4・17米国務長官、蘭印の現状維持に関して対日警告。7・22第二次近衛内閣成立。7・26米大統領、石油・屑鉄を輸出許可制品目に追加。9・23日本軍、北部仏印に進駐。9・27日独伊三国同盟に調印。11・5米大統領選、ルーズベルト三選。
一六	一九四一	61	1・27ペルー公使からの真珠湾攻撃の噂の情報を打電。4・22独ソ戦を予見。8・18豊田外相と長時間にわたって会談。9・6近衛首相と秘密会談。10・10吉田雪子の葬儀に出席。10月エマソンをワシントンへ派遣。10月末吉田がひんぱんにグルーを訪問。12・3賀陽宮妃の葬儀に出席。12・8真珠湾攻撃。12・31加瀬俊一、グルーを訪問。	3・11米大統領、武器貸与法に署名。8・1米国、全侵略国への石油輸出を全面禁止。8・12ルーズベルト・チャーチル、大西洋憲章発表。10・18東条英機内閣成立。11・5御前会議、12月初旬の武力発動を決定。大本営、連合艦隊に対英・米・蘭作戦準備を命令。11・26ハル・ノートを提議。12・1御前会議、対米英蘭作戦を決定。12・8ハワイ真珠湾空襲開始。米英両国に宣戦の詔書。ヒトラー、モスクワ攻撃放

				棄を指令。
一七	一九四二	62	4・18ドゥーリトル隊の東京空襲。6・17浅間丸に乗船。6・24深夜浅間丸出航。7・22ロレンソマルケス着。8・25ニューヨーク港着。8・26ハル、グルーの報告書に激怒。12月『東京報告』出版。	1・2日本軍、マニラを占領。2・15シンガポールの英軍降伏。5・7マニラ湾のコレヒドール島の米軍降伏。6・5~7ミッドウェー海戦。8・7米軍、ガダルカナル島上陸。
一八	一九四三	63	5・27ハーバード大学から名誉博士号授与。12・29シカゴ演説。	
一九	一九四四	64	1月ホーンベック失脚。5・1国務省極東局長。6・7『ニューヨーク・タイム』ズベストセラーリストで『滞日十年』二位に。11・11~ニミッツ提督と会談するためハワイに滞在。12・20国務次官。	6・6連合軍、ノルマンジー上陸。7・18東条内閣総辞職。11・7米大統領選挙、ルーズベルト四選。
二〇	一九四五	65	5・1原爆、三人委の議題に。5・8マンハッタン委員会について知る。5・12ソ連の脅威について陸海相に疑問を提起。5・19ソ連の脅威を思い寝られず。5・29対日声明文時期尚早とされる。7・6バーンズにポツダム宣言草案を手渡す。8・15国務省に辞表。11・26~29米国議会公聴会で証言。	2・4~11ヤルタ会談。3・9~10東京大空襲。4・1米軍、沖縄本島に上陸。4・5小磯内閣総辞職。4・7鈴木貫太郎内閣成立。4・25~6・26サンフランシスコ連合国全体会議。5・8ベルリンで独軍無条件降伏文書に署名。6・21トルーマン大統領 日本へ

				の原爆投下を決定。7・17〜8・2ポツダム会談。7・28鈴木首相、ポツダム宣言黙殺、戦争邁進と談話。8・6広島に原子爆弾投下。8・8ソ連、対日宣戦布告。8・9長崎に原子爆弾投下。〜8・10御前会議、国体護持を条件にポツダム宣言受諾を決定。8・12日本の降伏条件についての連合国の回答公電到着。8・14御前会議、ポツダム宣言受諾を決定。8・15戦争終結の詔書放送。鈴木内閣総辞職。8・28マッカーサー、厚木に到着。9・2降伏文書に調印。9・27天皇、マッカーサーを訪問。10・9幣原喜重郎内閣成立。
二一	一九四六	66	7月天皇からグルーにメッセージ。11・8極東国際軍事裁判所、グルーの召喚を認めない決定。	3・5チャーチル、鉄のカーテン演説。5・3極東国際軍事裁判所開廷。5・22第一次吉田茂内閣成立。7・12中国で全面的内戦始まる。
二二	一九四七	67	1月『ハーパーズ・マガジン』にスティムソンの論文掲載。9・24極東国際軍事裁判所、	3・12トルーマン＝ドクトリン。5・20吉田内閣総辞職。6・1片山哲内閣

			グルーの宣誓供述書を却下。	成立。6・5マーシャル＝プランを発表。
二三	一九四八	68	6・28米国対日評議会名誉会長。10月『滞日十年』日本語訳出版。	6・24ベルリン封鎖始まる。10・19第二次吉田内閣成立。11・2米大統領選民主党トルーマン当選。
二四	一九四九	69	3・17全米自由ヨーロッパ委員会理事長。	2・16第三次吉田内閣成立。4・4西側一二カ国、北大西洋条約調印。10・1中華人民共和国成立を宣言。
二五	一九五〇	70		6・25朝鮮戦争始まる。8・10警察予備隊令公布。
二六	一九五一	71		4・11マッカーサー罷免される。9・8対日平和条約調印。日米安全保障条約調印。
二七	一九五二	72	11月回顧録『動乱期』全二巻を出版。	10・30第四次吉田内閣成立。11・4米大統領選共和党アイゼンハワー当選。
二八	一九五三	73	夏グルー基金一期生渡米。9月訪米した皇太子を歓迎。	5・21第五次吉田内閣成立。
二九	一九五四	74		12・10第一次鳩山内閣成立。
三〇	一九五五	75		

三一	一九五六	76	『侵入警報!』を出版。	11・6米大統領選アイゼンハワー再選。 12・23石橋湛山内閣成立。
三二	一九五七	77		2・25岸内閣成立。
三四	一九五九	79	8・16アリス夫人死去。	
三五	一九六〇	80		11・8米大統領選民主党ケネディ当選。
三七	一九六二	82	共産中国の国連加盟に反対する百万人委員会の委員長に。	
四〇	一九六五	84	5・25マサチューセッツ州マンチェスターにて死去。	

志賀重昂　中野目徹
徳富蘇峰　杉原志啓
竹越與三郎　西田毅
内藤湖南・桑原隲蔵　礪波護
岩村透　今橋映子
西田幾多郎　大橋良介
金沢庄三郎　石川遼子
上田敏　及川茂
柳田国男　鶴見太郎
厨川白村　張競
大川周明　山内昌之
西田直二郎　林淳
折口信夫　斎藤英喜
九鬼周造　粕谷一希
辰野隆　金沢公子
シュタイン　瀧井一博
*西周　清水多吉
*福澤諭吉　平山洋
福地桜痴　山田俊治
田口卯吉　鈴木栄樹
*陸羯南　松田宏一郎
黒岩涙香　奥武則
宮武外骨　山口昌男
*吉野作造　田澤晴子
野間清治　佐藤卓己
山川均　米原謙
岩波茂雄　十重田裕一
*北一輝　岡本幸治
中野正剛　吉田則昭
満川亀太郎　福家崇洋
杉亨二　速水融
*北里柴三郎　福田眞人
田辺朔郎　秋元せき
*南方熊楠　飯倉照平
寺田寅彦　金森修
石原純　金子務
J・コンドル　鈴木博之
辰野金吾　河上真理・清水重敦
小川治兵衛　尼崎博正
ブルーノ・タウト　北村昌史

現代

昭和天皇　御厨貴
高松宮宣仁親王　後藤致人
*李方子　小田部雄次
吉田茂　中西寛
マッカーサー　柴山太
石橋湛山　増田弘
重光葵　武田知己
市川房枝　村井良太
池田勇人　藤井信幸
高野実　篠田徹
和田博雄　庄司俊作
朴正熙　木村幹
竹下登　真渕勝
*松永安左エ門　橘川武郎
鮎川義介　井口治夫
出光佐三　橘川武郎
松下幸之助　米倉誠一郎
渋沢敬三　井上潤
*本田宗一郎　伊丹敬之
井深大　武田徹
佐治敬三　小玉武
幸田家の人々　金井景子
*正宗白鳥　大嶋仁
大佛次郎　福島行一
*川端康成　大久保喬樹
*薩摩治郎八　小林茂
松本清張　杉原志啓
安部公房　成田龍一
*三島由紀夫　島内景二
R・H・ブライス　菅原克也
金素雲　林容澤
柳宗悦　熊倉功夫
バーナード・リーチ　鈴木禎宏
イサム・ノグチ　酒井忠康
川端龍子　岡部昌幸
藤田嗣治　林洋子
*井上有一　海上雅臣
*手塚治虫　竹内オサム
山田耕筰　後藤暢子
古賀政男　藍川由美
*吉田正　金子勇
武満徹　船山隆
*力道山　岡村正史
*西田天香　宮田昌明
安倍能成　中根隆行
サンソム夫妻　平川祐弘・牧野陽子
和辻哲郎　小坂国継
矢代幸雄　稲賀繁美
石田幹之助　岡本さえ
*平泉澄　若井敏明
安岡正篤　片山杜秀
島田謹二　小林信行
前嶋信次　杉田英明
保田與重郎　谷崎昭男
福田恆存　川久保剛
井筒俊彦　安藤礼二
佐々木惣一　松尾尊兊
*瀧川幸辰　伊藤孝夫
矢内原忠雄　等松春夫
福本和夫　伊藤晃
*フランク・ロイド・ライト　大久保美春
大宅壮一　有馬学
今西錦司　山極寿一

*は既刊
二〇一一年九月現在

徳川慶喜　大庭邦彦
島津斉彬　原口　泉
*古賀謹一郎　小野寺龍太
*栗本鋤雲　小野寺龍太
塚本明毅　塚本　学
*月　性　海原　徹
*吉田松陰　海原　徹
*高杉晋作　海原　徹
ペリー　遠藤泰生
オールコック　佐野真由子
アーネスト・サトウ　奈良岡聰智
緒方洪庵　米田該典
冷泉為恭　中部義隆

近代

*明治天皇　伊藤之雄
*大正天皇　F・R・ディキンソン
*昭憲皇太后・貞明皇后　小田部雄次
大久保利通　三谷太一郎
山県有朋　鳥海　靖
木戸孝允　落合弘樹
井上　馨　伊藤之雄
*松方正義　室山義正
北垣国道　小林丈広
板垣退助　小川原正道
長与専斎　笠原英彦
大隈重信　五百旗頭薫
伊藤博文　坂本一登
井上　毅　大石　眞
井上　勝　老川慶喜
*桂　太郎　小林道彦
渡辺洪基　瀧井一博
*乃木希典　佐々木英昭
林　董　君塚直隆
児玉源太郎　小林道彦
*高宗・閔妃　木村　幹
山本権兵衛　室山義正
高橋是清　鈴木俊夫
小村寿太郎　簑原俊洋
*犬養　毅　小林惟司
加藤高明　櫻井良樹
加藤友三郎・寛治　麻田貞雄
牧野伸顕　小宮一夫
田中義一　黒沢文貴
内田康哉　高橋勝浩
石井菊次郎　廣部　泉
平沼騏一郎　堀田慎一郎
宇垣一成　北岡伸一
宮崎滔天　榎本泰子
*浜口雄幸　川田　稔
幣原喜重郎　西田敏宏
関　一　玉井金五
水野広徳　片山慶隆
広田弘毅　井上寿一
安重根　上垣外憲一
*グルー　廣部　泉
*永田鉄山　森　靖夫
東條英機　牛村　圭
今村　均　前田雅之
蔣介石　劉　岸偉
石原莞爾　山室信一
木戸幸一　波多野澄雄
*岩崎弥太郎　武田晴人
伊藤忠兵衛　末永國紀
五代友厚　田付茉莉子
大倉喜八郎　村上勝彦
*安田善次郎　由井常彦
渋沢栄一　武田晴人
山辺丈夫　宮本又郎
武藤山治　阿部武司・桑原哲也
西原亀三　森川正則
小林一三　橋爪紳也
大倉恒吉　石川健次郎
大原孫三郎　猪木武徳
*河竹黙阿弥　今尾哲也
イザベラ・バード　加納孝代
*林　忠正　木々康子
森　鷗外　小堀桂一郎
二葉亭四迷　ヨコタ村上孝之
夏目漱石　佐々木英昭
巌谷小波　千葉信胤
樋口一葉　佐伯順子
島崎藤村　十川信介
泉　鏡花　東郷克美
有島武郎　亀井俊介
永井荷風　川本三郎
北原白秋　平石典子
菊池　寛　山本芳明
宮澤賢治　千葉一幹
正岡子規　夏石番矢
高浜虚子　坪内稔典
与謝野晶子　佐伯順子
*種田山頭火　村上　護
*斎藤茂吉　品田悦一
*高村光太郎　湯原かの子
萩原朔太郎　エリス俊子
原阿佐緒　秋山佐和子
*狩野芳崖・高橋由一　古田　亮
竹内栖鳳　北澤憲昭
黒田清輝　高階秀爾
中村不折　石川九楊
横山大観　高階秀爾
*橋本関雪　西原大輔
小出楢重　芳賀　徹
土田麦僊　天野一夫
岸田劉生　北澤憲昭
松旭斎天勝　川添　裕
中山みき　鎌田東二
佐田介石　谷川　穣
ニコライ　中村健之介
出口なお・王仁三郎　川村邦光
島地黙雷　阪本是丸
*新島　襄　太田雄三
木下広次　冨岡　勝
嘉納治五郎　クリストファー・スピルマン
津田梅子　田中智子
*澤柳政太郎　新田義之
河口慧海　高山龍三
山室軍平　室田保夫
大谷光瑞　白須淨眞
*久米邦武　高田誠二
フェノロサ　伊藤　豊
三宅雪嶺　長妻三佐雄
*岡倉天心　木下長宏

*兼好 島内裕子
重源 横内裕人
*運慶 根立研介
快慶 井上一稔
法然 今堀太逸
慈円 大隅和雄
明恵 西山厚
親鸞 末木文美士
恵信尼・覚信尼 西口順子
覚如 今井雅晴
道元 船岡誠
叡尊 細川涼一
*忍性 松尾剛次
*日蓮 佐藤弘夫
一遍 蒲池勢至
夢窓疎石 田中博美
*宗峰妙超 竹貫元勝

南北朝・室町

後醍醐天皇 上横手雅敬
護良親王 新井孝重
赤松氏五代 渡邊大門
*北畠親房 岡野友彦
楠正成 兵藤裕己
*新田義貞 山本隆志
光厳天皇 深津睦夫
足利尊氏 市沢哲
佐々木道誉 下坂守
円観・文観 田中貴子
足利義詮 早島大祐
足利義満 川嶋將生
足利義持 吉田賢司
足利義教 横井清
大内義弘 平瀬直樹
伏見宮貞成親王 松薗斉
山名宗全 山本隆志
日野富子 脇田晴子
世阿弥 西野春雄
雪舟等楊 河合正朝
宗祇 鶴崎裕雄
*満済 森茂暁
一休宗純 原田正俊
蓮如 岡村喜史

戦国・織豊

北条早雲 家永遵嗣
毛利元就 岸田裕之
毛利輝元 光成準治
*今川義元 小和田哲男
*武田信玄 笹本正治
*武田勝頼 笹本正治
*真田氏三代 笹本正治
三好長慶 天野忠幸
*宇喜多直家・秀家 渡邊大門
*上杉謙信 矢田俊文
島津義久・義弘 福島金治
吉田兼倶 西山克
山科言継 松薗斉
*雪村周継 赤澤英二
織田信長 三鬼清一郎
豊臣秀吉 藤井讓治
*北政所おね 田端泰子
*淀殿 福田千鶴
前田利家 東四柳史明
黒田如水 小和田哲男
蒲生氏郷 藤田達生
*細川ガラシャ 田端泰子
伊達政宗 伊藤喜良
*支倉常長 田中英道
ルイス・フロイス エンゲルベルト・ヨリッセン
*長谷川等伯 宮島新一
顕如 神田千里

江戸

徳川家康 笠谷和比古
徳川家光 野村玄
徳川吉宗 横田冬彦
*後水尾天皇 久保貴子
光格天皇 藤田覚
崇伝 杣田善雄
春日局 福田千鶴
池田光政 倉地克直
シャクシャイン 岩崎奈緒子
*田沼意次 藤田覚
*二宮尊徳 小林惟司
末次平蔵 岡美穂子
高田屋嘉兵衛 生田美智子
林羅山 鈴木健一
吉野太夫 渡辺憲司
中江藤樹 辻本雅史
山崎闇斎 澤井啓一
山鹿素行 前田勉
*北村季吟 島内景二
貝原益軒 辻本雅史
松尾芭蕉 楠元六男
*ケンペル B・M・ボダルト＝ベイリー
荻生徂徠 柴田純
*雨森芳洲 上田正昭
石田梅岩 高野秀晴
前野良沢 松田清
平賀源内 石上敏
本居宣長 田尻祐一郎
杉田玄白 吉田忠
上田秋成 佐藤深雪
木村蒹葭堂 有坂道子
*大田南畝 沓掛良彦
菅江真澄 赤坂憲雄
*鶴屋南北 諏訪春雄
良寛 阿部龍一
*山東京伝 佐藤至子
*滝沢馬琴 高田衛
平田篤胤 山下久夫
シーボルト 宮坂正英
本阿弥光悦 岡佳子
小堀遠州 中村利則
狩野探幽・山雪 山下善也
尾形光琳・乾山 河野元昭
*二代目市川團十郎 田口章子
与謝蕪村 佐々木丞平
伊藤若冲 狩野博幸
鈴木春信 小林忠
円山応挙 佐々木正子
*佐竹曙山 成瀬不二雄
葛飾北斎 岸文和
酒井抱一 玉蟲敏子
孝明天皇 青山忠正
*和宮 辻ミチ子

ミネルヴァ日本評伝選

企画推薦
梅原　猛
ドナルド・キーン
佐伯彰一
角田文衞

監修委員
上横手雅敬
芳賀　徹

編集委員
石川九楊
伊藤之雄
猪木武徳
今谷　明
今橋映子
熊倉功夫
佐伯順子
坂本多加雄
武田佐知子
竹西寛子
西口順子
兵藤裕己
御厨　貴

上代

*俾弥呼　古田武彦
日本武尊　西宮秀紀
仁徳天皇　若井敏明
雄略天皇　吉村武彦
*蘇我氏四代　遠山美都男
推古天皇　義江明子
聖徳太子　仁藤敦史
斉明天皇　武田佐知子
小野妹子・毛人　大橋信弥
*額田王　梶川信行
弘文天皇　遠山美都男
天武天皇　新川登亀男
持統天皇　丸山裕美子
阿倍比羅夫　熊田亮介
柿本人麻呂　古橋信孝
*元明天皇・元正天皇　渡部育子
聖武天皇　本郷真紹
光明皇后　寺崎保広
孝謙天皇　勝浦令子
藤原不比等　荒木敏夫
吉備真備　今津勝紀
*藤原仲麻呂　木本好信
道　鏡　吉川真司
大伴家持　和田　萃
行　基　吉田靖雄

平安

*桓武天皇　井上満郎
嵯峨天皇　西別府元日
宇多天皇　古藤真平
醍醐天皇　石上英一
村上天皇　京樂真帆子
花山天皇　上島　享
*三条天皇　倉本一宏
藤原薬子　中野渡俊治
小野小町　錦　仁
藤原良房・基経　滝浪貞子
菅原道真　竹居明男
*紀貫之　神田龍身
源高明　所　功
慶滋保胤　平林盛得
*安倍晴明　斎藤英喜
藤原実資　橋本義則
*藤原道長　朧谷　寿
藤原伊周・隆家　倉本一宏
藤原定子　山本淳子
清少納言　後藤祥子
紫式部　竹西寛子
和泉式部
ツベタナ・クリステワ
大江匡房　小峯和明
阿弖流為　樋口知志
坂上田村麻呂　熊谷公男
*源満仲・頼光　元木泰雄
平将門　西山良平
藤原純友　寺内　浩
空　海　頼富本宏
最　澄　吉田一彦
*空　也　石井義長
奝　然　上川通夫
*源　信　小原　仁
後白河天皇　美川　圭
式子内親王　奥野陽子
建礼門院　生形貴重
藤原秀衡　入間田宣夫
平時子・時忠　元木泰雄
平維盛　根井　浄
守覚法親王　阿部泰郎
藤原隆信・信実　山本陽子

鎌倉

源頼朝　川合　康
*源義経　近藤好和
源実朝　神田龍身
後鳥羽天皇　五味文彦
九条兼実　村井康彦
九条道家　上横手雅敬
北条時政　野口　実
熊谷直実　佐伯真一
*北条政子　関　幸彦
北条義時　岡田清一
曾我十郎・五郎　杉橋隆夫
北条時宗　近藤成一
安達泰盛　山陰加春夫
平頼綱　細川重男
竹崎季長　堀本一繁
西　行　光田和伸
藤原定家　赤瀬信吾
*京極為兼　今谷　明

刊行のことば

歴史を動かすものは人間であり、興趣に富んだ人間の動きを通じて、世の移り変わりを考えるのは、歴史に接する醍醐味である。

しかし過去の歴史学を顧みるとき、人間不在という批判さえ見られたように、歴史における人間のすがたが、必ずしも十分に描かれてきたとはいえない。二十一世紀を迎えた今、歴史の中の人物像を蘇生させようとの要請はいよいよ強く、またそのための条件もしだいに熟してきている。

この「ミネルヴァ日本評伝選」は、正確な史実に基づいて書かれるのはいうまでもないが、単に経歴の羅列にとどまらず、歴史を動かしてきたすぐれた個性をいきいきとよみがえらせたいと考える。そのためには、対象とした人物とじっくりと対話し、ときにはきびしく対決していくことも必要になるだろう。

今日の歴史学が直面している困難の一つに、研究の過度の細分化、瑣末化が挙げられる。それは緻密さを求めるが故に陥った弊害といえるが、その結果として、歴史の大きな見通しが失われ、歴史学を通しての社会への働きかけの途が閉ざされ、人々の歴史への関心を弱める危険性がある。今こそ歴史が何のためにあるのかという、基本的な課題に応える必要があろう。評伝という興味ある方法を通じて、解決の手がかりを見出せないだろうかというのも、この企画の一つのねらいである。

狭義の歴史学の研究者だけでなく、多くの分野ですぐれた業績をあげている著者たちを迎えて、従来見られなかった規模の大きな人物史の叢書として、「ミネルヴァ日本評伝選」の刊行を開始したい。

平成十五年（二〇〇三）九月

ミネルヴァ書房

《著者紹介》
廣部　泉（ひろべ・いずみ）

1965年　福井県生まれ。
1989年　東京大学教養学部卒業。
1995年　ハーバード大学大学院博士課程修了。
現　在　明治大学政治経済学部教授。ハーバード大学 Ph. D.（歴史学）。
著　書　*Japanese Pride, American Prejudice : Modifying the Exclusion Clause of the 1924 Immigration Act* (Stanford University Press, 2001).
共　著　『20世紀日本と東アジアの形成』（ミネルヴァ書房，2007年）。
『浸透するアメリカ，拒まれるアメリカ』（東京大学出版会，2003年）。
『20世紀日米関係と東アジア』（風媒社，2002年），ほか。

ミネルヴァ日本評伝選

グルー
——真の日本の友——

2011年５月10日　初版第１刷発行
2011年10月20日　初版第２刷発行
〈検印省略〉

定価はカバーに
表示しています

著　者　廣　部　　泉
発行者　杉　田　啓　三
印刷者　江　戸　宏　介

発行所　株式会社　ミネルヴァ書房
607-8494　京都市山科区日ノ岡堤谷町１
電話（075）581-5191（代表）
振替口座　01020-0-8076番

共同印刷工業・新生製本

ISBN978-4-623-06062-7
Printed in Japan

人名索引

さ　行

た　行

な　行

は　行

ま　行

や　行

ら　行

事項索引

な　行

は　行

ま　行

や　行

ら　行

わ　行